CONTROLLING POCKETS 6

ISBN 978-3-7775-0044-7
©2013 VCW Verlag für ControllingWissen AG
Munzinger Str. 9, 79111 Freiburg i. Br.
Münchner Straße 10, 82237 Wörthsee-Etterschlag

Gestaltung und Satz:
deyhle & löwe Werbeagentur GmbH, Gauting
Druck: cpi books GmbH, Ulm
Printed in Germany 2013

Dietmar Pascher
Jens Ropers
Detlev R. Zillmer

Management und Controlling von Projekten

Von Kunden- und Balanced-Scorecard-Projekten zu Prozesskennzahlen

*Herausgegeben von der
CA Controller Akademie AG
Gauting/München*

2. vollständig neu bearbeitete Auflage 2013,
basierend auf den Konzepten von Alfred Blazek

VERLAG FÜR CONTROLLINGWISSEN AG
Freiburg und Wörthsee

Inhaltsverzeichnis

Inhalt

Inhaltsverzeichnis	5
Vorwort	9

Kapitel 1
Management und Controlling von Projekten — 13
   1.1 Was ist ein Projekt? — 13
   1.2 Management und Controlling — 19
   1.3 Zusammenspiel von Manager und Controller — 21

Kapitel 2
Organisationscontrolling — 29
   2.1 Die Pionierphase — 32
   2.2 Die Differenzierungsphase — 35
   2.3 Die Integrationsphase — 40
   2.4 Die Natur als Gestaltungsvorbild unserer Organisationen — 44

Kapitel 3
„Small is beautiful"
als Organisations- und Controllingprinzip — 49
   3.1 „Small is beautiful" — 49
   3.2 Das Projekt als Chance für Organisationsentwicklung — 57
   3.3 Freiraum und Bindung — 62

Kapitel 4
Projektorganisation und Projektcontrolling — 67

- 4.1 Nochmals: Was ist ein Projekt? — 67
- 4.1.1. Die Grundformen der Projektorganisation — 69
- 4.1.2. Das Projektcontrolling — 84
- 4.2 Die Strukturierung eines Projekts — 90
- 4.2.1 Die (nachträgliche) Zielklärung — 91
- 4.2.2 Der Projektstrukturplan (PSP) — 93
- 4.2.3 Die Planungsgrundlage – die Arbeitspakete (AP) — 96
- 4.2.4 Die Projektkalkulation — 100
- 4.2.5 Die Aufwandsschätzung — 101
- 4.2.6 Der Netzplan — 111
- 4.2.7 Der Balkenplan — 119
- 4.2.8 Die Meilensteine — 123
- 4.2.9 Der Projektauftrag — 125
- 4.3 Projektstart — 130
- 4.3.1 Das Projekt läuft – Anfall von Istdaten — 131
- 4.3.2 Fertigstellungsgrade — 132
- 4.3.3 Berechnete Fertigstellungsgrade — 136
- 4.4 Die Instrumente des Projektcontrolling — 137
- 4.4.1 Der klassische Soll/Plan-Ist-Vergleich — 138
- 4.4.2 Die Meilenstein-Trendanalyse (MTA) — 152
- 4.4.3 Der Ergebnisplan als Diagramm — 157
- 4.4.4 Die Earned-Value-Analyse (EVA) — 162
- 4.4.5 Das Projektportfolio — 175
- 4.4.6 Die Risikoanalyse — 179
- 4.5 Das Projektende — 186
- 4.5.1 Der Projektabschlussbericht — 186
- 4.5.2. Nachkalkulation — 190

Kapitel 5
Fallstudie zum Projektcontrolling — **191**
- 5.1 Aufgabe und Organisation der Projekt GmbH — 191
- 5.2 Das Projekt Norge-Austria und sein bisheriger Verlauf — 193
- 5.3 Interpretation und Lösungsansätze zum Projekt Norge-Austria — 195
- 5.4 Zusammenspiel zwischen Projektleiter und Controller — 199

Kapitel 6
Ganzheitliches Denken und Handeln im Controlling — **211**
- 6.1 Das Unternehmen als soziotechnisches System — 211
- 6.2 Kooperation und Wettbewerb — 215
- 6.3 MOVE im Berichtswesen — 218

Kapitel 7
Das Performance-Managementsystem
Balanced Scorecard — **227**
- 7.1 Warum viele BSC-Projekte nicht erfolgreich waren — 228
- 7.2 Der Prozess der Erarbeitung einer BSC — 229
- 7.3 Ermittlung der Ursache-Wirkungs Beziehungen mithilfe des Sensitivitätsmodells nach Frederic Vester — 235
    - Das von Prof. Frederic Vester entwickelte Verfahren — 238
    - Spezielle Hinweise für professionelles Arbeiten — 243
    - Die Skala der Einflussindizes — 246
    - Die Interpretation der Schlüsselelemente — 247
    - Die Rolle der Variablen im System — 249
    - Die Erstellung von Ursache-Wirkungs-Prinzipien — 251
    - Zur Technik der Regelkreisdarstellung — 254
- 7.4 Ein Workshop-Beispiel — 256

Kapitel 8
Operative Prozesse zielorientiert steuern   **259**
  8.1 Der Controller als Prozessbegleiter   259
  8.2 Prozessdokumentation als Grundlage   264
  8.3 Das Prozessziel definieren und mit einer
      Kennzahl belegen   269
  8.4 Prozessstörgrößen ermitteln und Kennzahlen
      zur Prozesssteuerung erarbeiten   271
  8.4 Kennzahlen priorisieren   274

Vorwort

Liebe Leser und Leserinnen,

Neben externen Kundenprojekten hat auch die interne Projektarbeit in den letzten Jahren stark zugenommen, sodass wir heute schon manchmal von einer »Projektitis« sprechen. Eine Ursache für immer mehr Projekte im Unternehmen hängt mit der Organisation und den Entwicklungsstadien der organisatorischen Einheiten zusammen. Wenn Aufgaben immer öfter über Projekte und nicht mehr durch die Organisation selbst erledigt werden können, ist das ein Zeichen, die Organisation an die neuen Bedürfnisse und Prozesse anpassen zu müssen. Die Kapitel 2 und 3 widmen sich diesen Themen der Organisation und den Übergängen von einer Organisationsphase in die nächste.

Eine andere Quelle für mehr Projektarbeit liegt sicher in der Komplexität der heutigen Themen und damit in der Notwendigkeit, Experten aus verschiedenen Bereichen zusammenbringen zu müssen. Wenn das gleichzeitig ein Arbeiten über Unternehmens- und Ländergrenzen hinaus bedeutet, wird ein Projekt zur echten Herausforderung. Ohne gutes Projektmanagement und Controlling werden Projekte schnell zur Zeit- und Kostenfalle. Während sich das Kapitel 1 mit dem Zusammenspiel zwischen Projektcontrollern und Managern sowie mit der Integration der Projektplanung in die operative Unternehmensplanung beschäftigt, beschreibt das Kapitel 4 alle praxisrelevanten Komponenten und Instrumente für gutes Projektmanagement und Controlling.

Die Projektfallstudie am Beispiel eines Kundenprojekts in Kapitel 5 beschreibt den klassischen Fall einer entstandenen Abweichung und erläutert, wie damit praktisch und zukunftsorientiert umge-

Vorwort

gangen wird. Dabei legen wir in Kapitel 6 besonderen Wert auf die Moderationsfähigkeiten der Controller und eine ganzheitliche Sichtweise.

Projekte entstehen auch aus konsequenter Umsetzung einer Unternehmensstrategie. Das Kapitel 7 beschreibt den Prozess der Strategieumsetzung durch die Balanced Scorecard, die oft als reines Kennzahlensystem (falsch) verstanden wird. Balanced Scorecard ist vielmehr eine praktische Methode, die Ihre Unternehmensstrategie schrittweise herunterbricht und in umsetzungsfähige Projekte formt, für deren Umsetzung die in diesem Buch beschriebenen Fähigkeiten eines guten Projektmanagements und Controllings nötig sind.

Das vorliegende Buch schließt in Kapitel 8 mit dem Thema der Ermittlung von steuerungsrelevanten Kennzahlen, die nicht nur für den Umsetzungsprozess aus der Balanced Scorecard und für Projekte, sondern gleichermaßen auch für Prozesse im Unternehmen relevant sind.

Wie gewohnt, finden Sie zu allen Methoden und Instrumenten immer auch praxisnahe Tipps zum konkreten Handeln.

In diesem Sinne wünsche ich

Happy Projects

Dietmar Pascher

Vorwort

Geleitwort zum Buch

Controller schaffen mit ihren Methoden und Informationen *Transparenz.* Das ist eine der Kernaussagen zur Rolle des Controllers. Auf lange Sicht wird das nur gelingen, wenn zum fachlichen Können auch die richtige Einstellung kommt. Darauf sollen die Gedanken und Beispiele in diesem Geleitwort aufmerksam machen.

Information bringt in Form und schafft Vertrauen. Dieser Leitsatz für Kommunikation und Kooperation entstand 1981 in einem Workshop, in dem es um die Verbesserung der Zusammenarbeit zwischen der Arbeitsvorbereitung und den Meistern der Fertigung ging. Das Thema lautete: »Information, Kompetenz und Vertrauen.« Über drei Jahre hinweg hatte ich mit dieser Gruppe an verschiedenen Aufgaben gearbeitet.

Wir vereinbarten, in Kleingruppen Gedanken und Erfahrungen zu unserem Thema in Stichwörtern oder Halbsätzen auf Flipcharts zu schreiben und anschließend zu präsentieren. Danach schauten wir uns an und fragten: Welche Lehren ziehen wir daraus und was müssen wir tun, um diese in der Realität der täglichen Arbeit umzusetzen?

Es war Zeit für das Mittagessen; Gelegenheit, Ideen und Eindrücke sich setzen zu lassen. Ich setzte mich dann noch allein vor die »Problemlandschaft«. Schließlich zündete es und ich formulierte: *Information bringt in Form und schafft Vertrauen.*

Als wir wieder in unserem Arbeitsraum versammelt waren, »enthüllte« ich die aus den Aufschrieben der Kleingruppen gefundene Formulierung. Es war förmlich zu spüren, was jeder dachte: **Das ist es!** Jeder hatte Anteil daran, hatte mitgearbeitet an diesem Leitsatz. Das Wortspiel mit *Information* war für alle sinnvoll. Information ist die Voraussetzung für gute fachliche Arbeit, sie bringt fachlich in Form; aber nicht nur, denn wer informiert wird, fühlt sich wichtig genommen, weiß Bescheid – das schafft *Vertrauen.*

Ein wichtiges Merkwort in diesem Buch ist *MOVE*, gebildet aus den Anfangsbuchstaben der Wörter *Methoden, Organisation, Verhalten* und *Einstellung*. Methoden und Organisation sind die Sachseite im System Unternehmen, hinter Verhalten und Einstellung stecken die Menschen. Wenn wir etwas bewegen *(to move)* wollen im Unternehmen, müssen wir Sache und Mensch als Ganzes und in ihrer Vernetzung sehen. Diese ganzheitliche Denkweise ist auch hilfreich in komplexen Zusammenhängen in Politik und Wirtschaft, z. B. zu einem Einstieg in das Verständnis der Finanzkrise. Ein entfesselter Kapitalismus fühlt sich weitgehend befreit von der Verpflichtung des Grundgesetzes, dass Eigentum auch dem Gemeinwohl dienen soll. Durch Deregulierung sollen die Akteure in der Wirtschaft – an der Börse, in Banken, in anderen Dienstleistungsunternehmen und in Industrie und Handel – vom hinderlichen Ballast der Bürokratie befreit werden. Dass sich durch diese Veränderungen auf der Sachseite Egoismus und Gier – Einstellung und Verhalten – in einem solchen Ausmaß ausbreiten kann, haben die politischen Entscheider nicht vorhergesehen und sicherlich auch nicht gewollt. *Wohlstand für alle* hatten wir schon einmal in Deutschland: Freiheit in einer geordneten, d. h. wo nötig regulierten, auf das Gemeinwohl ausgerichteten Marktwirtschaft.

»Den kenn i, der is sauba!« gilt als Kurzformel für eine bayerische Vertrauenskultur. Vertrauen setzt demnach Bekanntschaft voraus. In den Seminaren der Controller Akademie empfehlen die Trainer, dass Controller vor Ort gehen, zu ihrem Kunden hingehen, immer wieder einmal einen Hausbesuch machen sollen. Wenn es heißt: „Mein Controller ist in Ordnung, auf meine Controllerin ist Verlass", dann könnte ein berühmtes Zitat etwas verändert zu einem weiteren Merksatz werden: *Kontrolle ist gut, Vertrauen ist besser.* Das Miteinander im Unternehmen ist dann weniger aufwendig und macht mehr Freude.

Möge den Lesern in der beruflichen Tätigkeit die Freude am Lernen an neuen Themen gemeinsam mit den Arbeitskollegen erhalten bleiben.

Alfred Blazek
Gauting, August 2012

1 Management und Controlling von Projekten

1.1 Was ist ein Projekt?

»Ein Projekt ist, wenn man von einer Sitzung zur anderen rennt ...« An Projekten beteiligte Mitarbeiter charakterisieren nicht selten so ihre Erfahrung über den Arbeitsablauf. »Und zur eigentlichen Arbeit kommt man kaum mehr«, wird als Konsequenz aus der Projektitis beklagt. Trotzdem werden immer wieder Projektaufträge formuliert, Projektleiter bestellt und Projekte irgendwie zu ihrem Abschluss gebracht. Das liegt wohl daran, dass man in der praktischen Arbeit erkannt hat, dass sich bestimmte Probleme innerhalb der arbeitsteiligen Aufbauorganisation kaum mehr lösen lassen.

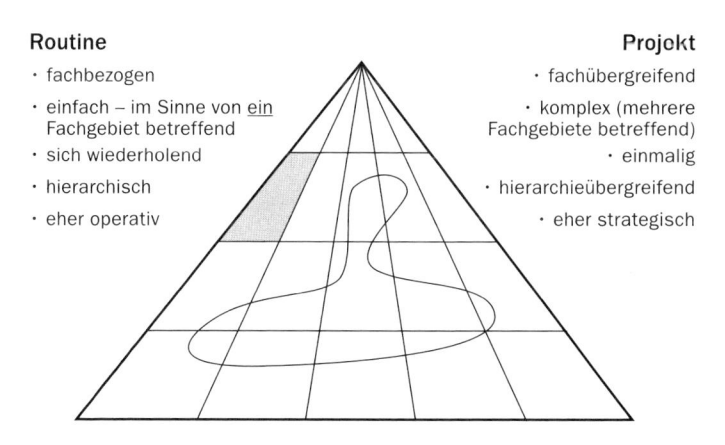

Routine
- fachbezogen
- einfach – im Sinne von ein Fachgebiet betreffend
- sich wiederholend
- hierarchisch
- eher operativ

Projekt
- fachübergreifend
- komplex (mehrere Fachgebiete betreffend)
- einmalig
- hierarchieübergreifend
- eher strategisch

Abb. 1.1: Zwei Arten von Aufgaben: Routine und Projekt

In der Pyramide als Symbol einer Organisation sind zwei Arten von Aufgaben dargestellt (Abbildung 1.1). Die vertikalen Linien teilen die Aufgaben nach Funktionen oder Sparten, die horizontalen nach Hierarchieebenen. In dieses Bild lassen sich die Definitionen von Lehrbüchern und Richtlinien der Praxis hineindenken. Das Gitter bedeutet die Fassbarkeit, die Möglichkeit der Ordnung von Routineaufgaben in Funktionsbeschreibungen, die auf längere Sicht ihre Gültigkeit behalten. Routine ist hier nicht im Sinne von monoton, einfach, geringwertig gemeint, sondern im Sinne von Wiederholung. Das französische Wort *route* passt hier ganz gut: Die Route, die Straße, das, was laufen muss und damit auch der Automatisierung bzw. Computerisierung besonders zugänglich ist. Alle Funktionsbeschreibungen zusammen müssten die Aufgaben zur Erfüllung des Unternehmenszweckes abdecken. Aber gerade bei guter Organisation der Routineaufgaben wird die Problemart *Qualle* immer häufiger identifiziert: Sie fließt über Ressortgrenzen und hierarchische Ebenen. Daraus werden in der Praxis Projekte. *Qualle* ist ein Merkwort für ein unstrukturiertes Problem, von dem am Anfang nur die Konturen erkennbar sind.

Das sagt uns auch der lateinische Ursprung des Wortes *Projekt: pro jacere* = vorauswerfen. Den Blick nach vorne werfen, das Denken in die Zukunft richten. Je weiter man vorausschaut, umso verschwommener werden die Konturen und Strukturen. Größere Klarheit erreichen wir, wenn wir uns in so ein Problem hineindenken, das auf uns zukommt oder auf uns zuzukommen scheint. Bei genauem Hinsehen, gemeint ist Hindenken, stellt sich manchmal heraus, dass das vermeintliche Problem gar keines ist. Oder wir lassen es auf uns zukommen und merken dann, dass sich das Problem in Luft auflöst.

Darauf können wir uns aber nicht verlassen. Wenn es nämlich dann doch eines ist, bekommen wir Schwierigkeiten, weil die Zeit zur Erarbeitung einer Lösung sehr knapp ist. Ad-hoc-Entscheidungen (oder noch deutlicher: Hopplahopp-Entscheidungen) entpuppen sich dann als Abschlagen eines Kopfes der Hydra, aus deren Wunde zwei oder mehrere Köpfe, d.h. Probleme, nachwachsen. Das führt dazu, dass wir vor lauter Köpfe-Abschlagen, also Tagesprobleme-Lösen in der Art von Feuerwehreinsätzen, für die Gestaltung der Zukunft kaum mehr Zeit haben. In der griechischen Mythologie hat es Herakles geschafft, die Hydra zu töten. Aber er war schließlich ein Halbgott.

In Abbildung 1.1 sind einige wichtige Merkmale für Routineaufgaben und Projekte angeführt. Das wohl typischste Merkmal für ein Projekt ist, dass eine praktikable Lösung nur durch die Zusammenarbeit mehrerer Funktionsbereiche, also fachübergreifend oder interdisziplinär, erreicht werden kann. Das Projekt dargestellt als Qualle in der Organisationspyramide macht deutlich, was mit fach- und hierarchieübergreifend gemeint ist. Das Bild macht auch deutlich, dass die Qualle in die Organisation eingebettet ist und von den im Unternehmen vorhandenen Funktionen und Fähigkeiten abgedeckt wird. Müsste man jetzt nicht nach der Zweckmäßigkeit der Organisation fragen, wenn manche Aufgaben nur über eine eigens eingerichtete Projektorganisation lösbar scheinen? Klappt es mit der Stabsübergabe an den Ressort- und Funktionsgrenzen nicht? Im Wort *Abteilung* wird etwas Trennendes ausgedrückt; wir nennen es auch Abteilungsegoismus. Beobachtungen in der Praxis lassen vermuten, dass die Wirksamkeit einer Organisation bei zunehmender Komplexität sinkt; wobei auch noch zu beobachten ist, dass die Komplexität stärker zunimmt als die Größe einer Organisation. Komplexität ist Vielschichtigkeit, Vernetztheit, gegenseitige Abhängigkeit in technischer, finanzieller, soziologischer, informationeller, geografischer und politischer Hinsicht.

In der praktischen Arbeit im Unternehmen und in der öffentlichen Verwaltung wird die Bezeichnung „Projekt" sozusagen nach Bedarf verwendet. Man hört, liest und spricht von Entwicklungsprojekten, EDV- bzw. IT-Projekten, Beteiligungsprojekten, Organisationsprojekten, Weiterbildungsprojekten. In einer Seminarreihe über Projektplanung und -steuerung bei einem Automobilhersteller ging es auch immer wieder um die Frage »Was ist bei uns überhaupt ein Projekt?«. An Merkmalen wurden genannt: Außerhalb des normalen Rahmens, einmalig oder zumindest neuartig, zeitlich begrenzt, betrifft Fachleute verschiedener Abteilungen, Bereiche, Ressorts. Alle eingeführten, permanent ablaufenden Vorgänge seien jedenfalls kein Projekt. Bei der Größe des Unternehmens könnten neben ressortübergreifenden auch ressortinterne Aufgaben projekthaft sein, z. B. im Ressort Entwicklung. Jemand sagte dann: »Das Produkt ist ein Projekt, für das die Organisation geschaffen wurde und das mit mehr oder weniger großen Schwierigkeiten innerhalb dieser Organisation abgewickelt wird. Auf das Projekt Automobil ist die gesamte Aufbauorganisation ausgerichtet, also ist ein neues Modell kein Projekt.« Einem Teilnehmer aus dem Ressort Entwicklung war das zu theoretisch. In seiner Praxis spricht man von Projekten. Sie werden aus Entwicklungsvorhaben abgeleitet und in der Vorentwicklung bis zum genehmigungsreifen Projekt vorangetrieben. In der Entwicklung laufen ständig an die 100 Projekte parallel, auch solche der Serienbetreuung.

In den Unternehmen mit langfristiger Einzelauftragsfertigung spricht man auch von Projekten, z. B. im Flugzeugbau und Anlagenbau. Im Geschäftsbericht einer Engineeringfirma steht: „Wir arbeiten interdisziplinär in der ganzen Welt. An einigen Beispielen (Wasserkraftwerk, Bewässerungsprojekt, Touristikprojekt) wird veranschaulicht, dass eine enge Zusammenarbeit zwischen den verschiedenen fachbezogenen Abteilungen, den regional orientierten Marktbereichen und den auftragsgebundenen Projektleitern die Voraussetzung für eine optimale Bearbeitung und Lösung der Probleme ist".

Auch wenn über die Projektitis geklagt wird, scheint eine Aufgabe, die als Projekt bezeichnet wird, von größerer Bedeutung zu sein und den beteiligten Mitarbeitern ein höheres Ansehen zu verleihen. Wenn jemand sagt, er arbeitet in einem internationalen Projekt, so kann das ein Produktentwicklungsprojekt eines Unternehmens sein, in dem Mitarbeiter aus allen Teilen der Welt beteiligt sind, es könnte ein Forschungsprojekt sein, das von der

Europäischen Kommission in Auftrag gegeben und finanziert wird, oder es handelt sich um einen Auftrag eines Kunden für den Bau eines Freizeitparks, an dessen Planung und Ausführung Mitarbeiter aus verschiedenen Organisationseinheiten und auch Externe, also zugekaufte Kapazitäten, mitarbeiten. Im Fall des Produktentwicklungsprojektes und des Forschungsprojekts gibt es ein Kostenbudget, mit dem auszukommen ist. Beim Freizeitpark wird ein Preis vereinbart, der die Kosten decken soll sowie auch die Ansprüche von Aktionären und die des Unternehmens selbst für die eigene Weiterentwicklung, also Dividenden und Gewinnrücklagen.

Für das, was Menschen tun: in Unternehmen – gewinn- und nicht gewinnorientiert – und Behörden, haben wir die Bezeichnungen „Aufgabe, Auftrag, Projekt". Diese streng auseinanderzuhalten, wird nicht einfach sein. Wichtig ist, dass Aufträge und Projekte nicht einfach auf die Routineaufgaben draufgepackt werden. Das führt zur Überlastung der Mitarbeiter, die sich schließlich auf die Qualität der Ergebnisse auswirkt. Er oder sie wird sich in so einer Situation fragen: Was soll ich vernachlässigen, die laufenden Aufgaben oder die Arbeit am Projekt? Was ist spannender? Wofür gibt es mehr Anerkennung?

Woher kommen die Projekte?

»Vom Kunden!«, wird die Antwort aus einem Unternehmen mit Einzelauftragsfertigung oder einer Engineeringfirma lauten. Das ist das operative, das laufende Geschäft eines solchen Unternehmens. Aber wie ist das mit dem Entwicklungsprojekt eines Automobilunternehmens, dem Informationstechnologieprojekt einer Handelsfirma, dem Beteiligungsprojekt einer Versicherung, dem Globalisierungsprojekt einer Bank, dem Internetprojekt eines Computerherstellers? Die Idee für solche Projekte kann von überall her im Unternehmen kommen. Projektideen mit mehr oder weniger klaren Umrissen sind Input für die strategische Planungskonferenz. Zuständig für die Entscheidungen in der strategischen Planung ist in jedem Unternehmen das oberste Führungsgremium bzw. der Inhaber.

Schauen wir uns zunächst das Zusammenwirken der Projektcontrolling-Elemente im Unternehmensquerschnitt an. Die Abbildung 1.2 zeigt den geschlossenen Projektcontrolling-Regelkreis, der eine Integration der Projektplanung mit der Unternehmensplanung herstellt.

Zunächst beauftragt die GF ihre strategischen Projekte bzw. delegiert die Umsetzung von Kundenprojekten. Die Projektverantwortlichen setzen eine Projektplanung – abgestimmt mit den Fachbereichen – auf.

Der Projektstrukturplan bringt Übersicht in ein Projekt und erlaubt das Herunterbrechen komplexer Projekte in arbeitsfähige Arbeitspakete, für die es einen Verantwortlichen geben muss. Für jedes Arbeitspaket werden nun Zeitaufwand, daraus resultierender Personalaufwand und notwendige Sachkosten geplant und mit einem Termin belegt. Diese Arbeitspakete sind nun Arbeitsauftrag für die Fachbereiche, die für die termingerechte und technisch (fachlich) einwandfreie Abwicklung zuständig sind. Nun gilt es, diese Arbeitspakete in die Kostenstellenplanung der Fachbereiche zu integrieren. Eine Möglichkeit ist es, die Arbeitspakete in der Leistungs- und Kostenstellen-Planung wie Kostenarten zu berücksichtigen. Die Summe aller Arbeitspakete aus Projekten und Tagesgeschäft ergibt das Fachbereichsbudget. Nach Konsolidierung aller Bereichsbudgets wird geprüft, ob die Summe aller Projekte zur Summe erlaubter Kosten bzw. Summe vorhandener Ressourcen passt. Bei Abweichung wird einerseits nach Effizienzsteigerungen gesucht, andererseits mittels Projektpriorisierung im Planungsprozess so lange „geknetet", bis die Summe der Projekte und Ressourcen bzw. Kosten zusammenpassen.

Wir haben in der Praxis noch keinen integrierten Budgetprozess gesehen, in dem die Rechnung – das Budget – nach der ersten Runde aufging. Typischerweise durchlaufen Sie den Regelkreis im Uhrzeigersinn zwei bis drei Mal. Dabei sind im Speziellen die Moderationsqualitäten der Controller gefragt.

Management und Controlling von Projekten

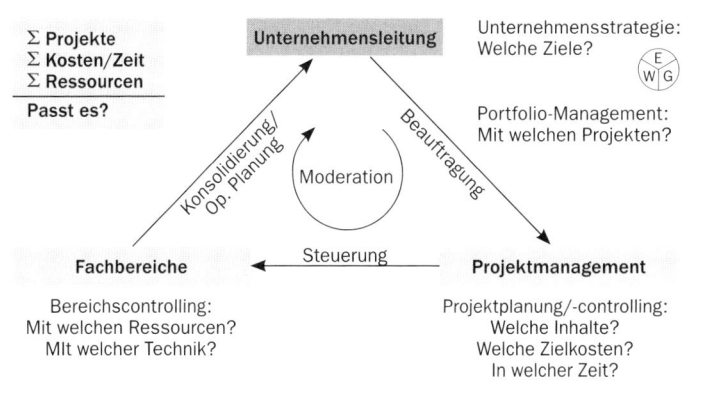

```
Σ Projekte                Unternehmensleitung        Unternehmensstrategie:
Σ Kosten/Zeit                                        Welche Ziele?
Σ Ressourcen
Passt es?            Konsolidierung/      Beauftragung   Portfolio-Management:
                     Op. Planung                          Mit welchen Projekten?
                              Moderation

       Fachbereiche    ←── Steuerung ──    Projektmanagement

    Bereichscontrolling:                   Projektplanung/-controlling:
  Mit welchen Ressourcen?                         Welche Inhalte?
     Mit welcher Technik?                        Welche Zielkosten?
                                                   In welcher Zeit?
```

Abb. 1.2: Geschlossener Projektcontrolling-Regelkreis

1.2 Management und Controlling

Projekte müssen *gemanagt* und *controllt* werden. Wir tun uns schwer mit griffigen deutschen Ausdrücken.

Geführt und *gesteuert* kommt diesen eingedeutschten Worten – das gilt für Management und Controlling sowie für Manager und Controller – am nächsten.

Management ist eine Funktion. Sie ist zu erfüllen in Ergänzung zu dem, was jemand fachlich gelernt hat und tut: in Entwicklung, Produktion, Einkauf, Verkauf, Informatik, Finanzen. Das gilt auch für das Selbstmanagement: sich Ziele setzen, Pläne machen und Steuerungsmaßnahmen auf der Basis von Soll-Ist-Vergleichen entscheiden einerseits; für die eigenen, sich weiterentwickelnden Aufgaben die Anforderungen erkennen (Sollprofil), mit seiner Eignung (Istprofil) vergleichen und daraus notwendige Förderungsmaßnahmen ableiten andererseits. Erst recht gilt dies für jemanden, der als Führungskraft für ein Aufgabengebiet und Mitarbeiter verantwortlich ist. Das Ordnungsbild für die Managementfunktion (Abbildung 1.3) zeigt, wie das gemeint ist.

Die Verknüpfung der Elemente in diesem Ordnungsbild ist mit Doppelpfeilen angezeigt und durch einfache Fragesätze kommentiert: Vertikal sach- und personenorientiert, horizontal die Beziehungen zwischen Personen- und Sachseite.

To control heißt steuern, regeln, auch: kontrollieren. Wir kennen den Regler in der Technik. Die Temperatur im Raum soll einen bestimmten Zielwert erreichen bzw. halten. Diese wird von einem Thermostat überwacht. Sinkt die Temperatur unter den Zielwert, z. B. weil jemand vergessen hat, das Fenster zu schließen, signalisiert der Thermostat dem Heizaggregat, dass es mehr heizen soll, und zwar so lange, bis die Zieltemperatur wieder erreicht ist. Das ist ein Controllingprozess in der Technik.

Ziele vereinbaren, die Pläne zu deren Erreichung aufstellen und auf der Basis von Soll-Ist-Vergleichen (das ist die Kontrolle) monatlich, quartalsweise oder an Meilensteinen über korrektive Maßnahmen entscheiden, um wieder auf Plankurs zu kommen oder Abweichungen vom Ziel zum Ende der Planperiode anzukündigen, damit sich die Betroffenen rechtzeitig darauf einstellen können – das ist Controlling in betriebswirtschaftlicher Sicht.

Das entspricht der sachorientierten Seite der Managementfunktion. Controlling zu machen ist Sache der Manager selber. Controller leisten dafür einen betriebswirtschaftlichen Service. Sie helfen mit ihren Werkzeugen und ihrem Erklärungskönnen, dass die Relationen von Umsatz, Kosten, Ergebnis und Finanzen stimmen und dass die strategische Orientierung nicht verloren geht. Das gilt insbesondere auch für gutes Projektcontrolling. Hier geht es um die Projektziele, Projektplanung und -steuerung wie auch um die intensive Zusammenarbeit zwischen Projektleitern und Controllern.

Management und Controlling von Projekten

```
                personenbezogen      Management       sachbezogen
                         ↓                                 ↓
                    Welche Funktion soll
                   welche Ziele erreichen?
            Aufgaben und                                Ziele
            Kompetenzen    Sind die Kompetenzen
            Eignungsprofil     ausreichend?          Sie die Ziele
            des Mitarbeiters                          realistisch?

            Anforderungs-
            profil der                              Erfüllt die
            Funktion,                                Planung die
            des Projekts    Hat er/sie Reserven         Ziele?
            Beurteilung,      eingeplant?          Pläne (Strategien,
            Eignung und    Hat er/sie sich zu viel    Maßnahmen,
            Leistung         vorgenommen?              Budgets)
            Förderungs-                             Lernen für
            maßnahmen?                              die nächste
                                                     Planung?

                                                  Welche Korrek-
            Förderungs-                           turen sind nötig
            bedarf?       Wie hat er/sie die       und möglich?
            Förderung    vereinbarten Ziele erfüllt?  Steuerung
                         Wie hat er/sie Ausnahme-
                           situationen bewältigt?
```

Führungskräfte als Trainer im betrieblichen Lernprozess

Ankündigungen von Abweichungen zum Ende der Planperiode

Maßnahmen, um wieder auf Plankurs zu kommen

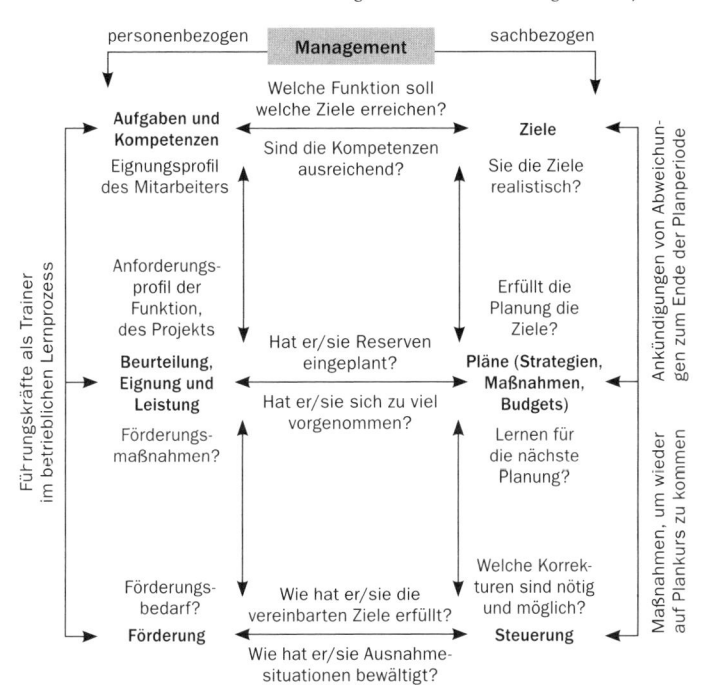

Abb. 1.3: Ordnungsbild für die Managementfunktion

1.3 Zusammenspiel von Manager und Controller

Das Zusammenspiel zwischen den »betreibenden« Managern und den begleitenden Controllern, die darauf schauen, dass »wirtschaftlich« nichts danebengeht, erläutern wir in den Seminaren der Controller Akademie am Schnittmengenbild (Abbildung 1.4). Die Schnittmenge ist ein Begriff aus der Mengenlehre. Sie symbolisiert Gemeinsamkeit in der Sache, das wirtschaftliche Ergebnis und die Zugehörigkeit zu einer Gemeinschaft, einem Unternehmen, einer Sparte, einem Profit-Center, einem Werk, einem Projekt, also einem Unternehmen im Unternehmen. Gemeinsamkeit und Gemeinschaft verstärken das Verständnis füreinander. Diese zwei unter Anführungszeichen gesetzten Wörter »betreiben« und »wirtschaftlich« sind im Wort *Betriebswirtschaft* zusammengeführt.

Abb. 1.4: Schnittmengenbild

In diesem Miteinander beschreiben die Manager ihre Entscheidungssituation, z.B. höhere Lieferbereitschaft, zu verbessernde Produktqualität, Reduzierung der Durchlaufzeit, den Aufholbedarf in der Leistungserfüllung bei einem Projekt. Wenn die Controller die Manager verstehen, liefern sie die richtigen Rechnungsweseninformationen zur Darstellung der Ergebniswirkung der anstehenden Entscheidung.

Die Aktualität und der schnelle Zugriff auf die Daten wirken vertrauensbildend. Erst recht, wenn in schwierigeren, komplexeren Fällen der Controller vor Ort bei seinen Kunden, den Managern, eventuell gemeinsam vor dem Computer sitzend, die betriebswirtschaftlichen Auswirkungen von Entscheidungsalternativen persönlich erläutert, durchschaubar, verstehbar, einsehbar, transparent macht. Das ist das Miteinander im Controlling, im Controlling-Dialog, den die Schnittmenge symbolisiert.

In der Abbildung 1.5 sind Entscheidungssituationen bzw. -stationen im Ablauf eines Projektes dargestellt: Entscheidungen über das weitere Vorgehen, über den Projektantrag, über die Realisierung des Projektes und Entscheidungen über Anpassungen im Laufe der Realisierung eines Projektes. Diese Entscheidungsstationen liegen am Ende einer Phase im Projektablauf. Die Entscheidung kann heißen: Eintritt in die nächste Phase oder weitere Klärung von Sachverhalten und neuen Fragen zur bisherigen Phase.

Die Entscheidung über eine Projektstudie kann lauten: Weitermachen, in den Themenspeicher (vorerst nicht weiterverfolgen, aber auch nicht endgültig beenden), beenden (nicht weiterverfolgen). In dieser Phase ist der Abstraktionsgrad meist noch ziemlich hoch. Es ist von praktischer Bedeutung, in einem möglichst frühen Arbeitsstadium zu einer Entscheidung zu kommen. Es geht darum, mit den vorhandenen Kapazitäten ökonomisch und sorgsam umzugehen. Da es sich in dieser Phase in erster Linie um den Einsatz von Personalkapazitäten handelt, geht es zum einen um die Zeit und die Fähigkeiten dieser Menschen; für deren Ein-

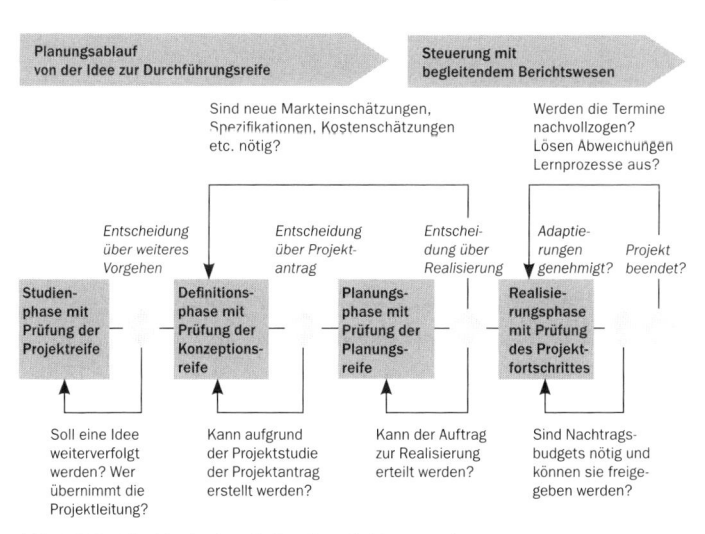

Abb. 1.5: Projektablauf mit typischen Entscheidungsstationen

satz gibt es ja normalerweise Alternativen. Es geht aber auch um die emotionale Kapazität, um das Engagement, um das Herzblut, das diese Menschen in das Projekt einbringen. Welche Folgen hat das für einen Menschen, dessen »Projekt« (es ist ja noch keines, sondern erst eine Idee, die zu einem Projekt werden könnte) gecancelt wird? Diese durchaus verbreitete Redeweise verschlimmert die Sache noch.

Das Wort *Studie* für das Ergebnis der Projektarbeit in dieser Phase lässt schon etwas Größeres vermuten. Das Wort *Skizze* drückt besser aus, was hier gemeint ist: noch wenig ausgegoren, Gedankensplitter. Die Prüfung der Projektreife wird in einem so frühen Stadium natürlich noch schwieriger. Dabei helfen können Prüffragen, die von Projektleitern und Projektcontrollern aus ihrer Erfahrung zusammengestellt werden könnten. Diese Prüffragen sollen die Entscheidungsträger auf ihre Arbeit vorbereiten und einstimmen. So ein Satz von Standardfragen für die Prüfung der Projektreife könnte auch im Sitzungszimmer hängen, handgeschrieben auf Flipchart-Papier und immer wieder ergänzt durch neue Erfahrungen. Ein Beispiel zur Anregung ist die Prüfliste in Abbildung 1.6.

Zu den sechs Fragen sind Beispiele angeführt, um deutlich zu machen, wie die Frage jeweils gemeint ist. Wenn es auf die Frage 6 »Gibt es Eckwerte für die Projektplanung?« schon Antworten gibt, dann ist aus der Skizze sehr wahrscheinlich schon eine ziemlich ausgereifte Studie geworden.

Zur Frage 3 »Wie groß ist der Freiheitsgrad der Projektidee?« steht als Beispiel »Welcher Wettbewerber könnte das Projekt noch durchführen?«. Wie kommt man zu Hinweisen oder gar Antworten auf so eine Frage? Competitive Intelligence ist eine Vereinigung von Experten in über 50 Ländern, die ihre Hilfe bei solchen Fragen anbieten. Sie tun für Unternehmen das, was der Bundesnachrichtendienst für die Regierung tut. Dieses Sammeln und Analysieren von Daten über Wettbewerbsunternehmen mit legalen Mitteln kann man auch selber machen. Wichtige Erkenntnisse über den Markt stecken in den

Management und Controlling von Projekten

Prüfung der Projektreife: Soll die Projektidee weiterverfolgt werden?

1. Welches sind die Hintergründe für die Projektidee?
z. B.: Einstieg in eine neue Technologie

2. Was spricht objektiv für die Bedeutung des Projekts?
z. B.: Zunehmender Wettbewerb in traditionellen Geschäftsfeldern

3. Wie groß ist der Freiheitsgrad der Projektidee?
z. B.: Werden andere Projekte berührt oder besteht eine Konkurrenz zu ihnen? Wie ist die Abgrenzung zu anderen Projekten? Welcher Wettbewerber könnte das Projekt noch durchführen?

4. Ist die Durchsetzbarkeit der Projektidee gesichert?
z. B.: Welche Personen sind am Entscheidungsprozess beteiligt? Welche Einstellung haben sie? Werden Tabus, »heilige Kühe« angetastet? Welche Koalitionen und Oppositionen sind zu erwarten?

5. Passt die Projektidee in die gesellschaftspolitische (ökonomische, soziale, ökologische) Verantwortung des Unternehmens?
z. B.: Welche Auswirkungen hat das Projekt auf die Lebensqualität der Mitarbeiter, auf die Gemeinde oder Region, in der das Unternehmen tätig ist?

6. Gibt es Eckwerte für die Projektplanung?
z. B.: Anzahl der Beteiligten, Laufzeit insgesamt, Zeitbedarf für die ersten Schritte im Projekt

Abb. 1.6: Prüffragen an Entscheidungsstationen im Projektablauf

Köpfen der Mitarbeiter. Wenn es gelänge, die Puzzlestücke des Wissens zusammenzulegen, ergäbe das in den meisten Fällen ein ziemlich deutliches Bild. Das Wort dafür haben wir schon: Knowledge-Management oder Wissensmanagement. Das Wissen der Mitarbeiter im Außendienst, der Erfahrungsaustausch auf Kongressen und Symposien, insbesondere der informelle Tratsch, ergänzt um die systematische Suche nach Daten in Veröffentlichungen, heute vor allem im Internet, sind Grundlage für die Erstellung von Dossiers über mögliche Partner für Kooperationen, Joint Ventures und strategische Allianzen.

Die Bezeichnungen „Projektreife, Konzeptionsreife, Planungsreife" für die Prüfung an Entscheidungsstationen in der Planungsphase eines Projektes sind das Ergebnis eines Projekts zum Thema Projektmanagement und -controlling. Sowohl die Begriffe als auch die

Kapitel 1

Vorgehensweise haben sich praktisch bewährt, sind aber nicht allgemeiner Standard. Das ist aber auch typisch für die Projektarbeit. Wenn es echte Standards gäbe, vor allem in den frühen Phasen eines Projektablaufs, würde man nicht mehr von einem Projekt als besondere Aufgabe im Unternehmen sprechen können.

Für die Prüfung der Konzeptions- und Planungsreife sind in Abbildung 1.7 jeweils sechs Prüffragen aufgelistet. Auch für diese Übersicht gilt, dass sie Anregung sein soll. Die ganze Vielfalt der Praxis kann nicht abgebildet werden.

Die Instrumente des Projektcontrollings werden im Kapitel 4 dargestellt. Die Realisierungsphase eines Projektes wird im Kapitel 5 anhand einer Fallstudie diskutiert und interpretiert. Die Idee der Schnittmenge als Bild zum Nachdenken über die Zusammenarbeit von Manager und Controller ist in der Abbildung 1.8 auf der Seite 28 in Tabellenform beispielhaft für die Projektphasen dargestellt.

Prüfung der Konzeptionsreife: Kann aufgrund des vorgelegten Konzepts der Projektauftrag erteilt werden?

1. **Ist das vorgelegte Konzept in sich geschlossen und vollständig?**
   z. B.: Sind die Analysen und Prognosen ausreichend und verlässlich? Sind Alternativen geprüft worden? Wie weit hat sich der Lösungsvorschlag im vorgelegten Konzept von der ursprünglichen Projektidee (Skizze, Studie) entfernt?

2. **Passt die vorgeschlagene Lösung zum Leitbild und zu den geschäftspolitischen Grundsätzen des Unternehmens?**

3. **Ist der Vorteil der vorgeschlagenen Lösung präzise formuliert?**
   z. B.: Wirtschaftlichkeit, Aktualität der Daten, Verbesserung der Zusammenarbeit

4. **Ist die Durchsetzbarkeit gesichert?**
   z. B.: Koalitionen, Oppositionen, Tabus

5. **Ist die Realisierbarkeit überprüft?**
   z. B.: Zeit, Kapazität, bestehende Schwachstellen

6. **Besteht ein Maßnahmenplan für das weitere Vorgehen?**
   z. B.: Zusammensetzung von Projektgruppen, Termine

Abb. 1.7 Teil 1: Prüffragen an Entscheidungsstationen im Projektablauf

Management und Controlling von Projekten

Prüfung der Planungsreife: Kann aufgrund der vorgelegten Planung der Auftrag zur Realisierung des Projektes erteilt werden?

---

1. **Besteht eine detaillierte Planung für die Realisierung?**
   z. B.: Netzplan, Balkendiagramm, Personal quantitativ und qualitativ, Sachinvestitionen

---

2. **Ist die Projektorganisation definiert?**
   z. B.: Funktionsbeschreibung für den Projektleiter, Einrichtung eines Lenkungsausschusses

---

3. **Ist die Zusammenarbeit zwischen den Projektgruppen und dem späteren Benutzer geregelt?**
   z. B.: Arbeitskreise, Präsentation von Projektfortschritten

---

4. **Besteht eine Planung für die Einführung?**
   z. B.: Schulungen, Umzüge, Umbauten, Versetzungen

---

5. **Ist eine Betreuung des Projekts nach dessen Einführung erforderlich?**
   z. B.: Zur Sicherstellung des Lernprozesses

---

6. **Sind die Projektdokumentation und das Berichtswesen geregelt?**
   z. B.: Bearbeitungsplan, Kontenplan, Datenflüsse, Abschlussbericht

Abb. 1.7 Teil 2: Prüffragen an Entscheidungsstationen im Projektablauf

Kapitel 1

	Studienphase	Definitionsphase	Planungsphase	Realisierungsphase	Abschlussphase
	Projektidee	Konzept	Durchführungsplanung	Steuerung	Dokumentation
Typische Aufgaben des Projektleiters bzw. des Projektteams	· Sammlung von Ideen · Grobe Einschätzung von Markt und Technologie · Vergleich der Projektideen · Grobskizze der Projektorganisation mit Anforderungen an das Projektmanagement · Entwurf des Projektablaufes mit Entscheidungsstationen	· Technische Beschreibung · Spezifizierung der Leistungsmerkmale · Genauere Einschätzung der Marktchancen · Projekt wird wirtschaftlich bewertbar (grob) · Zieldefinition einarbeiten · Projektantrag	· Konkrete Vorgehensplanung auf Basis der Spezifikation · Definition der Projektstruktur und der Arbeitspakete · Festlegung der Meilensteine · Planung von Kapazitäten und Terminen · Projektzusätze (Order Change Management)	· Bearbeiten der Projektpakete · Projektleiter, Projektmitarbeiter und Controller in Teamarbeit zur Zielerreichung · Dokumentation · Projektzusätze	· Erfolge feiern · Dokumentation · Lessons learned
Typische Controller-Aufgaben	· Projektinitiierung · Moderation von Kreativ-Workshops · Art, Bedeutung, Zweckmäßigkeit des Vorhabens · Projektkriterien · Grobe Kosten/Nutzen-Überlegungen	· Kostenschätzung top-down für das Gesamtvorhaben · Budgetansätze (grob) · Einsatz von Bewertungsmethoden (Investitionsrechnung etc.)	· Erarbeiten der Budgets nach Projektstruktur und Projektpaketen · Erstellung des Budgets für das Gesamtvorhaben · Wann fallen welche Kosten und Investitionen an? Wann sind sie zur Zahlung fällig? · Integration der Projektbudgets mit dem Jahresbudget und der Mehrjahresplanung · Festlegung der Berichtsebenen und der Berichtsintervalle	· Projektsteuerung · Budgetabwicklung · Erstellung von Plan-/Soll-Ist-Vergleichen · Abweichungsanalysen, korrektive Maßnahmen und Erwartungsrechnung in Zusammenarbeit mit Projektbeteiligten · Berichterstattung	· Erfolge feiern · Dokumentation Termin Soll/Ist-Abgleich Kosten Soll/Ist-Abgleich · Projektkomplexität festhalten

Abb. 1.8: Projektphasen mit typischen Aufgabenstellungen für Projektleiter und Projektcontroller

2

Organisationscontrolling

Controlling im weiteren Sinne bedeutet: Ziele finden und vereinbaren, Pläne zur Erreichung der Ziele aufstellen und zu bestimmten Zeitpunkten Plan-Ist-Vergleiche machen, um zu sehen, ob man sich noch im Rahmen des Plans bewegt. Abweichungen sind Signale, die auffordern, nach korrektiven Maßnahmen zu suchen, um wieder auf Plankurs zu kommen. Es kann aber auch sein, dass ein ursprünglich geplantes Ziel unter den neuen Gegebenheiten nicht erreicht werden kann. Die davon Betroffenen sind davon zu verständigen, damit sie sich rechtzeitig darauf einstellen können. Gilt das auch für die Organisation, für Prozesse und Strukturen?

Was ist das Ziel einer Organisation? Peter F. Drucker sagt, dass es die Freisetzung und Mobilisierung menschlicher Energien ist. Struktur- und Ablauforganisation sind die »Bahnen« dafür. Abweichungen sind nicht leicht zu fassen, d. h. in Geld- oder Zeiteinheiten festzustellen. Aber wir haben zum Teil sehr »kräftige« Bezeichnungen dafür: Hierarchieblockaden, Informationszurückhaltung und -filterung, Kommunikationsdefekte oder gar innere Kündigung. Jeder von uns kennt solche Mitarbeiter. Dennoch scheint es nur wenige wirklich zu interessieren. Diese Abweichungen erkennen und analysieren, Maßnahmen planen und entscheiden, um wieder in die richtigen »Bahnen« zu kommen – das ist Organisationscontrolling.

In einer Sendung der BBC London sagte Peter F. Drucker, dass immer weniger der fähigsten jungen Leute für große Firmen arbeiten wollen. Wenn man keine jungen fähigen Leute anziehen kann, wird man 20 Jahre später in Schwierigkeiten geraten. Auf die Frage, was denn kleine, mittlere und große Firmen seien, erzählte er aus seiner Erfahrung: »Wenn ich den Chef einer kleinen Firma frage, wer seine Leistungsträger sind, nennt er mir sie. Der Chef einer mittleren Firma nennt mir sieben oder acht Personen und fragt dann seinen Personalleiter, ob er einen vergessen hätte. Frage ich den Boss einer großen Firma nach den Leistungsträgern, dann wird eine Studie darüber in Auftrag gegeben.«

Mit dieser Äußerung des damals 86-jährigen Peter F. Drucker ist die Verzahnung von Organisations- und Personal-Controlling signalisiert. Damit der organisatorische Entwicklungsprozess ein Reifeprozess wird, muss die persönliche Entwicklung der Menschen gefördert werden. Die Menschen durchlaufen bei dieser Verhaltensentwicklung eine Zone der Labilität. Altes, gewohntes Verhalten soll nach gewonnener Einsicht abgelegt werden; das neue Verhalten hat sich noch nicht eingespielt. Mit Turbulenzen ist zu rechnen.

Ein häufiger Anlass für organisatorische Änderungen ist eine »unbefriedigende Ertragslage«. Der Grund dafür könnte in einer schlechten Nutzung des vorhandenen Potenzials liegen (operative Planung und deren Umsetzung), d.h. der Marktchancen, der Produkte und Dienstleistungen und der Kapazität an Sachen (Gebäude, Maschinen, Computer, Lager, Fuhrpark etc.) und Menschen. Oder man hat bei der emsigen Nutzung des vorhandenen Potenzials vergessen, dass man rechtzeitig Neues schaffen muss (strategische Planung). Was an Potenzial nicht vorhanden ist, kann auch nicht genutzt werden. Wenn in einem Eimer 5 Liter Wasser drin sind, können nicht mehr als 5 Liter herausgeholt werden. Da kann der Vorstand sagen, dass 6 Liter herausgeholt werden müssen und denjenigen feuern, der es nicht fertigbringt; an den Fakten aber wird er nichts ändern (Beispiel von Alois Gälweiler beim Congress der Controller). Operativ kann von den 5 Litern noch einiges verschüttet, d.h. verwirtschaftet werden, z.B. durch schlechte Führung und Organisation. Die Entwicklung von Produkten, der Aufbau von Marktpositionen und die Gestaltung der Organisation zur Entfaltung der Fähigkeiten, die in den Menschen angelegt sind, brauchen ihre Zeit.

Das im Folgenden beschriebene Phasenmodell dient zur Reflexion über die eigene Situation. Die Grundlagen dafür sind im Niederländisch Pädagogischen Institut gelegt worden. (B.C.J. Lievegoed: Organisation im Wandel; Verlag Paul Haupt, Bern und Stuttgart, und F. Glasl, B. Lievegoed: Dynamische Unternehmensentwicklung, Verlag Paul Haupt, Bern, 2011). Es ist nützlich, sich über die historischen Wurzeln der gegenwärtigen organisatorischen Situation Transparenz zu verschaffen, also der Frage nachzugehen, welche Erfahrungen wir im Laufe der Zeit in und mit unserer Organisation gemacht haben. Das fördert das Verständnis für die Gegenwart und erlaubt es, organisatorische Weichen für die Zukunft zu stellen.

Unternehmen durchlaufen Lebenszyklen. Die Phasen sind in ihrem Ablauf nicht programmiert, sie bilden lediglich Schwerpunkte in der Entwicklung. Das heißt, in jeder Situation überwiegt das eine oder andere Element. Die Aufgabe besteht darin, die jeweilige Unternehmenssituation richtig zu interpretieren, die Stärken und Chancen aus den Erfahrungen zu nutzen und die richtigen Weichen für die nächste Entwicklungsphase zu stellen. In zahlreichen Projekten in mittleren und großen Firmen stellen wir immer wieder fest, dass die folgenden beschriebenen Entwicklungsphasen durchaus auch gleichzeitig bestehen können. Leitlinie für diese organisatorische Gestaltung sollte sein, dass der Zweck der Organisation die Freisetzung menschlicher Energien und Potenziale ist und nicht die Symmetrie des Organigramms.

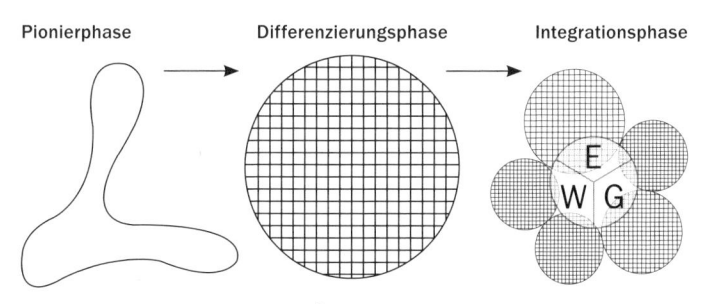

Pionierphase **Differenzierungsphase** **Integrationsphase**

Abb. 2.1: Die Entwicklungsphasen im Überblick

Was für ein Unternehmen gilt, gilt analog auch für Projekte. Projekte weisen ähnliche Entwicklungsphasen auf; sie sind Unternehmen im Unternehmen, allerdings mit zeitlicher Begrenzung. Die Phasen im Überblick zeigt die Abbildung 2.1.

2.1 Die Pionierphase

In der Pionierphase wird das Geschehen im Unternehmen dominiert von der Person des Pionierunternehmers, den Gründern und nicht durch geregelte Abläufe. Die Organisation ist einfach und ganz auf die Person ausgerichtet; die Initiative geht von ihr aus. Die in großen Unternehmen nicht selten zu hörende Äußerung »Da müsste etwas geschehen« ist im Pionierunternehmen unbekannt. Da wird eine Chance, eine Marktlücke, ein Bedürfnis erkannt; unter der Regie des Chefs oder der Chefin reagiert die ganze Organisation schnell, wendig und schlagkräftig. Die Kreativität der Unternehmer und die Sparsamkeit der Organisation sind die wichtigsten Komponenten des wirtschaftlichen Erfolgs und Grundlage für das Wachstum.

Im typischen Pionierunternehmen ist der Controllerdienst eher auf ein »Controlling im Nachhinein« reduziert, auf das Registrieren von Ergebnissen eines Geschäftsjahres, eventuell noch pro Auftrag anhand von Aufzeichnungen der Buchhaltung. Ein Steuerberater macht die Bilanz und gibt Tipps zum Steuersparen und für günstige Fremdfinanzierung. Das ist wichtig und nötig, aber eben nur operatives Finanz-Controlling, und das im Nachhinein. Im Übrigen wird auf Erfahrung und Gespür gebaut. Das Arbeiten von Auftrag zu Auftrag ist typisch, die ganze Mann- und Frauschaft konzentriert sich jeweils auf einen Auftrag, ein Projekt. Auch wenn mehrere Aufträge parallel abzuwickeln sind, ist das projekthafte Denken und die Verbindung mit dem Kunden beherrschend in der Einstellung der Mitarbeiter im Pionierunternehmen. Jeder Einzelne weiß auch, was zur Erfüllung des Auftrags beizutragen ist. Obwohl es keine Führungsleitsätze gibt, wissen alle, wie der Chef oder die Chefin es haben will.

Organisationscontrolling

Wenn man über die Phasen der Entwicklung eines Unternehmens Bescheid weiß, kann der Pionier von Anfang an daran denken, dass zunächst er selber die Rolle des Controllers mit übernehmen muss. Das ist schwierig zu vereinbaren. Mit Bereitschaft zum Risiko etwas unternehmen und sich gleichzeitig in den Arm fallen, sich bremsen, Halt sagen: Zuerst analysieren, dann ... *Risikobewusstsein* ist ein gutes Merkwort: im Bewusstsein des Risikos – durch Analyse erkannt und eingegrenzt – eine Sache angehen. Im Idealfall könnte der Pionier schon vor der Gründung des Unternehmens mithilfe eines externen Controllers einen Businessplan mit allen strategischen Produkt-, Markt-, Organisations- und Finanzierungskomponenten erstellen. Solche externen Controller können das gegründete Unternehmen über Monate, vielleicht auch Jahre begleiten. Er oder sie richtet ein Signalsystem ein, das die Stärken und Chancen des neuen Unternehmens sowie die Gefahren einer sich anbahnenden Krise rechtzeitig transparent macht, und arbeitet darauf hin, dass die Führungskräfte diese Signale richtig deuten und daraus die entsprechenden Konsequenzen ziehen.

Der Arbeitsstil in der Pionierphase ist geprägt durch Improvisation. Das oft noch breit angelegte fachliche Können der Mitarbeiter, die schnelle (Chefs erteilen die Aufträge direkt) und unkomplizierte (Chefs sprechen die Sprache ihrer Mitarbeiter) Kommunikation und die Anerkennung der Autorität und damit die Befolgung der »Befehle« machen diesen Arbeitsstil praktikabel. Er ermöglicht ein hohes Maß an Flexibilität und Anpassung, die wiederum Faktoren des Erfolges sind.

Die erfolgsbegründenden Faktoren in der Pionierphase zeigen bei zunehmendem Wachstum auch die Grenzen des Typs Pionierunternehmen: die Anzahl der im Unternehmen arbeitenden Menschen, die Allgegenwärtigkeit der Chefs, der Zwang zur Spezialisierung. Für das Arbeiten in einem solchen Unternehmen und für seine Lebensfähigkeit ist es wichtig, diese Grenze zu erkennen und den Übergang in die nächste Phase bewusst zu vollziehen, um ein Aus-den-Fugen-Geraten zu verhindern. Diese Gefahr an den Übergängen von einer Phase zur anderen ist in der Abbildung 3.1, Kapitel 3, mit dem Verkehrszeichen »Vorsicht!« angedeutet. Viele Unternehmen sind ins Stolpern gekommen, weil durch schnelles und unkontrolliertes – besser: un-controlled – Wachstum die Chancen-Elemente des Pionierunternehmens verschüttet und immer mehr Risiko-Elemente spürbar wurden, die aber nicht oder zu spät erkannt wurden. Die Schrumpfung des Gewinns wird erst spät in der Bilanz sichtbar, die Reklamationen der Kunden häufen sich, Uneinigkeit und Konflikte unter den Mitarbeitern wirken leistungshemmend; oft sind dann die »Neuen« schuld, die der Chef oder Chefin nicht mehr persönlich eingestellt hat. Irgendwann kommt die radikale Entscheidung des Pionierunternehmers (die meist nicht an die Wurzeln geht; *radix* = Wurzel), aus dem unübersichtlichen Haufen, in dem jeder macht, was er will, mithilfe eines externen Beraters eine »runde« und geordnete Sache zu machen (siehe Visualisierung in Abbildung 2.1 Seite 31, und Abbildung 3.1, Seite 50). Meist wird dieser Umbruch zu schnell und im Stil Planierraupe vollzogen. Bisher gültige Regeln für das Arbeiten und für den Umgang miteinander werden weggebaggert, um auf der grünen Wiese die neue Organisation aufzubauen. Dadurch soll mit einem Satz der Übergang von der Pionierphase zur Differenzierungsphase (auch Organisationsphase genannt) bewältigt werden.

Das funktioniert normalerweise nicht. Kernfähigkeiten und Kernprozesse transparent zu machen, danach Aufgaben und Kompetenzen regeln, braucht Zeit. Das Einüben einer neuen Führungs- und Informationskultur, unterstützt durch betriebswirtschaftliche Instrumente, erfordert einen Lernprozess. Das größte Hindernis in der Entwicklung sind oft die Pionierunternehmer selber. Sie müssen erkennen oder überzeugt werden, dass v. a. ihr Verhalten das Unternehmen geprägt und in diese Situation geführt hat. Lieb gewordene Verhaltensweisen aus der Pionierphase müssen abgelegt werden.

2.2 Die Differenzierungsphase

Das typische Merkmal in dieser Entwicklungsphase heißt Abgrenzung. In Funktionsbeschreibungen werden Aufgaben und Kompetenzen geregelt, informelle Beziehungen (solche abseits der im Organisationsplan festgelegten Kommunikationskanäle) für illegal erklärt. Die von der Pionierphase geprägten Mitarbeiter und natürlich auch die Chefs haben es schwer, sich in gleichem Tempo des Erlasses von Organisationsrichtlinien auf das neue Prinzip der Ordnung einzustellen. In einer bewussten Organisationsentwicklung, begleitet von Maßnahmen zur Personalentwicklung, liegt die Chance, diese Metamorphose ohne eine ernsthafte, den Bestand des Unternehmens gefährdende Krise zu überstehen. Die Beteiligung der »Beplanten« in diesem Entwicklungsprozess gehört zu den wichtigsten Voraussetzungen.

In dieser zweiten Phase dominiert nicht mehr der Pionierunternehmer, sondern das kaufmännisch-technische System. Schon Anfang des 20. Jahrhunderts haben für diese Phase der Amerikaner Frederick Taylor und der Franzose Henri Fayol die Grundlage einer wissenschaftlichen Betriebsführung konzipiert. Dabei begann Taylor mit der rationellen Arbeitsplatzgestaltung (was unterschieden werden kann, muss auch unterschieden werden), Fayol mit der Frage: Wie beherrsche ich den Betrieb von der Spitze aus durch eine logisch aufgebaute Hierarchie von Kompetenz und Verantwortung? Daher auch die Bezeichnung *Differenzierung* für diese Entwicklungsphase. Je exakter die Mitarbeiter eines Unternehmens ihr Verhalten nach dem formellen Organisationsplan und den Organisationsrichtlinien ausrichten, umso höher die Produktivität, war die Grundannahme dieses mechanistischen Unternehmensmodells. Der Arbeitsstil der Differenzierungsphase ist geprägt durch Ordnung.

Das zeigt sich auch in weiteren wichtigen Organisationsprinzipien dieser Phase. Das Prinzip der Standardisierung bedeutet, dass Gegenstände, Abläufe, Methoden und Verfahren genau beschrieben und zur geltenden Norm erhoben werden. Standards in Produktion und Administration sind eine Voraussetzung für ein weiteres Organisationsprinzip, für die Mechanisierung (Ersatz von menschlicher Arbeit durch Maschinenarbeit) von Fertigungs- und Informationsprozessen. Konsequenz der Mechanisierung und Standardisierung ist die Massenproduktion. Der extremen Norm von Henry Ford »Die Leute können jede Autofarbe bekommen, die sie haben wollen, wenn sie nur schwarz ist«, ist in der Automobilherstellung (und auch in anderen Branchen) ein großer Variantenreichtum gefolgt. Diese Zurücknahme der Standardisierung wurde durch eine Flexibilisierung der Fertigung, v. a. in der Montage erreicht. Die Einordnung des Menschen in dieses System, das eine ständig zunehmende Perfektion in den einzelnen Elementen erfordert, zwingt ihn in die Spezialisierung nach Funktionen und nach Planung, Ausführung und Kontrolle. Die Routine beherrscht die Arbeitsszene im Unternehmen; der Sinn der Arbeitsvorgänge für das Endprodukt, für die Unternehmensleistung, wird immer häufiger nicht mehr gesehen.

Das Prinzip der Abgrenzung birgt nicht nur die Gefahr, dass das Verständnis für die Nachbarbereiche immer mehr abnimmt, bis es schließlich zur Abkapselung kommt; dieses Auseinanderleben führt nicht selten auch zu einem Auseinanderstreben verschiedener Funktionsbereiche. Um dieser Entwicklung Herr zu werden, muss ein großer Teil der Kapazität des mittleren und oberen Managements für Koordinationsaufgaben eingesetzt werden. Diese Szene ist auch die Geburtsstunde von neuen Planstellen für Koordinatoren. Die Beherrschung des Apparates wird zur wichtigsten Aufgabe des Managements. Es wird spürbar, dass Organisation zur Disziplinierung großer Menschenmassen erfunden wurde. Das Unternehmen wird zur »Auftragsabwicklungsmaschine« und erinnert an Max Webers »Maschinen-Modell« der Bürokratie. Die Bürokratie entstand aus dem Bedürfnis nach Ordnung und Berechenbarkeit, nach Programmierbarkeit, würde man heute sagen. Das sind anerkannte und auch anerkennenswerte Ziele für Organisationen in unserer Zeit. Sie sind der Grundstein für die Entstehung der Computerindustrie.

Nach den Erfahrungen und Beobachtungen in sehr großen Organisationen (Unternehmen, Behörden, Universitäten, Krankenhäuser) ist es wahrscheinlich, dass es so etwas wie einen abnehmenden Grenzertrag bei zunehmender Größe und Komplexität gibt. Die stärker wirkende Komponente ist die Komplexität, die auch durch Größe, mehr aber noch durch die technologische Entwicklung sowie durch die gegenseitige Beeinflussung der Organisationen (z. B. Staat, Parteien, Gewerkschaften, Bürgerinitiativen) bestimmt wird. Auf die zunehmende Komplexität wird mit immer mehr Spezialisten reagiert, die ihrerseits der Koordination bedürfen. Die Grenzen der Organisation werden auch in der Störanfälligkeit sichtbar. Sie kann in der Kompliziertheit des Systems selbst begründet sein oder im Störpotenzial von Mitgliedern der Organisation liegen, je spezialisierter, umso potenter. Der Streik von Fluglotsen, der Lieferstopp eines Zulieferers zur Automobilindustrie, eines neugierigen oder kriminellen Hackers, aber auch Naturereignisse wie Erdbeben, Orkane, Blitzschlag sind Beispiele dafür.

Von Teilnehmern einer firmeninternen Seminarreihe über Führungs- und Organisationsentwicklung wurden die in Abbildung 2.2 aufgelisteten Chancen- und Risiko-Elemente für die Pionier- und Differenzierungsphase erarbeitet.

Die angeführten Merkmale sind nicht als Vor- oder Nachteile zu verstehen, sondern jeweils als Chance, die genutzt bzw. als Risiko, das eingegrenzt werden müsste. Chancen nutzen und Risiken eingrenzen setzt bewusste Gestaltung und Entwicklung in Organisation und Führung voraus.

Das reibungslose Funktionieren des Apparates und damit das Überwinden der Risiken der Pionierphase ist eines der Hauptanliegen der Differenzierungsphase. Die organisatorischen Anstrengungen sind ausgerichtet auf die Synchronisation des Räderwerks, auf die Verzahnung der verschiedenen Instrumente zur Unternehmensführung. Dabei müssen wir darauf achten, das Pendel nicht zu weit rechts ausschlagen zu lassen. Stabilität, Ordnung und unterstützende Systeme sind gut. Ein Zuviel davon schlägt oft ins andere Extrem um. Mitunter entsteht eine Systemgläubigkeit, die beinahe religiösen Charakter annimmt.

Pionierphase

Chance	Risiko
Flexibilität	Personenabhängig
Überschaubarkeit	Kurzfristige Orientierung
Allround-Typen	Unsystematisch
»Drive«	Mangelnde Übersicht
Schnelligkeit	Emotionell
Identifikation	Wenig Planung
Unbürokratisch	Wenig Kontrolle
Unkompliziert	Nicht abgestimmt
Keine große Hierarchie	Labil
Spontaneität	Ohne Methodik
Einsatzfreude	Durcheinander
Zielstrebigkeit	Konzeptlosigkeit

Differenzierungsphase

Chance	Risiko
Systematik	Starrheit
Sicherheit	Bürokratisierung
Arbeitsteilung	»Wasserkopf«
Klare Kompetenzen	Schwerfällig
Informationsfluss	Langsam
Planung	Gebremste Kreativität
Kontrolle	Geringe Entscheidungsbereitschaft
Transparenz	Karrierekampf
Bessere Arbeitsmittel	Verlust der Identifikation
Rationalisierung	Desinteresse der Mitarbeiter

Abb. 2.2: Chancen und Risiken in der Pionier- und Differenzierungsphase

Der Schrei nach mehr Flexibilität ist in Unternehmen vom Typ »Auftragsabwicklungsmaschine« immer häufiger und deutlicher zu vernehmen. In der erwähnten Seminarreihe wurde bei der Frage nach den Risikoelementen der Differenzierungsphase zuerst und am häufigsten immer Starrheit und Bürokratisierung genannt. Das Gefühl eines Rien-ne-va-Plus erzeugt die Sehnsucht nach der guten alten Zeit, als der Chef noch ... und als noch was ging. Dass es trotz Abgrenzung und Reglementierung doch noch geht, liegt an den informellen Beziehungen. Mitarbeiter im Unternehmen halten sich nicht an die vorgeschriebenen Kommunikationskanäle und überschreiten ihre Kompetenzen. Das geht gut, wird übersehen oder geduldet, solange es gut geht. Klappt es einmal nicht, wird diese Initiative zum In-Bewegung-Halten des Apparates durch ein »Da hätten Sie mich fragen müssen« und ein Donnerwetter gebremst. Die Gefahr ist groß, dass aus der daraus resultierenden Frustration sehr bald Resignation wird. Die spöttische Aussage, ein Unternehmen laufe nicht wegen, sondern trotz der (formalen) Organisation, ist in der Praxis beobachtbar. Die Schwerfälligkeit des Apparates wird durch die von Zeit zu Zeit gestarteten Kampagnen wie Kostensenkung, Bestandsabbau, Termintreue sozusagen offiziell bestätigt. Solche Kampagnen wirken in aller Regel nur kurzfristig; der alte Zustand ist schnell wiederhergestellt, wenn das »Kosten-spar-Gewitter« vorüber ist.

In der Differenzierungsphase laufen die Controller Gefahr, zu Administratoren degradiert und als Kontrolleure missbraucht zu werden. Von ihm oder ihr werden methodische Lösungen von Problemen gefordert, die im Führungsverhalten begründet sind. Es kommt zur bürokratischen Aufblähung des Unternehmens; die Kosten der Informationsversorgung steigen. Starke Fremdbestimmung führt zur Kontrollkrise, Bürokratiekrise bis hin zur Sinnkrise. Der Ausweg ist die Dezentralisierung, die Schaffung und Förderung subunternehmerischer Kompetenz in den organisatorischen Teilbereichen. Dabei können Controller mit ihrer Fach- und Führungskompetenz mithelfen. Für diese Unternehmen im Unternehmen sind geeignete Instrumente zu schaffen, um einerseits Entscheidungen hinsichtlich ihrer Ergebniswirkung beurteilen zu können (decision accounting) und andererseits Zielmaßstäbe für die Beurteilung der Zielerfüllung zu haben (responsibility accounting).

2.3 Die Integrationsphase

War in der Differenzierungsphase die Synchronisation der Instrumente das Hauptthema der organisatorischen Gestaltung, so ist die neue Organisationskonzeption darauf auszurichten, dass die Mitarbeiter in der Organisation intelligent im Sinne des Ganzen handeln können und wollen.

Der Arbeitsstil in der Integrationsphase ist geprägt durch eine menschengerechte Ordnung. Wie ist das gemeint? Dazu noch einmal Peter F. Drucker: »Die richtige Lösung ist jene Struktur, die die Menschen zur Leistung und zu echtem Beitrag anregt. Denn die Freisetzung und Mobilisierung menschlicher Energien ist der Zweck der Organisation – und nicht so sehr Symmetrie. Die menschliche Leistung ist ihr Ziel und ihr Prüfstein.« (Die Praxis des Managements, Droemer, Knaur, München). Also, wie gut eine Organisation, die Strukturen und Prozesse sind, zeigt sich daran, was an Leistung zustande kommt. Wie viel vom vorhandenen Potenzial – von Wissen, Können und Erfahrung – geht verloren, weil Organisation und Führungsverhalten den Menschen in seiner Vielfalt, seiner Natur nicht gerecht werden? Das ist schwer zu messen. Wir haben aber alle ein gutes Gefühl dafür, dass mehr »drin« ist, als am Ende eines Geschäftsjahres in der Bilanz ausgewiesen wird.

In der Abbildung 2.3 sind einige wichtige Entwicklungen von der Differenzierungsphase in die Integrationsphase dargestellt. Der Visualisierung der Differenzierungsphase liegt die Vorstellung eines eng geknüpften Netzes von Regeln zugrunde: Controller wollen durch ihre Planungs- und Informationssysteme für Transparenz sorgen. Sie möchten einsehbar, durchschaubar machen, wie sich Entscheidungen auf das wirtschaftliche Ergebnis auswirken würden oder ausgewirkt haben. Das ist die Chance. Die Gefahr ist, dass das Leben hinter den berichteten Daten verloren geht. Und viele fragen sich: Wer hat Transparenz über was und über wen?

Das ist im Unternehmen so wie im Staat. In der zentralen Planwirtschaft ist der Apparatschik entstanden. Es gibt ihn auch im Unternehmen. Controller in den Beteiligungsgesellschaften haben vor Ort alle Hände voll zu tun, um Formblätter auszufüllen und termingerecht an ein anonymes Headquarter zu schicken. Dort beschäftigen sich zentrale Controller mehr formal mit den Berichten der dezentralen Controller. Ob sich die Entscheider mit solchen Berichten mehr als nur einen »Blick aus der Ferne« verschaffen können, ist fraglich. Dazu passt ein Zitat aus der Neujahrsansprache von Václav Havel zum 1. Januar 1990, damals Präsident der Tschechoslowakei: »Erlauben Sie mir, ein kleines persönliches Erlebnis zu schildern. Als ich vor Kurzem nach Bratislava geflogen bin, habe ich zwischen verschiedenen Unterredungen Zeit gefunden, aus dem Fenster zu schauen. Ich habe den Industriekomplex Slovnaft (Petrochemie, Anmerkung des Autors) gesehen und gleich dahinter die große Stadt Petržalka. Der Anblick hat mir gereicht, um zu begreifen, dass unsere Staatsmänner und politischen Funktionäre jahrzehntelang nicht aus den Fenstern ihrer Flugzeuge geschaut haben oder schauen wollten. Keine Lektüre von Statistiken, die mir zur Verfügung stehen, würde mir schneller und einfacher ermöglichen, den Zustand zu begreifen, in den wir hineingeraten sind.« Wie oft schauen unsere Topmanager aus dem Fenster hinaus, gehen Controller vor Ort, um sich ein Bild zu machen? Und gegen Ende seiner Rede verspricht Havel, dass er ein Präsident sein will, »der nicht nur gut aus den Fenstern seines Flugzeugs schauen wird, sondern der – und das v. a. – ständig unter seinen Mitbürgern anwesend sein und ihnen gut zuhören wird«. Das ist ein wichtiges Element des Arbeits- und Führungsstils in der Integrationsphase. Dieses Vor-Ort-Gehen haben die amerikanischen Autoren Peters und Waterman in ihrem Buch »Auf der Suche nach Spitzenleistungen« (1. amerikanische Auflage 1982) als *Managing by Wandering Around* bezeichnet.

Kapitel 2

Von der Differenzierungsphase ⟶ **in die Integrationsphase**

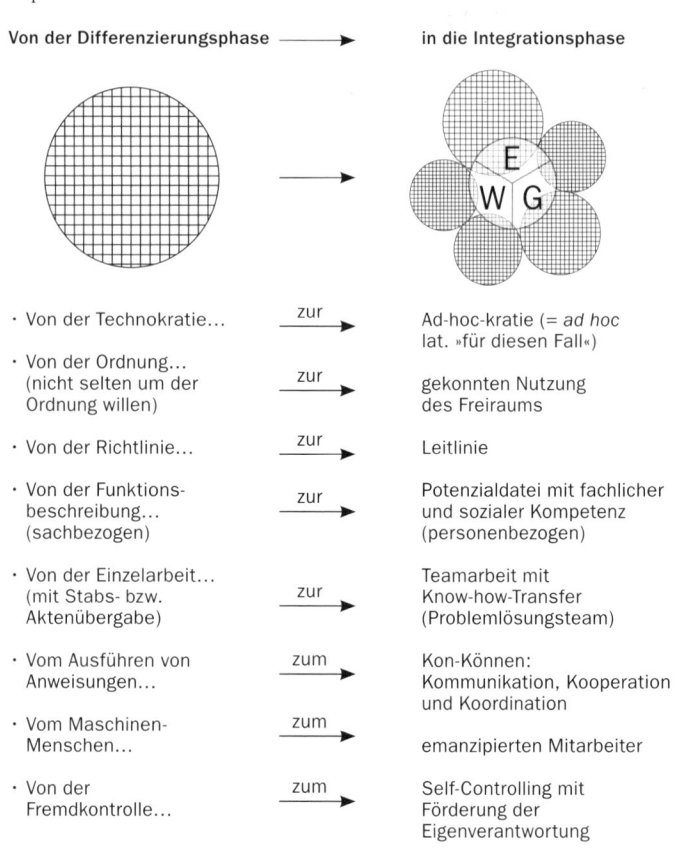

- Von der Technokratie... — zur → Ad-hoc-kratie (= ad hoc lat. »für diesen Fall«)

- Von der Ordnung... (nicht selten um der Ordnung willen) — zur → gekonnten Nutzung des Freiraums

- Von der Richtlinie... — zur → Leitlinie

- Von der Funktionsbeschreibung... (sachbezogen) — zur → Potenzialdatei mit fachlicher und sozialer Kompetenz (personenbezogen)

- Von der Einzelarbeit... (mit Stabs- bzw. Aktenübergabe) — zur → Teamarbeit mit Know-how-Transfer (Problemlösungsteam)

- Vom Ausführen von Anweisungen... — zum → Kon-Können: Kommunikation, Kooperation und Koordination

- Vom Maschinen-Menschen... — zum → emanzipierten Mitarbeiter

- Von der Fremdkontrolle... — zum → Self-Controlling mit Förderung der Eigenverantwortung

Abb. 2.3: Organisations- und Verhaltensentwicklung von der Differenzierungs- in die Integrationsphase

Die wichtigsten Gestaltungsprinzipien für den Übergang zur Integrationsphase sind Überschaubarkeit und Identifikationsmöglichkeit. Organisation und Menschen wachsen zusammen. In der Pionierphase ging man ohne viel Organisation um, einfach drauflos. Bei Überwiegen der Gefahrenelemente in der Differenzierungsphase drohen die Menschen in der Organisation unterzugehen. In der Integrationsphase gehen die Menschen gekonnt mit der Organisation um. Der Visualisierung dieser Entwicklungsphase liegt die Vorstellung der Bildung von subunternehmerischen Einheiten mit dem Projekt als Trainingsmodell zugrunde. „Ein Modell Projektierung". Der wesentliche Indikator für den Übergang von der Pionierphase zur Differenzierungsphase ist das Größenwachstum; für den Übergang zur Integrationsphase ist es die zunehmende Vielfalt, die aus der Individualisierung des Bedarfs und der exponentiell steigenden Wissensmenge der Menschheit resultiert, also ein Vielfaltwachstum. So kann man vielleicht sagen, dass ein Schub zur Vielfalt von der Nachfrageseite kommt, nämlich durch die Individualisierung des Bedarfs; der andere durch die Ergebnisse der wissenschaftlichen Forschung und der Entwicklungsarbeit in den Unternehmen, also von der Angebotsseite. Statt „Modell Projektierung" könnte auch stehen: Modell Einheit in Vielfalt. Zur Entfaltung von Vielfalt ist Freiraum für Kreativität, für Initiative nötig. Der Apparat, die Reglementierung, die Ordnung um der Ordnung willen muss aufgebrochen, gelockert werden. Bei der Schaffung von Freiräumen muss man sich stets der Gefahr des Hinausgleitens aus der Chancenzone in das Chaos bewusst sein.

Die Merkmale zur Organisations- und Verhaltensentwicklung in der Abbildung 2.3 sind als Richtungsangaben für die Experimente auf dem Weg in die Integrationsphase zu verstehen. „Von der Fremdkontrolle zum Self-Controlling" ist die Generalaussage. Das funktioniert nur mit emanzipierten Mitarbeitern. Das sind solche, die gelernt haben, Freiräume gekonnt zu nutzen, d.h. sich an Leitlinien zu orientieren und nicht stur nach Richtlinien zu »funktionieren«. Der Wandel als Prinzip macht es nötig, ad hoc Menschen zu einer Arbeitsgruppe zusammenzuführen. Das in der Abbildung verwendete Wort Ad-hoc-kratie ist dem Buch »Future Shock« des amerikanischen Autors Alvin Toffler entlehnt; im Original heißt der Begriff *adhocracy*. Für die Bildung solcher Arbeitsgruppen wird eher eine Potenzialdatei mit den fachlichen und sozialen Kompetenzen der Mitarbeiter als deren Funktionsbeschreibung hilfreich sein. Für das

»Sich-Heranmeinen« im Team sind v. a. auch die Team- und Kommunikationsfähigkeiten gefragt, welchen die Controller Akademie in ihren Seminaren seit Jahren intensiv nachkommt. Das Arbeiten im Team, der Einsatz des Kon-Könnens (*kon/cum*; lateinisch = mit; wegen der leichteren Ausprache Kon-Können) im Team ist ein wesentliches Element des Arbeitsstils in der Integrationsphase.

Die Controller sind in dieser Phase betriebswirtschaftliche Berater und Begleiter, v. a. die dezentralen Controller vor Ort in den verschiedenen organisatorischen Einheiten, auch in der temporären Organisation eines Projekts. All Business is local – das ist auch eine Devise für Controller. Für den Weg in die Integrationsphase liefert Kapitel 3 Einsichten, Anregungen und Hilfen.

2.4 Die Natur als Gestaltungsvorbild unserer Organisationen

Könnte es gelingen, die Harmonie, die in der Natur so deutlich zutage tritt, in das Leben eines Unternehmens »hereinzuzaubern«? Die Darstellung in Abbildung 2.4 ist aus Frederic Vesters Buch »Neuland des Denkens« (Stuttgart 1980) entnommen. Sie hat Ähnlichkeit mit der Visualisierung der Entwicklungsphasen. Biologen können an lebenden Systemen beobachten, dass ein größer werdendes System nicht zu einem blinden mengenmäßigen Wachstum mit chaotischer Weitervernetzung führt. Nach mathematischen Berechnungen müsste ein System mit zunehmender Komplexität immer instabiler werden, also mit steigender Vernetzung seiner Elemente immer verwundbarer gegenüber Störungen von außen. Das ist nicht der Fall, denn es kommt offenbar weniger auf die Anzahl der Vernetzungen als auf die Art ihrer Anordnung an. In lebenden Systemen führt das natürliche Wachstum zur Bildung von Substrukturen mit einer übergeordneten Struktur (rechtes Bild); auf diese Weise bleibt auch ein komplexes System stabil und überlebensfähig.

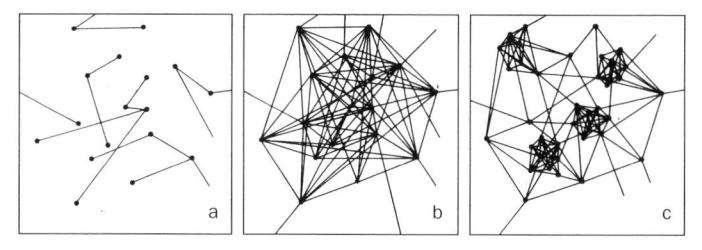

Abb. 2.4: Das Phasenmodell der Evolution

Lässt der Vergleich des rechten Bildes von Vester mit der Visualisierung der Integrationsphase den Schluss zu, dass effektives und effizientes Wirtschaften eine gewisse Kleinheit und die Vielfalt von Substrukturen braucht? Jedenfalls ist es verlockend, darüber weiter nachzudenken und nach Möglichkeiten für organisatorisches Gestalten in diesem Sinne zu suchen.

Ein Subsystem in der Natur sind Hecken, Lebensadern in der Landschaft. Die Flora der Hecken ist Lebensraum für eine vielfältige Fauna. Bei einer Befragung fanden 80 Prozent der Befragten eine Landschaft mit Hecken – überhaupt eine gegliederte Landschaft – am reizvollsten. Gilt das nicht auch für die Büro- und Fabriklandschaft? Besonders schnell wachsen Hecken in Form von Bücherregalen und Blumenkästen in einem Großraumbüro. Hecken sind lebendige Zäune. Sie geben den weidenden Tieren Schutz vor dem Wind, sie frieden ein und geben das Gefühl von Geborgenheit. In der Hecke leben Raupen, aus denen Puppen und schließlich Schmetterlinge werden. Die Puppe platzt auf, der Schmetterling entsteht. Was entpuppt sich hinter der Bürohecke? Gedanken formen sich, bis der Knoten platzt und die Lösung eines Problems ausgereift ist. Kann man von den Hecken auf die Lebens- und Arbeitsweise der Menschen schließen? Hecken sind ein – vom Menschen geformtes – Angebot aus der Natur; wir sollten es verstehen lernen und nutzen. Es geht darum, einen Kompromiss zu finden zwischen ökonomischen Nutzen und ökologischen »Zwängen«. Organisatorisches Gestalten soll Ordnung schaffen, möglichst eine menschengerechte Ordnung. In seinem

Kapitel 2

Buch »Wie kam der Apfel auf den Baum? Dem Leben auf der Spur« (Wien 1984) schreibt Robert Kaspar, dass die Eigenschaft, unablässig Ordnung zu erzeugen, schon in den Grundelementen aller Materie steckt. Ordnung im Lebendigen ist also keine außergewöhnliche Erscheinung, sondern die Folge des allgemeinsten Naturgesetzes überhaupt. Es scheint also so zu sein, als ob Ordnung überall dort vorhanden wäre, wo sich Dinge an jenem Platz befinden, wo sie hingehören. Aber woher wissen wir denn eigentlich, auf welchen Platz ein Gegenstand gehört? Wenn wir das nicht wissen, können wir auch nicht von Ordnung sprechen. Wenn ein Kind gesagt bekommt: »Bring dein Zimmer in Ordnung!«, oder der Chef zu einem Mitarbeiter sagt: »Sie sollten wieder mal Ihren Schreibtisch aufräumen!« – wessen Ordnung ist da gemeint? Wenn wir als Eltern oder Chefs unseren Kindern bzw. Mitarbeitern mehr Freiraum und Mitsprache gewährten, würden sie – zusammen mit uns – vielleicht doch die menschengerechte Ordnung finden? Eine Ordnung, die uns persönlich und unseren Aufgaben entspricht, und nicht eine nur von der Sache als zwingend hergeleitete Ordnung. Kaspar schreibt: »Das einzige und für uns zwar beschreibbare, letztlich aber unbegreifliche Wunder besteht darin, dass die Natur so beschaffen ist, dass sie in offenen Systemen Ordnung erzeugt, ohne Unterlass, ohne Einschränkung. Und gerade das Lebendige ist der unmittelbare Ausdruck dieses Prinzips«. Sollen und können wir nachhaltig gegen das Lebendige, gegen den Menschen im Unternehmen organisieren? Schließlich definieren wir ja Unternehmen als soziotechnisches System. Wenn das Idealbild der klassischen Fabrik- und Büroorganisation das Räderwerk ist (Differenzierungsphase), könnte das Idealbild der Fabrik und des Büros der Zukunft der lebende Organismus sein: kleine Zellen, die sich selbst regulieren, mit anderen Zellen kommunizieren und auf Anforderungen des gesamten Organismus sehr schnell reagieren können (Integrationsphase).

Wie viel von dem Gesamtpotenzial, von der Summe der in den Menschen angelegten Möglichkeiten geht verloren, wenn es zur Erbringung von Leistung eingesetzt wird? Einer der Gründe für Verluste sind Organisationsstrukturen, die ähnlich der Flurbereinigung in der Landschaft die Konturen von Menschen begradigt. Ecken und Kanten von Menschen, die Ausdruck ihrer Individualität sind, werden wie Hecken und unregelmäßige Flussläufe begradigt als Opfer an die Geradlinigkeit, festgeschrieben in Funktionsbeschreibungen, Richtlinien und Arbeitsanweisungen. Ist das nicht eine geplante Verarmung und gleichzeitig eine gewaltige Verschwendung?

Schauen wir noch einmal auf die Darstellung in Abbildung 2.4. Die Formen der Vernetzung im mittleren und im rechten Bild finden wir in eindrucksvoller Weise beim Vergleich eines gesunden und eines krebsartigen Darmgewebes, schreibt Vester in seinem Buch. In einem Fall eine geordnete Vernetzung der einzelnen kryptenartigen Zellen, im anderen Fall, etwa beim Dickdarmkarzinom (dessen Zellen mindestens ebenso lebendig sind, ja noch weit schneller wachsen), dagegen eine völlige Zerstörung der Schleimhautstruktur, in der die einzelnen Zellen sich ungeachtet des Gesamtsystems nur um ihre eigene Vermehrung kümmern. Welche Einsichten über unsere Organisationen verschafft uns dieser Vergleich des Biochemikers Vester zwischen einer gesunden und einer kranken Zelle? Beim Dickdarmkarzinom kommt mir der Gedanke an das Parkinson'sche Gesetz. Oder auch der Gedanke an das Scheitern der Bürokratie in der zentralen Planwirtschaft Ende der 1980er-Jahre. »Es ist schwer, einem Tumor begreiflich zu machen, dass das, was er für einen großen Erfolg hält, im Grunde Selbstmord ist.« Wachstum kann die Metamorphose, den Übergang von der Differenzierungs- in die Integrationsphase, vom technischen zum vernetzten Denken nicht ersetzen. Die Umwelt verändert sich, sei es durch den Einfluss anderer Systeme, sei es durch die Auswirkungen des eigenen Systems; wie wir es für unsere Gesellschaft erleben. Wenn Systeme überleben wollen, müssen sie die Möglichkeit haben, aus ihrem bisherigen Gleichgewichtszustand heraus in einen neuen überzuwechseln, welcher der veränderten Umwelt wieder besser angepasst ist. Wir können lernen von einem Superunternehmen, das seit 4,5 Milliarden Jahren nicht Pleite gemacht hat.

3

„Small is beautiful"
als Organisations- und Controllingprinzip

3.1 „Small is beautiful"

»Small is beautiful« ist der Untertitel eines Buches von E. F. Schumacher: »Die Rückkehr zum menschlichen Maß. Alternativen für Technik und Wirtschaft« (Rowohlt, Hamburg 1989). Je größer eine Organisation ist, desto offenbarer und unvermeidlicher ist die Notwendigkeit von Ordnung. Die besondere Gefahr großer Organisationen liegt darin, die schöpferische Freiheit zugunsten der Ordnung zu vernachlässigen. Es geht also darum, innerhalb großer Organisationen Kleinheit aufzubauen. Schumacher veranschaulicht den Aufbau einer Organisation durch das Bild eines Mannes, der in seiner Hand viele Luftballons hält. Jeder von ihnen hat seinen eigenen Auftrieb. Der Mann thront nicht über ihnen, sondern steht unter ihnen; trotzdem hält er alle Fäden fest in der Hand. Jeder Ballon ist nicht nur eine Verwaltungseinheit, sondern auch eine Unternehmereinheit. Im Gegensatz dazu steht die andere Auffassung von Organisation, die einem Weihnachtsbaum vergleichbar ist, auf dessen Spitze ein Stern sitzt. Darunter hängen Äpfel, Nüsse, Bonbons und ähnliche nützliche Dinge. Alles und alle sind auf die Spitze ausgerichtet und hängen von ihr ab. Freiraum für unternehmerisches Handeln gibt es nur oben.

In der Integrationsphase (Abbildung 3.1) werden die Luftballons durch das WEG-Symbol (Wachstum, Entwicklung, Gewinn), eines der Markenzeichen des Trainingsprogramms der Controller Akademie, zusammengehalten. Dieses einigende Band soll einerseits die Zentrifugalkräfte bändigen, die Gefahr des Auseinander-

Kapitel 3

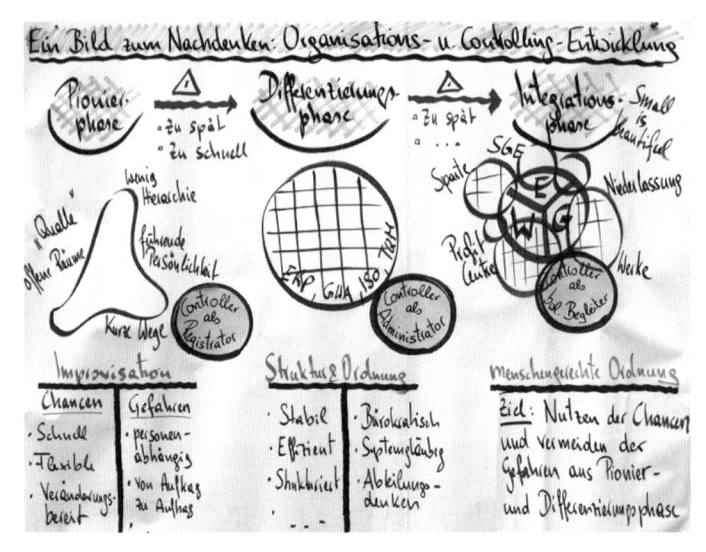

Abb. 3.1: Bild zur Organisations- und Controllingentwicklung
(so entstanden in einem Seminar der Controller Akademie)

strebens beherrschbar machen, andererseits aber den Unternehmen im Unternehmen – im Bild von Schumacher die Luftballons – den nötigen Freiraum zur Entfaltung ihres Potenzials lassen. Dieses einigende Band, das zusammenhalten, aber nicht einengen soll, ist auch in der Abbildung 2.1, Seite 31, zu erkennen. In der juristischen Konstruktion von Unternehmen sprechen wir von einer Holding. Eine Finanz-Holding hält das Ganze zusammen über das G, den Gewinn, die Finanzen. Eine Führungs- oder Management-Holding nimmt über zentrale Funktionen auf die Geschäftspolitik der gehaltenen Unternehmen stärkeren Einfluss, z. B. auf Akquisitionen und Großinvestitionen (das W wie Wachstum im WEG-Symbol) sowie auf bedeutende Forschungs- und Entwicklungsprojekte, den Einstieg in neue Märkte oder eine wesentliche Restrukturierung der Organisation (das E wie Entwicklung im WEG-Symbol). Eine dieser zentralen Funktionen üben Controller aus, die über das Berichtswesen versuchen, die einzelnen Unternehmen auf dem richtigen WEG zu halten. Praktische Beispiele zeigen, dass dieser Einfluss der Holding von den gehaltenen Unternehmen auf der ganzen Skala zwischen Freiraum und Bindung erlebt wird, zwischen lockere Zügel, locker-straffe Führung bis hin zur Gängelung.

Das »Gitter« in der Visualisierung der Differenzierungs- und Integrationsphase steht für das Strukturieren, Gliedern, Ordnen. Das ist positiv und kommt so in der Zielformulierung für die Integrationsphase zum Ausdruck: Die Chancen der Pionierphase mit dem durch Improvisation geprägten Arbeitsstil mit den Chancen der Ordnung in der Differenzierungsphase verbinden. Damit sind die Gefahren nicht automatisch gebannt. Es ist wichtig, sich die möglichen Gefahren – zwischen dem Auseinanderdriften der einzelnen Einheiten und deren Gängelung – bewusst zu machen; dadurch werden sie auch besser beherrschbar.

»Small is beautiful« als Prinzip oder Leitlinie zur Gestaltung von Organisationen und der dazupassenden Controlling-Werkzeuge ist in der Abbildung 3.1 neben der Integrationsphase platziert. Auf der Suche nach Kleinheit innerhalb großer Organisationen können wir auf Erfahrungen zurückgreifen. Die Sparte als Unternehmen im Unternehmen wurde schon in den 1920er-Jahren unter der Bezeichnung *Division* in amerikanischen Großunternehmen erfunden. Die bekanntesten Beispiele sind General Motors und Du Pont verbunden mit dem Namen Alfred P. Sloan. Die Organisation nach Sparten, später häufig auch Unternehmensbereiche genannt, wurde in Deutschland in der zweiten Hälfte der 1960er-Jahre zuerst in Großunternehmen der chemischen Industrie versucht. Eine Sparte, ein Unternehmensbereich, eine Division ist immer auch ein Profit-Center. Konstituierende Merkmale dafür sind ein Profit-Center-Chef mit subunternehmerischer Kompetenz (*sub* = unter, d. h. die Kompetenz wird durch zentrale Funktionen begrenzt) und eine Profit-Center-Ergebnisrechnung mit einem Deckungsbeitrag II, III oder IV als Zielmaßstab. Der Zielmaßstab Deckungsbeitrag macht deutlich, dass die Bezeichnung *Profit-Center* eigentlich nicht korrekt ist. Die organisatorische Einheit bringt keinen Anteil am Gewinn (= Profit), sondern einen Beitrag (= Contribution) zur Deckung der Strukturkosten (Fixkosten) und (hoffentlich) auch zum Gewinn. Richtiger wäre daher die Bezeichnung Contribution-Center. Das werden wir aber auch nicht mehr ändern. Bei Daimler entstand dafür die Bezeichnung Marktleistungs-Center. Das ist sehr passend, denn echte Profit-Center sind nur solche organisatorische Einheiten, die ihre Leistung auf dem Markt verkaufen; erst dann entstehen Deckungsbeiträge als Differenz von Verkaufserlös und Produktkosten (= proportionale Kosten).

Weitere Beispiele für Unternehmen im Unternehmen sind Werke (bei Lieferungen von Werken oder Produktleistungs-Centern – Bezeichnung bei Daimler – ist die Frage der internen Verrechnungspreise zu klären), Leistungs- und Kostenstellen und Prozesse. Die Bezeichnung *Leistungs- und Kostenstelle* ist bewusst gewählt. Wir erwarten von jeder organisatorischen Einheit Leistung, unabhängig von der Funktion im Unternehmen und der Branche. Die eingeführte und kürzere Bezeichnung *Kostenstelle* verleitet zur Denkweise, dass in einer solchen Stelle nur Kosten »verbraten« werden. Die englische Bezeichnung Cost-Center ändert inhaltlich nichts, bestenfalls kurzfristig das Image des Leiters. Es liegt auch an den Controllern, zusammen mit den von ihnen zu betreuenden Managern, den Zusammenhang zwischen Leistung und Kosten in der Planung und im Berichtswesen deutlich zu machen. Einige Beispiele: Anzahl und Dauer von Kundenkontakten; Forderungsausfall ausgedrückt in Prozent vom Umsatz; Anzahl von Reklamationen, verbunden mit Gut- und Lastschriften; Anzahl abgewickelter Schadensfälle; eingehaltene Termine, ausgedrückt in Prozent. Diese Zielmaßstäbe oder Standards of Performance sind zu verknüpfen mit den dazugehörenden Kosten.

Divisions, Sparten, Unternehmensbereiche, Profit-Center (nach Produkten, Kunden, Regionen), Werke, Leistungs- und Kostenstellen, Prozesse sind organisatorische Einheiten, die in Organisationsplänen zu finden sind. Es gibt aber auch temporäre, zeitlich begrenzte Organisationseinheiten. Am bekanntesten und verbreitetsten ist das Projekt. Es ist in der Abbildung 3.1 am Übergang von der Differenzierungs- zur Integrationsphase eingefügt. Das Projekt, seine Organisation und das Controlling dafür könnte als Anschauungs- und Trainingsmodell für die Gestaltung von Organisationen in der Integrationsphase dienen. Dieses Anliegen wird im Untertitel dieses Buches zum Ausdruck gebracht: das Projekt als Unternehmen im Unternehmen. Projekte sind im Unternehmen entstanden, da so wichtige Aufgaben wie die Entwicklung eines neuen Produktes in der herkömmlichen Organisation, v. a. in der funktionalen Strukturorganisation, nicht mehr anforderungs-, termin- und kostengerecht geplant und durchgeführt werden konnten. Im Bild zur Organisations- und Controlling-Entwicklung ist in der Differenzierungsphase in das »Gitter« eine Figur eingezeichnet, die auch die Pionierphase symbolisiert. Eine Qualle, ein Projekt, ein – zumindest am Anfang – wenig strukturiertes Gebilde.

Dass das Verstehen und Einüben von neuen Organisationen mit den dazu passenden Controlling-Werkzeugen nötig und sinnvoll ist, kommt in der Visualisierung der Entwicklungsphasen im Text am Übergang von der Pionier- zur Differenzierungsphase zum Ausdruck. Die Notwendigkeit einer geplanten Weiterentwicklung der Organisation, des Controllings, der Führung, wird oft sehr spät erkannt. Häufig ist das Signal ein Verlust in der Bilanz. Dann soll es sehr schnell gehen mit dem »Ordnungschaffen«. Alle Erfahrung sagt, dass es nicht schnell geht. Das gilt auch für den Übergang von der Differenzierungs- in die Integrationsphase. Das Zeichnen von neuen Organisationsplänen und die Erklärung, dass von nun an ergebnisorientierte Führung praktiziert wird, bewirken noch keine neue »Lebensweise«, auch nicht bei denen, die eine solche Anordnung erlassen. Der Leser möge sich an die Ausführungen unter der Überschrift Organisations-Controlling in Kapitel 2 erinnern. Damit der organisatorische Entwicklungsprozess ein Reifeprozess wird, muss die persönliche Entwicklung der Menschen gefördert werden. Bei dieser Verhaltensentwicklung durchlaufen die Menschen eine Zone der Labilität. Das drücken die Gefahrenzeichen an den Übergängen von einer Phase in die andere aus. Altes, gewohntes Verhalten soll nach gewonnener Einsicht abgelegt werden; das neue Verhalten hat sich noch nicht eingespielt. Mit Turbulenzen ist zu rechnen.

Andere mehr oder weniger bekannte und praktizierte temporäre Organisationseinheiten sind strategische Geschäftseinheiten (SGE), Qualitätszirkel, das in Kapitel 2 schon erwähnte Team und die Task Force. Eine SGE kann man auch in Organisationsplänen finden. Wenn hier temporäre, zeitlich begrenzte Organisationseinheiten von solchen in Organisationsplänen vorkommenden unterschieden werden, dann ist schon klar, dass auch Organisationspläne nicht von Dauer sind. Es ist sehr praktisch, eine SGE zunächst als Denkeinheit für die Planung zu verstehen. Ist eine SGE marktreif, wird sie zum Profit-Center oder Marktleistungs-Center. Qualitätszirkel wurden zuerst in der Fertigung gebildet. Sie sind als Quality Circles aus Japan zu uns gekommen. Die Gurus der Qualitätszirkel vertrauten auf das Wissen, Können und die Erfahrung der Leute vor Ort. Sie ließen sich leiten von der Einsicht, dass die Mitarbeiter die wertvollste Ressource eines Unternehmens sind. Mitarbeiter sind motiviert und arbeiten gut, wenn sie anerkannt werden, ermutigt werden, ihren Beitrag zu leisten und selbst entscheiden dürfen. Unter den »Marken« KAIZEN, Continuous Improvement, Kontinuierlicher Verbesserungsprozess ist diese Philosophie bei uns bekannt geworden. Qualitätszirkel mit dem Ziel kundenorientierter Qualitätsverbesserung sind überall im Unternehmen möglich, für externe als auch für interne Kunden. Beispielsweise könnten Controller einen Qualitätszirkel für kundenorientiertes Berichtswesen bilden. Task Force kommt aus dem militärischen Bereich. Meist ist eine Projekt- oder Arbeitsgruppe gemeint, die eine Sache schnell (mit engl. *force* = Kraft, Nachdruck, Zwang, Gewalt) durchziehen soll. Das Arbeiten im Team ist das Thema des Trainings in der Stufe V bei der Controller Akademie. In einer komplexen Welt, in der es keine Wissensmonopole mehr gibt, ist das Sich-Heranmeinen im Team ein wichtiges Charakteristikum für das Problemlösen geworden. Diese Arbeitsweise ist im Buch von Markus Stamm »Probleme lösen« beschrieben (Verlag für ControllingWissen AG, Freiburg 2009). Es wird die dominierende Arbeitsweise in Unternehmen in der Integrationsphase sein. Der Mensch nimmt in der Integrationsphase das »Heft« in die Hand, d. h. die Maschinen; und das sind v. a. die Computer als Rechen-, Steuerungs- und Kommunikationswerkzeuge. Der Arbeitsstil ist geprägt durch eine menschengerechte Ordnung. Menschenwürdig, anständig miteinander umgehen ist damit auch gemeint.

Das Wort *Intrapreneur* steht für einen Unternehmer im Unternehmen. Es wurde geprägt vom amerikanischen Autor Gifford Pinchot in seinem Buch »Intrapreneuring. Why you Don't Have to Leave the Corporation to Become an Entrepreneur«, New York. Der für das ganze Unternehmen Zuständige ist der Entrepreneur, z. B. der Pionierunternehmer. Eine technische Voraussetzung für die Arbeitsweise von Intrapreneuren ist ein Netzwerk, das den Zugang zu den Wissensspeichern überall im Unternehmen ermöglicht. Die wichtigsten Wissens- und Erfahrungsspeicher sind heute die Mitarbeiter des Unternehmens. Diese Knowledge Worker (der Begriff wurde von Peter F. Drucker schon 1969 in seinem Buch »The Age of Discontinuity« geprägt) müssen miteinander vernetzt sein. Das ist aber nicht nur technisch gemeint. Das Wort *Networking* drückt es aus: Kontinuierlich (die Endung -ing = *continuous tense*, die Dauerform) miteinander in Verbindung sein, aneinander denken, Hol- und Bringschuld von Informationen pflegen. Das ist genau das Gegenteil des Prinzips Abgrenzen, das in der Differenzierungsphase vorherrscht. Einheit in Vielfalt ist das Modell. Die Selbstständigkeit der Unternehmen im Unternehmen und der sie leitenden Intrapreneure als Projektleiter, Spartenleiter, Prozessleiter (Process Owner) machen sie nicht unabhängig. Ihre Selbstständigkeit soll ihre Leistung für das Gesamtunternehmen steigern. Intrapreneurship und Networking machen auch flache Hierarchien möglich, ja, sie sind Voraussetzung für eine flache Organisationsstruktur, die schnelle, Chancen und Risiken abwägende Entscheidungen erlaubt. In das Modell Einheit in Vielfalt passt auch die Dezentralisierung. Sie ist keine Schwächung der Zentrale, sondern erfordert eine starke Führung mit klaren, anspruchsvollen und inhaltlich akzeptierten Zielen für das ganze Unternehmen.

Der Weihnachtsbaum im Bild von Schumacher passt eher zur Differenzierungsphase. Der Chef oder die Chefin thront auf der Spitze des Weihnachtsbaums; dieses Bild ist ähnlich der Unternehmenspyramide. Sein Glanz wird noch verstärkt durch Mitarbeiter – das sind die Äpfel, Nüsse und Bonbons – mit guter Ausbildung und akademischen Titeln. Die in Funktionsbeschreibungen definierten Aufgaben sind anspruchsvoll; mit den Ergebnissen schmücken sich die Chefs. Verstärkt wird dieses Bild durch journalistische Formulierungen in Tageszeitungen und Zeitschriften, indem der Name des Bosses für das Ganze steht. Die Glorifizierung und Verteufelung von Topmanagern wird in einer Zeit der Akquisitions- und Verkaufs-Mania auf die Spitze getrieben.

Ist das Schrumpfen von Gewinnen ein Fusions- oder Verkaufsbeschleuniger? Was ist die bessere Überlebensstrategie: zu wachsen oder sich zu konzentrieren? Ist Kraft durch Größe immer die richtige Strategie? Und wie wirkt sich die neue Größe auf Geschmeidigkeit und Ausdauer aus? Ein Großunternehmen muss heute genauso *small* sein in dem Sinn, dass es genauso schnell auf Veränderungen reagieren kann wie ein Pionierunternehmen. Das hängt wiederum in erster Linie von den Mitarbeitern ab, die sich mit ihrer Firma identifizieren oder nicht. In allen Analysen über Schwierigkeiten bei Fusionen taucht der Ausdruck vom Zusammenprall der Kulturen auf. Der Vertrag, der Deal, findet mehr Beachtung als die Integration. Es sind aber v. a. die Mitarbeiter, die die Veränderungen in der Praxis bewältigen müssen. Prominente Beispiele der Vergangenheit sind Daimler und Chrysler sowie BMW und Rover.

Was können Controller tun, um Risiken einer Fusion einzugrenzen? Der Deutsche Bundestag hat im Mai 1998 das Gesetz zur Kontrolle und Transparenz im Unternehmensbereich (KonTraG) verabschiedet. Eine der wesentlichen Regelungen ist die Verpflichtung zur Einführung eines Risikomanagement- und Überwachungssystems. Mit einem solchen System sollen gefährliche Entwicklungen für ein Unternehmen rechtzeitig erkannt werden. Wenn bei Fusionen das Aufeinandertreffen von verschiedenen Unternehmenskulturen ein so großer Risikofaktor ist, könnten Controller nicht auf ein Cultural Due Diligence drängen? (Neben der erforderlichen Sorgfalt bei der Prüfung von Fragen des Marktes, der Wettbewerber und Produkte – Commercial Due Diligence, der finanziellen Analyse – Financial Due Diligence, der rechtlichen Analyse – Legal Due Diligence, von Umweltfragen – Environmental Due Diligence). Das hieße, die Betroffenen stärker mit einbeziehen, um negative Verbundeffekte einzugrenzen. Im Sinne des Risikomanagements ist das Eingrenzen negativer Verbundeffekte wichtiger. Wir bei der Controller Akademie drücken das so aus: Vorne gerührt, brennt hinten nicht an; oder zumindest nicht so leicht. Natürlich gibt es Turbulenzen beim Rühren. Das sind die hochkommenden Risiken.

Einen Point of No Return darf es nicht geben, außer man schreibt es so: Point of Know Return – wissen, wann man umkehren muss. Controller können mithelfen, die möglichen Turbulenzen und die Notwendigkeit zum Rückzug transparent zu machen. Im Controller-Leitbild der International Group of Controlling (IGC) steht: »Controller sorgen für Strategie-, Ergebnis-, Finanz- und Prozesstransparenz und tragen somit zu höherer Wirtschaftlichkeit bei.« Wir müssen nichts ändern, es nur machen. Das KonTraG ist eine zusätzliche Legitimation und Verpflichtung.

3.2 Das Projekt als Chance für Organisationsentwicklung

Dazu müsste das Arbeiten in Projekten in der strategischen Planung verankert werden. Das folgende Beispiel (Abbildung 3.2) entspricht der Gliederung, die von der Controller Akademie für die

Kapitel 3

Protokollierung der strategischen Ausrichtung eines Unternehmens empfohlen wird. Die Inhalte orientieren sich an einem echten Fall; Produktbezeichnungen und die Zahlen sind erfunden.

Sidermac AG:	Strategische Planung	Fassung von Pfingsten 20xx
1. Leitbild Wozu und für wen sind wir da? Braucht man uns noch so?	Automatisierung ist unsere Welt. In dieser Welt wollen wir uns von den Gesetzen und Erfahrungen des »Unternehmens« Natur leiten lassen. Lasst uns lernen! Wir sind da für • unsere Kunden, um ihren Bedarf nach Dienstleistungen und Produkten von hohem Nutzen zu befriedigen; • unsere Eigentümer, um ihnen eine angemessene Verzinsung des Kapitaleinsatzes zu sichern; • unsere Mitarbeiter, um ihnen Möglichkeiten für die Entfaltung ihres Wissens und Könnens und ihrer Persönlichkeit zu schaffen und ihnen einen leistungsgerechten Anteil am Erfolg zu sichern; • unsere Lieferanten, mit denen wir faire und unvoreingenommene Geschäftsbeziehungen unterhalten wollen; • die Gesellschaft insgesamt, zu deren Nutzen wir unsere Unternehmensaufgabe ökonomisch, ökologisch und sozial ausgewogen ausrichten wollen.	
2. Ziele Was wollen wir erreichen?	Zur Sicherung unserer Lebensfähigkeit brauchen wir nachhaltig eine Rendite auf das eingesetzte Kapital, die beim 1,5-Fachen für Verzinsung von langfristigen Anleihen liegt. • Wir wollen in Europa Marktführer in der Sparte A bleiben und in den nächsten drei Jahren unseren Marktanteil halten. • Die Überlebensfähigkeit der Produktgruppen Elektronik und Sensorik der Sparte B muss sich in den nächsten zwei Jahren erweisen. • Die Sparte C muss bis Ende 2015 einen kostendeckenden Umsatz erzielen. • Die Produktgruppe Didaktik ist Wegbereiter für die anderen Produktgruppen in unseren drei Sparten. Eine Umsatzrendite von 2 Prozent ist ein angemessener Beitrag zur Rentabilität des Gesamtunternehmens. Die Möglichkeiten für Wachstum werden von innen begrenzt durch die Sicherstellung der finanziellen Stabilität. Ein Eckpfeiler dafür ist eine Mindest-Eigenkaptialquote von 30 Prozent. Die individuelle Gestaltung der Tages-, Wochen- und Jahresarbeitszeit soll ab dem Jahr 2017 möglich sein.	

3. Strategien
Welche Wege sollen zu den Zielen führen? (»Marschrichtung«)
	· Definition und schrittweise Realisierung eines Kernprogramms für die Sparte A über einen Zeitraum von fünf Jahren
	· Definition und Kauf eines Handelsprogramms für Elektronik und Sensorik
	· Sparte C; Händlertreue im Standardprogramm; Direktvertrieb für HF-Maschinen
	· Didaktik legt die Spuren in neuen Märkten
	· Konsolidierung nach innen und Förderung der Professionalität der Mitarbeiter durch
	  · die Bildung von organisatorischen Einheiten als Wissens- und Erfahrungszentren, die wegen ihrer Überschaubarkeit ein hohes Maß an Self-Controlling und Identifikation bei den Mitarbeitern ermöglichen. Die Marschrichtung heißt: »Small is beautiful«;
	  · die Verbesserung und Anpassung der Führungs- und Controllinginstrumente für projektorientiertes Arbeiten.

4. Prämissen Von welchem Verhalten bei Kunden, Wettbewerbern, Mitarbeitern und Regierungen müssen wir ausgehen?	· Der Gütertransport auf der Straße wird nicht mehr zunehmen. Die Menschen wehren sich durch Blockaden, Regierungen erheben hohe Steuern. · Entsorgungsprobleme sind in den nächsten zehn Jahren in den entwickelten Ländern größer als die Versorgungsprobleme. · Die Fortsetzung der Spezialisierung geschieht durch die Entwicklung in Wissenschaft und Technik. · Immer mehr Menschen suchen nach Möglichkeiten, sich persönlich zu entwickeln und zu wachsen. · Ein Unternehmen wird geprägt durch Knowledge Worker.
5. Maßnahmen Welche »robusten Schritte« zur Umsetzung der Strategien sind nötig?	· Führungskräfte geben vermehrt Aufgaben und Kompetenzen an Projektleiter und Projektteams ab. · In den nächsten zwei Jahren sind mindestens sechs international zusammengesetzte Projektgruppen für Projekte zur Produkt-, Markt- und Organisations- und Controlling-Entwicklung zu bilden. Ein erster Bericht über ein abgeschlossenes Projekt liegt dann vor.

Abb. 3.2: Organisations- und Controllingentwicklung in einem Beispiel zur strategischen Planung

Ein strategisches Konzept ist immer schon da; sonst gäbe es das Unternehmen nicht. Ganz typisch ist das so im Pionierunternehmen. Der Gründer hat die Strategie im Kopf, er lebt sie vor; sie wird erkennbar durch das Handeln des Chefs. Daher sagt man nicht ganz zu unrecht: Der Chef ist das Ziel und alle folgen ihm. Das geht gut, solange es gut geht, d. h. der Chef alles richtig macht und alle erkennen, dass die Probleme der Kunden gut gelöst werden, die Kunden zufrieden sind. Die Anerkennung, das Erfolgserlebnis motiviert; der Gewinn, das Geld, das Gehalt stimmt auch. Es ist leicht zu verstehen, dass ein erfolgreicher Pionier nur schwer davon zu überzeugen ist, ja, es als mühsam empfindet, das, was ohnehin klar ist, auch aufzuschreiben.

Irgendwann weiß der Chef oder die Chefin nicht mehr alles; außerdem wissen auch die Mitarbeiter etwas, was sehr häufig eine ungenutzte Ressource bleibt. Im Bild der Entwicklungsphasen bewegt sich das erfolgreiche Pionierunternehmen in die Gefahrenzone. Nicht ohne Grund und Erfahrung sagen wir: Im Erfolg liegt schon der Kern des Misserfolgs. Dieser Kern heißt Überheblichkeit, Realitätsverlust; Hochmut kommt vor dem Fall. Das gilt auch für Unternehmen in der Differenzierungsphase. Die Strategie muss aus dem Kopf aufs Papier. Die Schriftform hilft bei der Selbstanalyse und zwingt, eine Sache zu Ende zu denken. Das Papier ist Grundlage für die systematische Diskussion mit allen Beteiligten: Was ich sehe, kann ich besser einsehen. Es zwingt, sich festzulegen, und ist immer wieder Einstieg für systematisches Lernen.

Die Maßnahmen im Sinne »robuster Schritte« sind das Scharnier zwischen strategischer und operativer Planung. In der operativen Mehrjahresplanung ist neben der Fortschreibung und Aktualisierung früherer Entscheidungen (im Sinne einer rollierenden Planung) zu prüfen, ob die im Strategieprozess erarbeiteten und in der strategischen Planung protokollierten Wettbewerbsvorteile auch umsetzbar sind. Die Prämissen sind der »Baugrund« für die strategische Planung. Sie sind externe Bedingungen, Entwicklungen, die nicht durch das Unternehmen beeinflusst, wohl aber berücksichtigt werden können (müssen). Beobachtungen, Analysen und Prognosen haben ergeben, dass in Zukunft die Arbeit im Unternehmen durch den gut ausgebildeten, selbstbewussten Knowledge Worker oder Wissensarbeiter geprägt wird. Zeitsouveränität ist für diese Menschen ein wertvolles Gut. Daraus leiten wir als strategisches Ziel die Individualisierung der Arbeitszeit ab. Das macht unser Unternehmen attraktiv, schafft uns einen Wettbewerbsvorteil bei der Rekrutierung und Bindung von Wissensarbeitern. Mit diesen können wir unsere Markt- und Finanzziele erreichen.

Die Individualisierung der Arbeitszeit ist in der herkömmlichen Organisationsstruktur nicht machbar. Die seit Jahren praktizierte gleitende Arbeitszeit bietet zu wenig Zeitsouveränität. Die Bildung von überschaubaren organisatorischen Einheiten, die bei den Wissensarbeitern ein hohes Maß an Identifikation und Self-Controlling – bei weitgehender Zeitsouveränität – ermöglichen, ist die richtige Strategie. Die bisherigen Erfahrungen mit der Sparten- und Projektorganisation werden als Einstieg genutzt. Die vorhandenen Controlling-Instrumente werden der organisatorischen Entwicklung angepasst. Die Förderung des ergebnisorientierten Denkens und Handelns aller Mitarbeiter in Sparten, Profit-Centern, Leistungs- und Kostenstellen und Projekten ist ein wesentliches Element des Lernprozesses. Die Controller als Werkzeugmacher verstehen sich auch als Verkäufer, Erläuterer, Interpreten von Sinn und Nutzen dieser Werkzeuge. Wir orientieren uns in all unserem Tun an der im Leitbild formulierten Devise »Lasst uns Lernen!«.

Für den Organisations- und Führungsteil der strategischen Planung ist v. a. die Dauer des Lernprozesses einzuschätzen. Diese Zeit wird immer unterschätzt, und zwar nicht nur die Dauer in Jahren, sondern auch der Zeitumfang pro Monat und Jahr. Diese Zeiten hängen zusammen. Man kann aber den Lernprozess nicht z. B. auf ein Jahr verkürzen, indem man die Hälfte der Arbeitszeit als Trainingszeit einplant. Und es wäre von der Lernmotivation her auch gar nicht sinnvoll. Die generelle Empfehlung heißt: kontinuierliche Verbesserung in der täglichen Arbeit, »angereichert« durch Innovationsschübe in Form von Seminaren, Workshops, Coachings. Der Zeit- und Geldbedarf für diese Innovationsschübe wird über eine Zeitspanne von drei bis fünf Jahren zu planen sein. Von dieser Mehrjahresplanung geht es in die Details, in die Planung einzelner Maßnahmen mit Terminen und den Verantwortlichen für die Durchführung.

An dieser Stelle endet das Beispiel einer strategischen Planung mit dem Akzent auf der Beschreibung der Entscheidungen zur Organisations- und Controlling-Entwicklung, die immer auch die Entwicklung der fachlichen und sozialen Kompetenz der Mitarbeiter mit einbezieht. Eine der Grundideen dieses Buches ist, das Projekt als Trainingsmodell für die Entwicklung neuer Organisationsstrukturen in der Integrationsphase zu verstehen. Zur Umsetzung der Strategie Verbesserung und Anpassung der Führungs- und Controlling-Instrumente für projektorientiertes Arbeiten sind in Kapitel 4 beispielhafte Maßnahmen beschrieben.

3.3 Freiraum und Bindung

Die Suche nach dem richtigen Maß auf der Skala von Freiraum und Bindung hat sich wie ein roter Faden durch die Überlegungen zu »small is beautiful« gezogen. Mit dem WEG-Symbol in der Visualisierung der Integrationsphase (Abbildung 2.1, Seite 31, und Abbildung 3.1, Seite 50) ist ein einigendes Band gemeint, das nicht einengt. Das Zusammenhalten des Ganzen ist in Einklang zu bringen mit der Schaffung von Entfaltungsmöglichkeiten für die Teile.

Im Beispiel der strategischen Planung für die Sidermac AG ist die Schaffung von mehr Zeitsouveränität für die Mitarbeiter ein strategisches Ziel. Freiraum für Aktivität und Kreativität eröffnet große Möglichkeiten für die persönliche Entwicklung; die Sidermac AG will das für ihre Mitarbeiter und formuliert es auch im Leitbild. Damit einher geht das Risiko des Zerlaufens, des Nicht-kanalisiert-Werdens der schöpferischen Kraft, der Unordnung bis hin zum Chaos. Stärkere Bindung grenzt dieses Risiko ein, aber eben auch die Möglichkeiten.

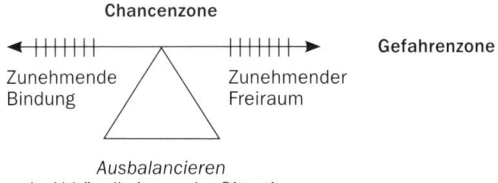

»Small is beautiful« als Organisations- und Controllingprinzip

```
                        Chancenzone
Gefahrenzone    ◄──┤┤┤┤┤┤────┤┤┤┤┤┤──►    Gefahrenzone
                Zunehmende    Zunehmender
                Bindung       Freiraum

                    Ausbalancieren
              in Abhängikeit von der Situation
```

1.	Unterdrückung Entmündigung	Nicht-autoritäre, partnerschaftliche Erziehung	Orientierungslosigkeit
2.	Autokratische Herrschaft	Kooperative Führung	Laisser-faire, Verantwortungslosigkeit
3.	Bürokratie	Menschengerechte Ordnung	Unordnung
4.	Diktatur	Demokratie	Chaos
5.	Misstrauen	Vertrauen	Vertrauensseligkeit
6.	Gerechtigkeit um des Rechtes willen*	Gerechtigkeit	Rechtlosigkeit
7.	Intoleranz	Toleranz	Gleichgültigkeit
8.	Affenliebe	Liebe	Lieblosigkeit
9.	Fanatismus	Begeisterung	Interesselosigkeit

* Literarische Figur des Michael Kohlhaas von Heinrich von Kleist

Abb. 3.3: Beispiele zum Spannungsfeld von Freiraum und Bindung

In diesem Spannungsfeld von Freiraum und Bindung »balancieren« nicht nur Führungskräfte im Unternehmen, sondern auch Politiker, Lehrer und Eltern. Die Gefahrenzone ist im sprachlichen Ausdruck meist durch ein »Zuviel« oder »Zuwenig« angezeigt. Für die Extreme auf der Skala von Freiraum und Bindung haben wir griffige, starke und merkfähige Bezeichnungen; der lebensfähige Kompromiss liegt dazwischen, in der nicht eindeutig bestimmbaren »Grauzone«. Die Schwierigkeit, das richtige Maß zu finden, führt zu schnellen Pendelbewegungen zwischen den Extremen. Der schnelle Wechsel von einem autokratischen (= selbstherrlichen) zu einem kooperativen Führungsstil führt zu Enttäuschungen. Ohne ein behutsames und geduldiges Einüben neuer »Umgangsformen« wird ein Hinausrutschen in die Gefahrenzone heraufbeschworen. Statt verantwortungsbewusster Kooperation herrscht dann verantwortungslose Kameraderie. Ein anschauliches Beispiel für dieses polare Denken und Handeln ist die Erziehung in Kindergarten, Schule und zu Hause in den 1960er- und 1970er-Jahren. Von der als falsch erkannten autoritären Position schwankte das Pendel rasch durch die Chancenzone der nicht-autoritären Erziehung hindurch zum Gegenpol der antiautoritären Erziehung. Einige Beispiele für dieses Spannungsfeld von Freiraum und Bindung können dem Leser helfen, seine eigene Wahrnehmungsfähigkeit zu schärfen (Abbildung 3.3, Seite 63).

Zur Schärfung der Wahrnehmungsfähigkeit bürokratischer Fehlentwicklungen im Unternehmen liefern Staats-, Partei- und Behördenbürokratie anschauliche Beispiele. Die Bezeichnungen *Bürokratie* und *Bürokrat* haben in diesen Organisationen ihren negativen Beigeschmack bekommen. C. Northcote Parkinson formulierte Ende der 1950er-Jahre das Parkinson'sche Gesetz, das heute zu unserem Alltag gehört wie das Newton'sche Gesetz. Er beobachtete, dass das Wachstum bürokratischer Tätigkeiten viel schneller verläuft als jene Tätigkeiten, die von der Bürokratie verwaltet werden. Das Machtinteresse – neben einem ökonomischen Interesse nach höherer Besoldung – führe zur künstlichen Ausweitung bürokratischer Tätigkeiten durch Formulare, Richtlinien, Vorschriften, Kontrollen etc., zu deren Durchführung man immer mehr neue Mitarbeiter braucht. Je mehr der bürokratische Apparat wächst, je umfangreicher seine Struktur (Abteilungen, Unterabteilungen, Referate, etc.) und die Anzahl der Mitarbeiter wird, umso größer wird seine Machtstellung, umso größer werden auch die Aufstiegschancen jedes einzelnen Bürokraten. Wir haben es der Tendenz nach mit einem sich gegenseitig stützenden und fördernden System zu tun. Es verhält sich wie ein Krebsgeschwür (der Leser möge sich erinnern an den Vergleich von

Frederic Vester zwischen einer gesunden und einer kranken Zelle im Kapitel 2.4). Diese von Parkinson beschriebene Entwicklung wird flankiert durch geltende Statusregeln: Je mehr Mitarbeiter jemand unterstellt hat, umso mehr zählt er. Wer fragt schon: Mit wie wenigen Mitarbeitern schaffen Sie Ihre Aufgaben?

Trotz der Ähnlichkeit und Vergleichbarkeit ist es zweckmäßig, zwischen der Bürokratie in der öffentlichen Verwaltung und der administrativen Kapazität in Unternehmen zu unterscheiden. Ein wichtiges Merkmal dafür ist die Rolle, die das Ergebnis der Verwaltungstätigkeit spielt. Während die öffentliche Verwaltungstätigkeit nicht auf dem Markt verkauft werden kann oder muss und ihre Wirkung daher schwer messbar ist, geht die Verwaltungstätigkeit der administrativen Kapazität im Unternehmen in die Kalkulation der zu verkaufenden Produkte und Dienstleistungen ein. Daraus ergeben sich »Hindernisse« für die Bürokratisierung der Verwaltungstätigkeit im Unternehmen, insbesondere durch den Wettbewerb und die Beteiligung am Unternehmensergebnis. Die Formulierung »Hindernisse« ist bewusst gewählt im Hinblick auf sehr große, marktbeherrschende Unternehmen. Je größer der Marktanteil eines Unternehmens wird, umso eher steigt die Gefahr der Bürokratisierung, da die dafür entstehenden Kosten bei abnehmendem Wettbewerbsdruck, bei Wegfall des »Hindernisses«, über Preiserhöhungen abgedeckt werden können.

4

Projektorganisation und Projektcontrolling

4.1 Nochmals: Was ist ein Projekt?

Damit nehmen wir die Eingangsfrage meines Co-Autors aus Kapitel 1 nochmals auf. Während er sich eher der ganzheitlichen Perspektive dieser Frage gewidmet hat, geht es nun darum, tiefer in die Details einzusteigen. So hatten wir es zu Beginn des Projekts »Buch« konzeptionell vereinbart. Also dann ...

Eigentlich ist fast alles in Form von Projekten definierbar. Aber eben nur fast! Und was gehört nicht dazu?

Die folgende, sehr allgemein gehaltene Definition beschreibt das grundsätzliche Wesen von Projekten:

Ein Projekt ist in seiner Art einzigartig, hat einen definierten Anfangs- und Endzeitpunkt, ist von der Zielsetzung her klar definiert, verfügt über ein eigenes Budget und muss mit begrenzten Ressourcen auskommen.

Was nicht in der obigen Definition steht, aber gleichwohl für Projekte häufig zutrifft, ist deren Vernetzung. Selten ist ein Projekt im betrieblichen Umfeld auf eine Organisationseinheit oder Hierarchieebene alleine beschränkt.

Vergleiche hierzu Kapitel 1, Seite 13.

Auch eine DIN gibt es zur Definition von Projekten. Laut DIN 69001-5: 2009-01 heißt es (www.peterjohann-consulting.de/index.php?menn-id=pm; abgerufen am 20.09.2012): »Ein Projekt ist ein Vorhaben, das im Wesentlichen durch die Einmaligkeit der Bedingungen in ihrer Gesamtheit gekennzeichnet ist, wie z.B.

- Zielvorgabe,
- zeitliche, finanzielle, personelle und andere Begrenzungen,
- Abgrenzung gegenüber anderen Vorhaben,
- Projektspezifische Organisation.«

Damit zurück zum Wort *fast* von weiter oben. Im ersten Kapitel wurde ein neues Wort eingeführt: die »Projektitis«. Gemeint als ein Begriff, der die immense Zunahme von Projekten in den Firmen umschreiben soll. Auch bei Sonderaufgaben, die eigentlich klar zum Job eines bestimmten Fachbereichs gehören, wird inzwischen gerne das Wort *Projekt* verwendet. Zu inflationär, wie ich meine. Wenn beispielsweise der IT-Bereich ein neues Release einer vorhandenen Software installiert, dann ist das in meinen Augen häufig kein Projekt. Meistens ist das eine Tätigkeit im Rahmen der üblichen Aufgaben eines IT-Bereichs.

Ein etwas anderer Sachverhalt liegt vor, wenn eine Firma zum wiederholten Male die Generalunternehmerschaft für ein Bauvorhaben übernimmt. Dann ist das vordergründig etwas »sich Wiederholendes«, was laut der Definition von oben eben nicht »einmalig« ist. Allerdings hat man es hier jedes Mal mit anderen Abläufen, Subunternehmern und Auftraggebern zu tun. Das Kriterium der Vernetzung (Komplexität) ist dadurch wieder gegeben. Deshalb ist es hier wieder naheliegend, von Projekten zu reden.

Ein weiteres Problem in der Praxis scheint zu sein, den definitiven Endzeitpunkt für ein Projekt zu definieren. Wann ist z. B. ein IT-Projekt beendet? Dann, wenn das Programm auf dem Rechner installiert ist? Oder dann, wenn es von jedem Rechner im Netz aus aufgerufen werden kann? Oder gar erst dann, wenn die ersten Operationen mit dem neuen Programm durchgeführt wurden? Wenn also ein umfangreicher Testlauf oder Parallelbetrieb erfolgreich über die Bühne ging?

Gehen die allfälligen Anpassungen, die z. B. an Schnittstellen zu hauseigenen Programmen anfallen, in das bestehende Projekt ein oder macht man dafür ein neues mit einem eigenen Budget auf?

Oder sind diese Anpassungen einfach nur Aufgaben innerhalb der normalen Tätigkeit des IT-Bereichs? Und – wenn nötig – wie werden Anwenderschulungen in das Vorhaben eingebaut?

Solche »Abgrenzungen« sind für die Projektdefinition wichtig, beeinflussen sie doch sowohl die Budgetphase als auch das Management des Projekts im Ist.

4.1.1. Die Grundformen der Projektorganisation

Langjähriger Beobachtung folgend, ist ein Projekt im Umfeld eines Unternehmens meistens etwas, das neben der eigentlichen Organisationsstruktur des Unternehmens existiert (vgl. auch Kapitel 1: Woher kommen die Projekte?). Davon ausgenommen sind in der Regel Unternehmen, die ihre Kundenaufträge in Form von Projekten bearbeiten. Dazu gehören z. B. Baufirmen, Firmen des Anlagenbaus, Facility-Management-Firmen oder Beratungsunternehmen. Auch Projekte in den Forschungs- und Entwicklungsbereichen (F&E-Bereiche) der Firmen fallen dieser Beobachtung nach oft nicht unter die oben gemachte Feststellung. F&E-Bereiche sind in den Firmen gerne abgesteckte Hirn- und Nachdenkbereiche, die sich zunächst einmal wenig mit den anderen organisatorischen Einheiten der Firma überlappen. Entdeckt der F&E-Bereich aber etwas Neues und Marktfähiges, dann kommt es auch hier zu den Überlappungseffekten mit anderen Projekten.

Wie geht das nun, dass die normale Ablauforganisation und eine Projektorganisation parallel nebeneinander existieren? Diesbezüglich gibt es in der Praxis inzwischen mehrere Organisationsmodelle, die in der Folge diskutiert werden sollen.

Die reine Projektorganisation

Für die Abwicklung eines Projekts wird jeweils eine eigenständige Organisation gebildet, sodass das Projekt möglichst losgelöst von der sonstigen Unternehmensorganisation laufen kann. Der zuständige Projektleiter wird als SubUnternehmer (Intrapreneur) auf Zeit eingesetzt. Dadurch hat er alle notwendigen Kompetenzen und trägt somit auch die volle Verantwortung für das Projekt. Er hat sowohl fachliches als auch organisatorisches Weisungsrecht gegenüber den organisatorischen Einheiten in der bestehenden Unternehmensorganisation (Reiner M. Michel: Projektcontrolling und Reporting, 2. Auflage, Sauer-Verlag Heidelberg, 1996, S. 308). Das Unternehmertum des Projektleiters ist durch die Laufzeit des Projekts begrenzt.

Die notwendige Einbindung in die Unternehmensorganisation erfolgt üblicherweise durch regelmäßige Reports an die Unternehmensleitung oder ein Steering Committee. Aber auch an die vom Projekt mittel- oder unmittelbar betroffenen Organisationseinheiten sollte berichtet werden. Letzteres insbesondere deshalb, damit die (Fach-)Bereiche abschätzen können, wie viele Ressourcen sie für das Projekt noch oder zukünftig bereitstellen müssen. Mitarbeiter aus den Organisationseinheiten werden temporär oder auch für die Dauer des Projekts an die Projektleiter ausgeliehen. Gerade bei dieser Organisationsform kommt es besonders häufig vor, dass Mitarbeiter aus den Fachbereichen für das Projekt ganz freigestellt oder zumindest deutlich von der Last des Tagesgeschäfts entbunden werden. Das bedeutet auch, dass die Führungsverantwortung und die Weisungsbefugnis für diese Mitarbeiter nicht mehr bei den Fachbereichen liegt, sondern bei den Projektleitern.

Gerade der letztgenannte Punkt schafft unter Umständen Probleme. Und dies sowohl bei den Führungspositionen (Fachbereichs- und Projektleiter) als auch bei den Betroffenen selbst. Diese Probleme sind häufig genug weniger organisatorischer Art als persönlicher Art. Denn es geht dabei meistens um Machtstrukturen, um Einfluss aus Sicht der hierarchisch Führenden und um Karriere aus Sicht der Betroffenen. Die einen gewinnen oder verlieren an Macht und Status, die anderen sehen eine Chance oder fürchten, aufs Abstellgleis geschoben zu werden.

Aus diesen Gründen ist es bei dieser Organisationsform besonders wichtig, dass die Unternehmung vor dem Einsatz einer solchen klärt, wie das gehandhabt werden soll. Gute Erfahrungen gibt es mit von im Unternehmen selbst erarbeiteten Projekthandbüchern, an deren Erstellung alle betroffenen Bereiche beteiligt waren. Wenn das ein für alle Mal geklärt ist, dann kann solchen persönlichen Vorbehalten – eigentlich sind es Widerstände – entgegengetreten werden. Und jeder kann im Zweifel nachlesen, wie das funktionieren soll.

Gezeigt hat sich hier auch, dass diese Diskussion sehr schnell einen anderen Fachbereich berührt – den Personalbereich! Kann diese Projektorganisationsform beispielsweise als interne Kaderschmiede für zukünftigen Führungsnachwuchs genutzt werden? Braucht man jetzt nicht eine vorausdenkende Personalplanung, die die Karrierewünsche der Mitarbeiter kennt und aktiv begünstigt? Damit sei an die Denkansätze in den vorangegangenen Kapiteln verwiesen.

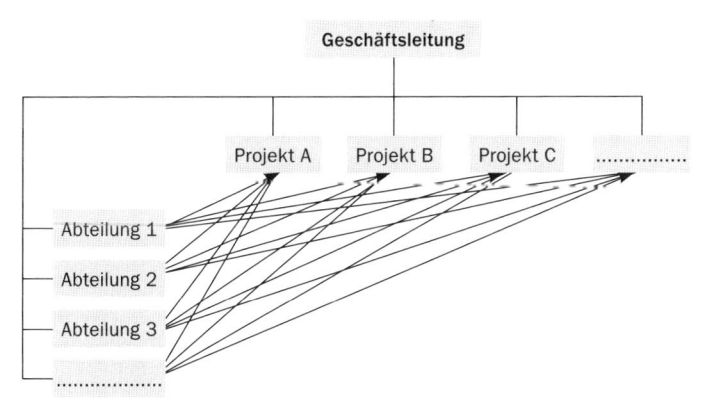

Abb. 4.1: Reine Projektorganisation

Damit zurück zur Diskussion um diese Organisationsform. Nachfolgend sind verschiedene Vor- und Nachteile zusammengetragen. Teilweise stammen sie aus der zitierten Literatur, teilweise sind darin eigene Beobachtungen verarbeitet.

Kapitel 4

Diese Organisationsform hat folgende Vorteile (Reiner M. Michel: Projektcontrolling und Reporting, S. 308; Jack R. Meredith / Samuel J. Mantel jr.: Project Management – A Managerial Approach, 8. Auflage, John Wiley & Sons, New York, 2012, S. 179):

- Volle Konzentration auf das Projekt. Das Projekt wird als »wichtig« anerkannt und alles für seine Zielerreichung getan.
- Schnelle Reaktionen bei Störungen im Projektablauf, weil es klare, eindeutige Kompetenzen gibt.
- Weniger Fehler und Störungen und somit auch weniger Zeitverlust. Und damit in der Folge auch tendenziell billiger.
- Weitgehend konfliktfreies Arbeiten.
- Klare bzw. eindeutige Weisungsbefugnisse für die Projektmitarbeiter.
- Die Projektmitarbeiter sind nur dem Projektleiter informationspflichtig.
- Keine Störung der Projektarbeit durch das Tagesgeschäft.
- Hohe Motivation der Projektmitarbeiter. Häufig arbeiten die Projektmitarbeiter auf eigenen Wunsch mit.
- Hohe Identifikation der Projektmitarbeiter mit dem Projekt bzw. dem Projektziel.
- Die direkte Zuordnung des Projektleiters zur Unternehmensleitung signalisiert die Dringlichkeit oder Wichtigkeit des Projekts gegenüber den anderen Führungsebenen.
- Eindeutige disziplinarische Zuordnung der einzelnen Projektabschnitte zu einzelnen Projektmitarbeitern.
- Die reine Projektorganisation ist verhältnismäßig einfach strukturiert, einfach zu verstehen und somit auch einfach zu führen und zu unterhalten (Kosten-Nutzen-Aspekte).
- Bessere Verankerung des »Produktes«, des »Zieles« in der Linie durch Rückkehr der Projektmitarbeiter in ihre Fachbereiche.

Projektorganisation und Projektcontrolling

Selbstverständlich hat diese Organisationsform auch eine Reihe von Nachteilen (Reiner M. Michel: Projektcontrolling und Reporting, S. 309; Jack R. Meredith / Samuel J. Mantel jr.: Project Management – A Managerial Approach, S. 179):

- Steht im Widerspruch zur traditionellen Linienorganisation und zu den Gewohnheiten der Mitarbeiter in dieser.
- Es besteht die Gefahr, dass sich das Projekt im Verhältnis zur Linienorganisation verselbstständigt.
- Eventuell entstehen Probleme beim Herauslösen der Mitarbeiter aus der Linie oder den Fachbereichen.
- Die im Projekt beschäftigten Mitarbeiter verlieren mehr oder weniger stark den Kontakt zur Linienorganisation. Dadurch wird unter Umständen die Rückintegration der Mitarbeiter nach dem Projektende schwer.
- Unter Umständen kann die persönliche Unsicherheit in Hinsicht auf das Projektende (Wie geht es mit mir beruflich weiter, wenn das Projekt beendet ist?) dazu führen, dass das Projektende künstlich hinausgezögert wird.
- Die dem Projekt zugeordneten Mitarbeiter sind nicht immer vollständig durch das Projekt ausgelastet. Dadurch entsteht Leerlauf, der einerseits bezahlt werden muss und andererseits bei den Mitarbeitern zu nachlassendem Engagement führen kann. Die kostenmäßige Belastung gilt sinngemäß für die dem Projekt zugeteilten Versuchsaufbauten, Anlagen und Maschinen oder Räumlichkeiten.
- Solange die Mitarbeiter im Projekt beschäftigt sind, entgehen ihnen die funktionalen Anpassungen und Änderungen in der Linienorganisation. Dadurch entsteht für die Unternehmung ein erhöhter Reintegrationsbedarf für die ehemaligen Projektmitarbeiter.
- Mögliche Synergien zwischen parallel laufenden Projekten sind manchmal nicht transparent (… manchmal auch gar nicht gewollt!).

Zum Abschluss noch ein paar persönliche Anmerkungen zu dieser Organisationsform. Für mich überwiegen die Vorteile deutlich im Vergleich zu den Nachteilen. Diese Projektform ist insbesondere dann geeignet, wenn das Projekt als sehr wichtig oder als komplex gilt. Dabei sei dem Auftraggeber unterstellt, dass er ein echtes Interesse an der Umsetzung des Projekts hat und vom Nutzen des zu erzielenden Ergebnisses auch wirklich überzeugt ist.

Die Erfahrung zeigt, dass das eben nicht immer so ist. Frei nach dem Spruch »Man kann nicht auf zwei Hochzeiten tanzen ...« kann man nicht beliebig lang zweigleisig fahren, um dann, wenn es unbequem wird, alles wieder abzublasen. Dann lässt man es lieber gleich bleiben. Halbherzige Sachen dienen weder der Firma noch den im Projekt mitarbeitenden Mitarbeitern, sondern hauptsächlich der Desillusionierung und der Demotivation.

Die Matrix-Organisation

Die Matrix-Organisation ist der Versuch, die Vorteile der reinen Projektorganisation mit den Vorteilen der Linienorganisation zu vereinen, wobei gleichermaßen die jeweiligen Nachteile beider Organisationsformen vermieden werden sollen. Es wird also versucht, sowohl der Projektarbeit als auch der Linienarbeit (Tagesgeschäft) gerecht zu werden. D.h., dass es in dieser Organisationsform zwei Führungsebenen gibt, die sich überlagern und ergänzen. Für Mitarbeiter, die in dieser Organisationsform arbeiten, heißt das dann, dass sie »zwei Chefs« haben. Sie erhalten vom Leiter der Linienorganisation Anweisungen zum Tagesgeschäft und vom Leiter der Projektorganisation Anweisungen zum Projektgeschäft. Bedingt durch diese Überschneidung kann es zu lähmenden Reibungsverlusten aus der Sicht der Projekte kommen.

Will das Unternehmen diese Reibungsverluste vermeiden, kommt es meistens nicht um einen Regelkatalog herum. In diesem Katalog sind Verfahrensanweisungen enthalten, die beschreiben, wer was an welcher Stelle zu verantworten und zu entscheiden hat. Bewährt hat sich in diesem Zusammenhang auch die Einrichtung einer soge-

Projektorganisation und Projektcontrolling

nannten Schiedsstelle, die die auftauchenden Probleme mit den Betroffenen diskutiert und eine von allen Seiten einvernehmliche Entscheidung herbeiführt. Diese Entscheidungen können dann wieder den Katalog sukzessive erweitern und verbessern.

Die Matrix-Organisation in der Projektarbeit kann zwei verschiedene Formen aufweisen:

- Der Projektleiter berichtet an einen Lenkungsausschuss (Steering Committee) als oberstes Kontroll-Gremium. In Abb. 4.2 sind zwei verschiedene Varianten für die Platzierung des Lenkungsausschusses eingezeichnet. Variante A beschreibt den Lenkungsausschuss als Stabsstelle, während Variante B die Matrix-Organisation widerspiegelt.
- Der Projektmanager arbeitet matrixartig innerhalb eines Fachbereichs und ist diesem berichtspflichtig. Das findet sich beispielsweise öfter bei F&E-Projekten.

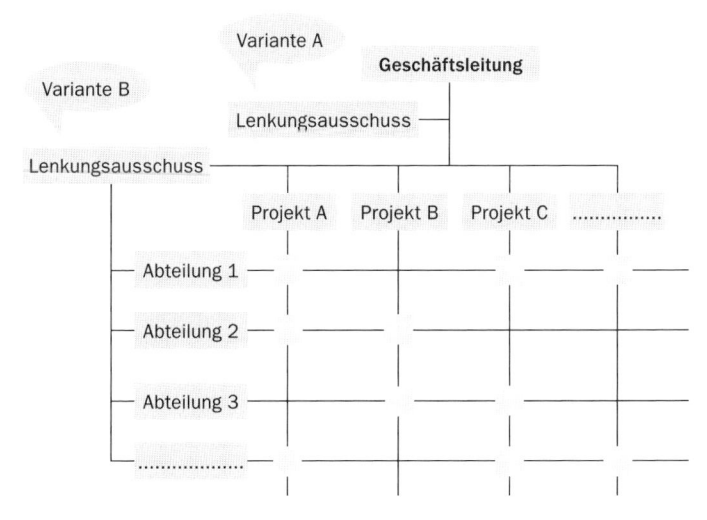

Abb. 4.2: Matrix-Organisation von Projekten mit Lenkungsausschuss
(in zwei alternativen Formen)

Wie oben schon erwähnt, zeigt Abbildung 4.2 den Lenkungsausschuss in zwei Varianten. In beiden Fällen berichten die Projektmanager an diesen. Der Lenkungsausschuss kann unter anderem auch die Aufgabe der oben erwähnten Schiedsstelle übernehmen, aber nicht ausschließlich. Vielmehr soll es sich dabei um ein Gremium handeln, das die parallel laufenden Projekte koordiniert und anstehende Korrekturen im Projektablauf unterstützt. Zugleich ist es eine Art »oberes Überwachungsgremium«, das die Projekte hinsichtlich ihrer Bedeutung für die Firma beurteilt (strategisch wichtig?), Ressourcen genehmigt oder zuteilt und die Berichte der Projektleiter entgegennimmt. Dadurch wird auch die Geschäftsleitung von diesen Aufgaben entlastet.

Die personelle Zusammensetzung des Lenkungsausschusses könnte idealerweise so aussehen: Mitglieder der Geschäftsleitung, einige Bereichsverantwortliche und einige altgediente und somit erfahrene Projektleiter. Unter den Repräsentanten der Bereichsverantwortlichen sollten sich möglichst folgende Personenkreise befinden:

- Personen aus den von den Projekten am stärksten betroffenen Bereichen.
- Personen aus dem Personal- bzw. Aus- und Weiterbildungsbereich. Sie sind gefragt, wenn Personen in Projekte geschickt oder ausgetauscht werden sollen und wenn Projekte beendet sind.
- Personen aus dem IT-Bereich, weil diese Organisationseinheit heutzutage fast immer betroffen ist.
- Graue Eminenzen, die Gehör finden, wenn es mal nicht so läuft, wie es sollte. Hierunter sind ausdrücklich nicht die Repräsentanten aus der Geschäftsleitung zu verstehen! Nein, sondern langjährige, in Ehren »ergraute« und im Unternehmen weithin akzeptierte Mitarbeiter, egal aus welcher Hierarchiestufe. Sie sind insbesondere dann wichtig, wenn es etwas zu schlichten gibt oder wenn schlechte Nachrichten im Unternehmen verkauft werden müssen.

Prinzipiell sollte die Zusammensetzung des Lenkungsausschusses möglichst unternehmensspezifisch vorgenommen werden. Vielleicht ist es sowieso besser, wenn die Mitglieder des Lenkungsausschusses nur auf Zeit in das Gremium berufen werden. In diesem Fall ist der Projektleiter dem Leiter F&E zugeordnet. Die Matrix entsteht dadurch, dass das Projekt seine eigene Organisation erhält, die wiederum querschnittartig durch die Linienorganisation verläuft.

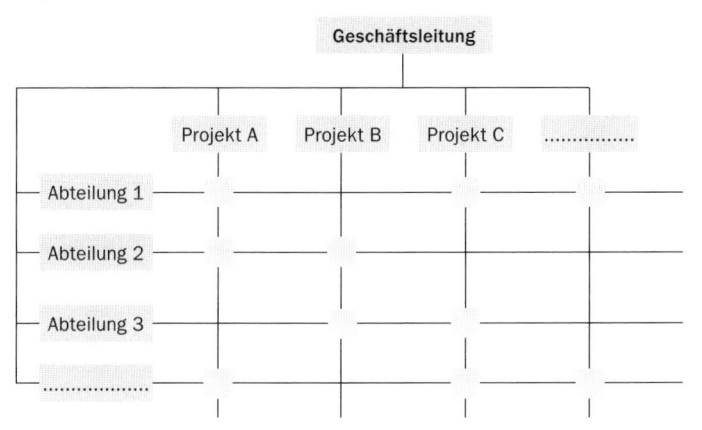

Abb. 4.3: Matrix-Organisation von Projekten ohne Lenkungsausschuss

Beide Formen der Matrix-Organisation können nun ihrerseits »stark« oder »schwach« sein (Jack R. Meredith / Samuel J. Mantel jr.: Project Management – A Managerial Approach, S. 182f.). »Stark« bedeutet, dass der Projektmanager auf ein eigenes Team zurückgreifen kann. Dass ihm vom Projektstart an ganz bestimmte Personen zu einem ganz bestimmten Zeitpunkt für ganz bestimmte Aufgaben zur Verfügung stehen. Der Ablauf und der Ressourceneinsatz stehen also schon fest, bevor das Projekt überhaupt startet.

»Schwach« bedeutet in diesem Zusammenhang, dass es wohl einen benannten Projektmanager gibt, dieser aber über kein vorher bestimmtes Projektteam verfügt. Vielmehr muss er während des Projektablaufes bei den einzelnen Fachbereichen vorstellig werden, um die für das Projekt nun notwendigen Ressourcen zu erhalten. Außerdem steht nicht fest, ob der Projektmanager zu verschiedenen Zeitpunkten im Projektablauf aus ein und demselben Fachbereich jeweils den gleichen Mitarbeiter zugeteilt bekommt. Der Projektmanager steht auf tönernen Füßen.

Auch die Matrix-Organisation hat wieder ihre spezifischen Vor- und Nachteile. Zunächst zu den Vorteilen (Reiner M. Michel: Projektcontrolling und Reporting, S. 310f.; Jack R. Meredith/Samuel J. Mantel jr.: Project Management – A Managerial Approach, S. 184ff.):

- Es ist keine Umorganisation nötig, um eine Projektorganisation zu etablieren.
- Auch kleinere Projekte müssen in dieser Struktur »organisiert« werden und können nicht einfach »nebenbei« laufen.
- Wie bei der reinen Projektorganisation kann ein verantwortlicher Projektmanager die alleinige Verantwortung für das Projekt übernehmen. Also auch hier liegt die Verantwortung für das Projekt nur in einer Hand.
- Dadurch, dass die Projektorganisation die Linienorganisation überlagert und sich ausschließlich zeitbezogen einzelne Mitarbeiter aus der Linie holt, ist der Zugriff auf jeweils neueste Wissensstände in den Unternehmensbereichen möglich.
- Spezialistenwissen trifft auf Generalistenwissen und umgekehrt.
- Der Personaleinsatz aus dem Fachbereich ist ziemlich flexibel gestaltbar, d.h. die Mitarbeiter gehen nur auf Zeit ins Projekt.
- Wenn mehrere Projekte parallel laufen, erlaubt die Matrix-Organisation im Vergleich zur reinen Projektorganisation den gezielteren und ökonomischeren Zugriff auf die Ressourcen.
- Einzelne Ressourcen können in mehreren Projekten verwendet werden – wenn auch nicht parallel, so doch sequenziell.

- Koordination der verschiedenen Interessen von Fachbereichen, Projektleitung und Unternehmensleitung ist möglich.
- Bewusste Konfliktbewältigung durch Richtlinien und/oder Gremien.

Zu den Nachteilen der Matrix-Organisation gehören:

- Falls mehrere Projekte in einer Firma parallel laufen, entstehen Kämpfe zwischen den Projektmanagern um die zeitgerechte Verfügbarkeit von Ressourcen. Verständlicherweise will jeder Projektmanager »sein« Projekt pünktlich, im gegebenen Budgetrahmen und in der richtigen Qualität ans Ziel bringen.
- Typisches Problem der Matrix: Wer hat jetzt wem was zu sagen? Was geht vor: die Projektarbeit oder das Tagesgeschäft?
- Hoher Abstimmungsbedarf zwischen der Projektleitung und dem Fachbereich.
- Kompetenzkonflikte sind oftmals vorprogrammiert.
- Teilweise recht hohe Ansprüche an die Informationsbereitschaft aller Betroffenen. Verlangt somit auch ein solides Kommunikationsvermögen aller Beteiligten.
- Empfinden die Mitarbeiter des Fachbereichs die Mitarbeit im Projekt als Abschiebung oder als Karrieremöglichkeit? Wie sieht es am Ende eines Projekts aus?
- Der Projektmitarbeiter ist stets Mitarbeiter seines ursprünglichen Fachbereichs. Sein Chef ist auch während der Projektarbeit sein Vorgesetzter. Wie wirken sich Misserfolge im Projekt auf den Status im Fachbereich aus?
- Mitarbeiter haben in bestimmten Phasen zwei Arbeitsplätze und meistens zwei (oder mehr) Aufgaben. Daraus resultiert häufig eine hohe zeitliche Belastung der Mitarbeiter.

Zum Abschluss wieder ein paar persönliche Anmerkungen zur Matrix-Organisation: Wenn man sich für diese Organisationsform entscheidet, muss man mit organisatorischen Schwierigkeiten rechnen – aber mit solchen, die mit dem eigentlichen Projektauftrag wenig zu tun haben. Es wird immer wieder Abstimmungs-, Kommunikations- oder Koordinationsprobleme geben. Deshalb ein Tipp an dieser Stelle: Am besten reserviert man sich in seinem Zeitplan genügend Zeit für entsprechende Gespräche, Besprechungen und Korrekturmaßnahmen.

Solche Probleme entstehen z. B. dann, wenn man als Mitarbeiter einer Unternehmung lernen musste, dass einem Fehler von der Kultur her nicht verziehen werden. Und was macht ein so geprägter Mitarbeiter, wenn er nun matrix-typisch zwei Chefs hat?

Erste Möglichkeit: Er reagiert nach dem Motto »Das Hemd ist mir näher als der Rock« und richtet sein Verhalten an dem Chef aus, der ihm persönlich, organisatorisch oder karrierepolitisch am nächsten steht. Und enttäuscht durch dieses Verhalten folgerichtig den anderen.

Zweite Möglichkeit: Er macht (erst einmal) gar nichts. Bevor nicht »eindeutige« Anweisungen da sind, wird wegen der potenziellen Fehlergefahr nichts riskiert. Diese Haltung lässt sich auch gut verkaufen in dieser Unternehmenskultur, weil das ja »alle wissen«. Vielleicht streiten sich dann die zwei Chefs untereinander und der Mitarbeiter kann erst einmal abwarten, bis ihm dann der Kompromiss, den die beiden ausgehandelt haben, mitgeteilt wird. Erst dann wird gearbeitet.

Dritte Möglichkeit: Er versucht es jedem der beiden Chefs gleich recht zu machen – und scheitert dann schließlich irgendwann an diesem (hohen) Anspruch. In erster Linie wahrscheinlich deshalb, weil er die Doppelbelastung auf Dauer nicht aushält oder von der anfallenden Arbeit einfach »aufgefressen« wird. Ist der Mitarbeiter so geprägt, fällt es ihm wohl auch schwer, einem seiner zwei Chefs seine Not zu bekennen und um Entlastung zu bitten.

Wie gesagt, das sind einfach ein paar Beobachtungen, die hier in Worte gefasst wurden und die mit Sicherheit einer genaueren Beobachtung bedürfen. Vielleicht fehlen sogar noch weitere Möglichkeiten. Und, wichtiger Nebenaspekt, die eine oder andere geschilderte Verhaltensweise taucht auch bei den anderen beiden Projektorganisationsformen auf.

Projektorganisation mithilfe von Stäben

Für diese Organisationsform sind neben der in der Kapitelüberschrift genannten noch andere Bezeichnungen üblich. Dazu gehören die Begriffe *Projektkoordination* und *Einfluss-Projektmanagement*. Dabei drückt der Begriff *Einfluss-Projektmanagement* den Sachverhalt am unverblümtesten aus.

Bei dieser Organisationsform finden sich die jeweiligen Projektmanager in einer Stabstelle wieder. Wobei man oft bei dieser Organisationsform nicht mehr von Projektmanagern, sondern von Projektkoordinatoren, Projektverfolgern oder Projektkümmerern spricht (Reiner M. Michel: Projektcontrolling und Reporting, S. 306).

Die Stabsstelle ist der Unternehmensleitung untergeordnet und meistens auch nur dieser berichtspflichtig. Dadurch soll die Unterstützung durch die Unternehmensleitung gesichert werden, insbesondere wenn es während der Projektdurchführung um die Zuteilung von Ressourcen aus den Fachbereichen geht. Der, der hier für das Projekt verantwortlich ist, kann maximal versuchen, Einfluss zu nehmen auf die Entscheidungen der Fachbereiche, um so sein Projekt voranzubringen. Selber hat er in der Regel keinerlei Entscheidungs- und/oder Weisungsbefugnis.

Auch in diesem Fall hat der Projektmanager/-leiter üblicherweise kein vorher zusammengesetztes Projektteam zur Verfügung.

Die Aufgaben des Projektmanagers beschränken sich bei dieser Organisationsform hauptsächlich auf das Sammeln, Aufbereiten, Strukturieren und Weitergeben von Informationen. Fällige Entscheidungen trifft nicht er, sondern die höher gelegene Hierarchieebene. Das jedoch basierend auf den Informationen, die der Projektleiter gesammelt und mitgeteilt hat (Reiner M. Michel: Projektcontrolling und Reporting, S. 306 und 312f).

Kapitel 4

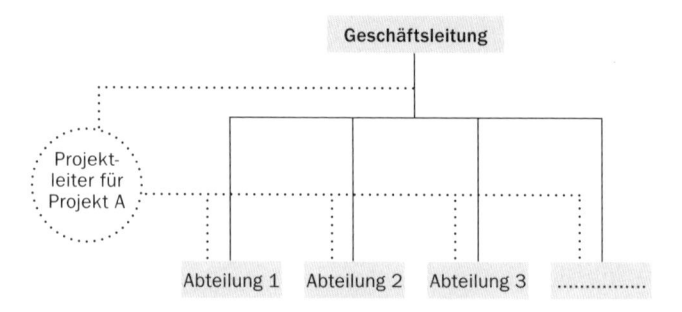

Abb. 4.4: Projektorganisation mithilfe von Stäben

Die eigentliche Linienorganisation der Firma bleibt trotz des oder der Projekte unverändert bestehen. Die künstlich parallel organisierten Projekte werden in der Regel als störend empfunden. Wenn dann überhaupt etwas für das Projekt getan werden soll, braucht es oft die Befürwortung und den Druck der Geschäftsleitung. Es ist fast zwangsläufig so, dass in den Fachbereichen die eigentliche Aufgabe vorgeht.

Diese Form der Projektorganisation ist in der Praxis ziemlich beliebt. Zu den Vorteilen dieser Organisationsform gehören (Jack R. Meredith / Samuel J. Mantel jr.: Project Management – A Managerial Approach, S. 188f.):

- Sehr schlanke Organisationsform. Keine organisatorische Umstellung oder Veränderung nötig.
- Keine Störung des laufenden Geschäfts durch das Projekt.
- Hohe fachliche Einbindung der Fachbereiche bei Entscheidungen. Die Entscheidungsgewalt bleibt bei den Fachbereichen und sichert somit eine »fachbezogene, speziell auf die Bedürfnisse des Fachbereichs ausgerichtete Entscheidung«.
- Flexibler Personaleinsatz realisierbar.
- Die Fachbereiche werden bei der administrativen Koordination des Projekts ziemlich entlastet.
- Die Reintegration der Mitarbeiter nach dem Projektende entfällt.

- Ist insbesondere für kleine Projekte eine geeignete Organisationsform. »Klein« meint hier, dass es wenige fachübergreifende Berührungspunkte gibt.
- Gut geeignet für kurz laufende Projekte.

Dagegen gibt es folgende Nachteile bei dieser Organisationsform (Jack R. Meredith / Samuel J. Mantel jr.: Project Management – A Managerial Approach, S. 188f.):

- Der Projektmanager hat keine eindeutige Zuordnung für die Verantwortung eines Projekts. Er wirkt deshalb wie ein »Dirigent ohne Orchester«.
- Der Projektmanager hat in der Regel keine Weisungsbefugnisse gegenüber den Fachbereichen.
- Der Projektmanager ist streng genommen gar kein Projektmanager mehr, denn er entscheidet bei dieser Organisationsform nichts Projektbezogenes. Deshalb auch die alternativen Bezeichnungen Projektkoordinator, Projektverfolger oder Projektkümmerer.
- Die Stabsleute werden von den Linienmitarbeitern unter Umständen nicht akzeptiert.
- Das Projekt selbst läuft ständig Gefahr, Spielball der unterschiedlichen Interessen der Organisationseinheiten zu werden. Am wahrscheinlichsten ist, dass sich der durchsetzt, der die schlüssigste Argumentationskette für oder wider einer Entscheidung hervorbringt.
- Wenig Flexibilität bei der Projektabwicklung.
- Das Projekt wird nicht richtig ernst genommen. Die individuellen Linieninteressen der Organisationsbereiche gehen vor. Wenig Identifikation mit dem Projekt.
- Einfaches »Ausbremsen« des Projekts aus der Linie heraus möglich.
- Fast immer langsamere Projektrealisierung.
- Langsamere Reaktion auf Störungen im Projekt – im Vergleich zu anderen Projektorganisationsmodellen.

Nicht umsonst ist die Liste mit den negativen Punkten hier länger als die mit den positiven. Wenn dem Auftraggeber dieses Projekt wirklich unheimlich wichtig ist, dann wählen Sie bitte eine andere Organisationsform. Diese hier gilt als die schwächste überhaupt.

Ein Trainerkollege (Dieter Eschlbeck, Move Your Mind GmbH, München) hat das einmal durch folgenden Spruch besonders bildhaft ausgedrückt: »Wenn Sie glauben, dass hier ein Projektleiter Projekte leitet ... dann glauben Sie auch, dass ein Zitronenfalter Zitronen faltet.«

In manchen Unternehmenskulturen mag die Projektorganisation mithilfe von Stäben noch einigermaßen gut funktionieren, in anderen – nach Beobachtungen des Autors – geht es schief. Das Projekt wird häufig Opfer persönlicher Interessen oder der Unternehmenspolitik. So kann es z.B. sein, dass aus einem Fachbereich bestimmte, für das Projekt wichtige Wissensträger nicht an das Projektteam »geliehen« werden, weil die zuständige Führungskraft eine Aufgabe innerhalb seines Bereichs für wichtiger hält. Ein weiteres Beispiel ist der »Liebesentzug« durch die Gesamtorganisation. Das Projektteam hat im Rahmen des vorher genehmigten Aufgabenumfangs an die eine oder andere »heilige Kuh« gelangt. Dafür wird dem Team dann sukzessive die Unterstützung durch die Bereiche entzogen.

4.1.2. Das Projektcontrolling

Hier soll einerseits unterschieden werden zwischen dem Controlling »im weiteren Sinne« und dem Controlling »im engeren Sinne«. Andererseits aber auch zwischen dem Controlling vor dem Projektstart und dem Controlling während des laufenden Projekts. Die vier Ebenen sind untereinander verwoben und von daher eigentlich nicht losgelöst voneinander zu sehen.

Der Leser möge doch beim Lesen der folgenden Seiten hin und wieder zurück zur Abbildung 1.8, Seite 28 blättern. In der Abbildung sind die jeweiligen Aufgaben, die ein Projektleiter respektive sein Team in den verschiedenen Phasen zu erledigen hat unterschieden von denen, die der Controllerservice zu leisten hat. Die folgenden Punkte bauen auf diesen Gedanken auf.

Das Projektcontrolling im »weiteren Sinne«

Unter dem »weiteren Sinne« sei hier zu verstehen, dass das Projektcontrolling ein Subsystem des Gesamtcontrolling ist und von diesem beeinflusst wird (Abbildung 1.2, Seite 19). Das Projektcontrolling ist also nicht losgelöst von den anderen Controlling-Kreisen in einem Unternehmen zu sehen. Das bereits existierende Unternehmenscontrolling hat i.d.R. schon bestimmte Abläufe definiert, nach denen sich auch das Projektcontrolling zu richten hat.

Soll nachher ein stimmiges Projektcontrolling im engeren Sinne durchgeführt werden können, dann bedarf es einer ausführlichen Detailplanung der anstehenden Projekte. Wobei bitte die dem Controlling bislang so erfolgreich dienende Regel auch hier gilt: Aufwand und Nutzen sollen in einem entsprechenden Verhältnis zueinander stehen. D.h., dass ein äußerst heikles 50-Millionen-Euro-Projekt einen anderen Aufwand rechtfertigt als ein weniger dringliches 50.000 Euro teures.

In der Praxis scheint das detailliertere Planen von Projekten noch nicht weitverbreitet zu sein. Oder vielleicht auch nicht beliebt zu sein. Dieser Eindruck drängt sich aus den Schulungen zum Thema Projektmanagement und -controlling auf, in denen Teilnehmer oft eingestehen, dass es entweder gar kein Budget oder aber einen pauschal geschätzten Budgetrahmen gibt. Manchmal ist dieser pauschale Budgetrahmen sogar genehmigt worden, ohne dass vorher eine wenigstens ungefähre Aufwandsplanung gemacht wurde. Aufwandsplanung heißt in der Sprache der Projekte zu planen, welche Ressourcen wahrscheinlich über welche Zeit zu welchen Kosten benötigt werden, um das anvisierte Projektziel zu erreichen. Wie im Unternehmenscontrolling gilt also auch hier, dass ohne vernünftigen Plan später kein aussagekräftiger Plan-Ist-Vergleich gemacht werden kann.

Eine weitere Frage ist, ob das Projektcontrolling aus einem eigenen Fachbereich heraus gemacht oder ob die bestehenden Controllerbereiche das übernehmen sollen. Die Antwort darauf ist ein Stück weit abhängig von der Art der Unternehmung.

Unternehmen des Anlagen- und Maschinenbaus, die öfter millionenschwere Projekte umsetzen, haben zunehmend speziell qualifizierte Projektcontroller im Projektteam. In diesen Branchen kann es deshalb auch eigene Projektcontroller-Organisationseinheiten geben. Falls nicht, übernehmen die Controller aus den vorhandenen Controllerfachbereichen auch das Projektcontrolling. In diesem Fall betreuen die Projektcontroller meistens mehrere Projekte gleichzeitig. Dass ein Projektcontroller ausschließlich ein Projekt betreut, ist eher die Ausnahme. Allerdings tritt das verstärkt auf, wenn das dann laufende Projekt in Schwierigkeiten gekommen ist.

Etwas anders sieht das bei Unternehmen aus, die nicht durch die Art der Aufträge projektartig arbeiten. Gemeint sind hier primär interne Projekte, wie z. B. die Projekte anlässlich der Umsetzung der Rating- und IAS/IFRS-Regeln. Hier ist es oft so, dass der Projektmanager »nebenbei« auch das Projektcontrolling betreiben soll. Eigene Projektcontroller sind in diesen Fällen eher die Ausnahme. Wenn es Projektcontroller gibt, dann solche, die aus dem bereits bestehenden Controllerbereich die Betreuung mit übernehmen.

Auch die Frage nach der Integration der Projekte in die normale Unternehmensplanung stellt sich. Wenn einzelne Kundenaufträge der Anlass für Projekte sind, ist die Verknüpfung zur operativen Unternehmensplanung offensichtlich. In diesem Fall wird gleich die Frage nach den Projekten entweder aus der Ergebnissicht – Wie viele Projekte braucht es, um auf ein bestimmtes Ergebnis zu kommen? – oder aus der Kapazitätssicht – Wie viele Projekte können wir mit der vorhandenen Infrastruktur noch stemmen? – beantwortet. Wenn die Projekte nicht direkt etwas mit Kundenanforderungen zu tun haben, dann ist beispielsweise eine Orientierung an der strategischen Planung angebracht (Abbildung 1.2, Seite 19). Dies ist z. B. der Fall, wenn ein Unternehmen einen Nachfolger für ein bestehendes Produkt auf den Markt bringen möchte. Dann ist die Herstellung und Markteinführung eines neuen Produktes ein Projekt. Diese Planung sollte separat, aber abgestimmt mit der Unternehmensplanung laufen.

Das Controlling im »engeren Sinne«

Hier geht es um das, was wohl die meisten Leser unter dem Controlling von Projekten verstehen: mithilfe von bestimmten Controllinginstrumenten Informationen darüber zu gewinnen, ob das Projekt zeitlich, budgetmäßig, personell und qualitativ im vereinbarten (geplanten) Rahmen liegt. Dazu werden zum ausgesuchten Berichtszeitpunkt (in späteren Kapiteln oft nur »Heute« genannt) die aufgelaufenen Istdaten mit den erwarteten Plandaten verglichen – d. h., wir machen einen Plan-Ist-Vergleich. Die daraus gewonnenen Informationen sollen nachher dem Projektmanager helfen, das Projekt entsprechend zu managen, meistens dergestalt, dass er Maßnahmen definiert, wie er das Projekt wieder zurück auf den geplanten Pfad führen kann. Ferner dienen die Informationen dem Projektmanager auch dazu, frühzeitig wahrscheinliche Abweichungen dem Auftraggeber oder dem Entscheidungsgremium mitzuteilen. Viel wichtiger, als zu dokumentieren, was alles passiert ist, ist es zu überlegen, wie es anschließend weitergeht. Das ist der Ruf nach der Erwartung, dem Forecast! Das ist das brauchbare Controlling! Und – Hand aufs Herz – sind diese Forecast-Angaben nicht genau die Art von Informationen, nach denen ein Auftraggeber (oder das Steering Committee) gezielt fragt? Sowohl Projektleiter als auch der Projektcontroller werden gut daran tun, sich auf diese Art von Fragen gut vorzubereiten. Also auch den Schwerpunkt ihrer persönlichen Vorbereitung auf diesen Aspekt zu legen. Einige dafür in der Praxis eingesetzte Methoden werden einzeln in Kapitel 4.4 vorgestellt.

Kapitel 4

Das Controlling vor dem Projektstart

Oder sinngemäß: Wird aus einem Vorhaben auch ein Projekt? Es gibt viele verschiedene Anstöße für ein Projekt. Solche, die einem Unternehmen keine Wahl lassen – wie beispielsweise gesetzliche Änderungen. Erinnert sei hier an die Einführung des Euro oder die Beachtung einiger IFRS-Regeln bei der jahresübergreifenden Projektarbeit. Auf der anderen Seite gibt es aber eine Vielzahl von internen Ideen, die einem Unternehmen die Wahl tatsächlich lassen.

In diesem Fall ist es denkbar, dass vor dem Projektstart, genauer noch vor der Projektgenehmigung, verschiedene Analysen durch das Controller-Team erstellt werden. Dazu können gehören:

- Investitionsrechnungen: Schafft sich das Unternehmen durch das Projekt einen Mehrwert? Lohnt es sich? Diese Berechnungen können durchaus ausgedehnt werden auf die neueren Methoden des wertorientierten Managements.
- Definieren und/oder Errechnen von Kostensätzen für im Projekt benötigte Ressourcen. Dazu gehören Verrechnungssätze für in Anspruch genommene Leistungen anderer Fachbereiche oder einzelner Anlagen und Stundensätze für die einzelnen Projektmitarbeiter.
- Hilfe bei der Erstellung und Begleitung der Projektplanung. Welches Budget wird für dieses Projekt notwendig sein? Liegt es innerhalb der Erwartungen?
- Und, quasi ein Sonderfall in dieser Aufzählung, Vorkalkulation(en), wenn das Projekt identisch ist mit einem Kundenauftrag. Hierunter sei auch gleich die Angebotserstellung eingebunden, für die der Controller-Bereich notwendige Zahleninformationen liefern kann.

Wahrscheinlich werden die meisten dieser Fragen nicht vom Controller-Bereich alleine beantwortet. Wünschenswert wäre, dass diese oder ähnliche Fragen (dazu: Abbildung 1.6, Seite 25

Projektorganisation und Projektcontrolling

und Abbildung 1.8, Seite 28) in Zusammenarbeit mit dem designierten Projektleiter geklärt werden. So kann auch am ehesten gewährleistet werden, dass der Controller nicht an den Ideen und Vorstellungen des späteren Projektleiters vorbeiarbeitet.

Das Controlling während des laufenden Projekts

Inhaltlich liegt hier eine enge Verbindung zu den Gedanken unter dem Punkt »Controlling im engeren Sinne« vor. Mithilfe geeigneter Instrumente soll ein Monitoring des laufenden Projekts stattfinden. Der Controller ist dabei verantwortlich für die Auswahl der für die Situation angemessenen Instrumente und für die permanente Durchführung der Plan-Ist-Vergleiche. Ferner liegt in seiner Verantwortung die regelmäßige Berichterstattung (Reporting) sowohl an das Projektteam und vom Projekt betroffene Abteilungen als auch an die Geschäftsführung oder den Lenkungsausschuss.

Eine weitere wichtige Tätigkeit des Controllers in diesem Projektstadium ist, auf die Umsetzung der beschlossenen Korrekturmaßnahmen zu achten. Dies erfolgt in der Regel mit der parallelen Hochrechnung der Wirkung dieser Maßnahmen auf die Zahlen. Diesem Punkt sei noch ein anderer Gedanke hinzugefügt. Ein ganz großes Manko in der Praxis ist häufig die Erfahrungssicherung sowohl während des laufenden Projekts als auch nach dem Projektende (siehe dazu auch Kapitel 4.5). Eine umfangreiche (!) Erfahrungssicherung liefert für nachfolgende Projekte wichtige Informationen und erleichtert in der weiteren Folge die jeweilige Projektplanung ungemein.[1] So erhöht sich unter anderem die Planungssicherheit in Bezug auf die wahrscheinlich notwendigen Zeiten. Die jeweilige Dauer der einzelnen Projektteilschritte wird zu oft zu kurz angesetzt. Wie soll das dauerhaft in den Griff zu bekommen sein, wenn man die Ursachen für die Abweichungen (Fehleinschätzungen) nicht festhält? Und zwar schriftlich – so-

---

1 Vergleiche dazu Abbildung 4.11, Seite 99; hier kann die Planung durch die Strukturähnlichkeit der Projekte vereinfacht werden.

dass sie jederzeit wieder einseh- und reproduzierbar sind. Eine Aufgabe, die dem Controllerbereich ja nicht fremd sein dürfte, denn aus traditioneller Sicht hat ihn das schon immer betroffen.

Denn eines ist oft beobachtbar: Bestimmte Projektteilschritte wiederholen sich in verschiedenen Projekten immer wieder.

4.2 Die Strukturierung eines Projekts

In der Projektstrukturierung geht es darum, das Projekt auf eine möglichst sinnvolle Art und Weise zu gliedern. Diese Gliederung dient zunächst einmal ausschließlich der Übersichtlich- und Vollständigkeit. Sie soll nicht jetzt schon eine bestimmte Reihenfolge der Abarbeitung festlegen.

Mit der Projektstrukturierung geht es im Wesentlichen um folgende Punkte (James P. Lewis: Project Planning, Scheduling & Control, Revised Edition, McGraw-Hill, New York, 1995, S. 75):

1) Erstellen und Festlegen des Projektstrukturplanes (PSP). Alle Aufgaben, die im Rahmen des Projekts bearbeitet werden sollen, sollen sich im PSP wiederfinden.

2) Definition und Beschreibung der Arbeitspakete (AP). Die APs stellen die unterste Ebene des PSP dar.

3) Zuordnung der notwendigen Ressourcen zu den PSP-Elementen und den APs. Auf dieser Ebene werden dann später auch die Kosten- und Zeitschätzungen gemacht.

4) Festlegung geeigneter Meilensteine (MS) an entscheidenden oder kritischen Stellen des Projekts.

5) Eindeutige Benennung eines (!) Verantwortlichen für jedes Strukturelement und/oder jedes Arbeitspaket. Für einen Meilenstein ist entweder das gesamte Projektteam oder der entsprechende Teil-Projektleiter verantwortlich.

4.2.1 Die (nachträgliche) Zielklärung

An anderer Stelle in diesem Buch ist schon einmal von »Abgrenzungen« gesprochen worden. Damit war gemeint, dass geklärt werden sollte, was alles zu einem Projekt gehört bzw. hinzugerechnet wird – und was vor allen Dingen nicht. Also z. B.: Sind die kostenpflichtigen Seminare zur Schulung der Anwender einer neu gekauften und installierten Software Bestandteil des Projekts – oder nicht? Was denkt sich der Projektleiter, was denkt sich der Auftraggeber?

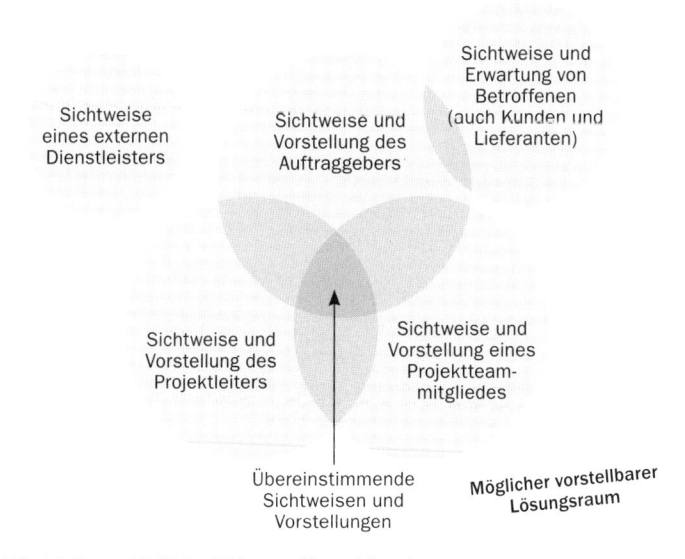

Abb. 4.5: Unterschiedliche »Welten« treffen aufeinander

Damit sind wir beim Thema der Zielklärung. In der alltäglichen Praxis sind schon zu oft (richtige) Antworten auf nicht gestellte Fragen gegeben worden. Dieses Danebenliegen kostet dann sowohl Geld als auch Zeit. Beides sind Größen, die aus Controllersicht bei Projekten eine große Rolle spielen. Deshalb ist es im Sinne des controllerischen Vorausdenkens sinnvoll, dieses Risiko möglichst von Anfang an niedrig zu halten. Also, was tun?

Eine relativ leicht umzusetzende Methode ist die folgende. Sie kann einzeln, also z. B. vom Projektleiter alleine, aber auch vom (zukünftigen) Projektteam gemeinsam angewendet werden. Es ist das nochmalige kritische Auseinandersetzen mit dem erteilten Projektauftrag – der bereits zu diesem Zeitpunkt schriftlich fixiert sein sollte. Was passiert?

Die Person(en) formuliert(en) den »erteilten Projektauftrag« nochmals in eigenen Worten. An die äußere Form sollen möglichst keine Ansprüche gestellt werden, dafür an den Umfang und die Art. Was das Letztgenannte betrifft, gibt es nur eine Empfehlung: schriftlich! Egal ob als lockere Liste, als Kartenabfrage oder Mind-Map, wichtig ist das Aufschreiben. Sonst gilt ganz schnell folgendes Sprichwort: Aus den Augen – aus dem Sinn.

Und was den Umfang betrifft – maximal viel! Lieber zu viel als zu wenig, denn streichen, zusammenfassen, reformulieren usw. können Sie das Geschriebene immer noch. Was Sie zum Abschluss übrigens auch tun sollten.

Als Ergebnis halten Sie ein vielleicht mehrseitiges Pamphlet in den Händen. Es beinhaltet alle Ideen, Gedanken, Vorstellungen, Erwartungen, Voraussetzungen, Defizite usw., die dem »Think Tank« zum Projektauftrag eingefallen sind. Mit diesem Papier gehen Sie anschließend zurück zum Auftraggeber und sprechen Ihre Gedanken usw. mit ihm durch. Es ist nicht außergewöhnlich, dass der Auftraggeber (oder Sie?) auf Ungereimtheiten stoßen! Ach, Sie meinen, diesen Aspekt sollen wir im Projekt (nicht) berücksichtigen? Ja, dann ...

Durch diesen iterativen Prozess von »These« über »Antithese« zu »Synthese« gelingt es mit der Zeit, falsche Vorstellungen und/oder Erwartungen auf beiden Seiten ausfindig zu machen und zu klären. Es ist besser, jetzt zu Anfang diese Zeit zu investieren, als im Schnell-schnell in die falsche Richtung loszustürmen und dann Dinge korrigieren zu müssen, die schon in Stahl und Eisen gegossen wurden. Abgesehen von dem Frust, den man sich als Projektmitarbeitender bei solchen Aktionen einhandelt.

Übrigens, in manchen Firmen zählt dieses Sich-mit-dem-Projekt-Auseinandersetzen schon zur Projektlaufzeit. Dann ist dieser Prozess genauso zu (einzu-)planen wie die Umsetzungsarbeit. Er ist somit Bestandteil des Projektstrukturplanes (PSP) und stellt darin ein (oder mehrere) Arbeitspaket(e) dar. Details zu diesen beiden Stichworten kommen in den direkt nachfolgenden Kapiteln.

4.2.2 Der Projektstrukturplan (PSP)

Bevor man loslegen kann, muss so weit wie möglich klar sein, welche Aufgaben bei dem Projekt zu bearbeiten sind. Dazu greift man unter Umständen auf Methoden der Kreativitätstechniken, wie etwa Brainstorming oder Mind-Maps, zurück.

Diese so erhaltene Stoffsammlung ist erst einmal gar nicht oder nur wenig sortiert. Eine Sortierung oder Reihenfolge ist aber notwendig, um eine vernünftige Projektplanung machen zu können. Das Ergebnis dieser Ordnung ist dann der Projektstrukturplan (PSP). (siehe folgende Abbildung)

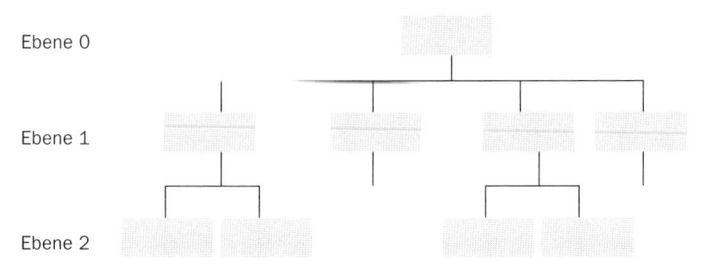

Abb. 4.6: Grundschema eines Projektstrukturplans (PSP)

Achten Sie dabei möglichst darauf, dass Sie »anständig« strukturieren. Weder eine zu grobe Strukturierung noch ein zu hoher Detaillierungsgrad sind der Übersichtlichkeit und dem Verständnis förderlich. Lewis empfiehlt als Richtwert maximal 20 Gliederungsstufen nach unten bei Großprojekten. Bei mittelgroßen Projekten meint er, dass zehn bis zwölf Stufen ausreichen müssten, und Klein(st)projekte sollten nicht mehr als sechs Stufen aufweisen (James P. Lewis: Project Planning, Scheduling & Control, S. 75ff.).

Neulingen in Projekten fällt es oftmals schwer zu beurteilen, wie tief die Strukturierung reichen soll. Eine klare Regel, wie weit man da gehen soll, gibt es wohl nicht. Bewährt hat sich Folgendes: Man breche die Struktur so weit hinunter, bis man das Gefühl hat, dass auf der jetzt untersten Ebene eine sinnvolle und aussagekräftige Zeit- und Kostenplanung machbar ist (vgl. Kapitel 4.2.3 unter dem Stichwort »Arbeitspakete«). Dies wird zwangsläufig in den verschiedenen Ästen der Struktur unterschiedlich tief sein. Das aber stets mit dem Hintergedanken, nicht jedes Detail beim Namen zu nennen, sondern auch bewusst zu vergröbern.

Bei der Gliederung wird traditionell zwischen zwei Verfahren unterschieden. Der Unterschied zwischen beiden Verfahren sei am Beispiel »Hausbau« erklärt.

- Dem produkt- oder objektorientierten Verfahren: Dabei geht man vom zu erreichenden Projektziel (also dem Produkt oder Objekt) aus. Dieses wird in seine Bestandteile zerlegt.

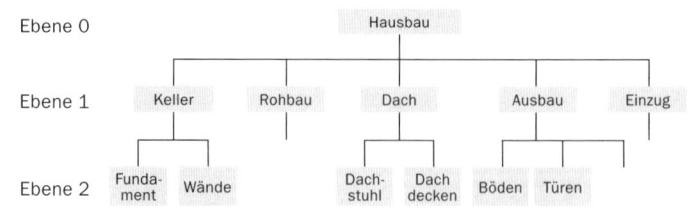

Abb. 4.7: Produkt- oder objektorientierter PSP

- Dem prozess- oder funktionsorientierten Verfahren: Dabei geht man vom Weg aus, den man einschlagen muss, um zum (Projekt-)Ziel zu gelangen. Der Weg wird in chronologisch geordnete Teilziele zerlegt.

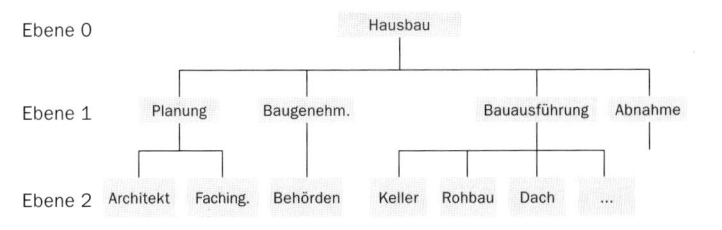

Projektorganisation und Projektcontrolling

```
Ebene 0                          Hausbau
                   ┌──────────┬──────────┬──────────┐
Ebene 1         Planung   Baugenehm.  Bauausführung  Abnahme
             ┌─────┬─────┐     │     ┌─────┬─────┐
Ebene 2  Architekt Faching. Behörden  Keller Rohbau Dach  ...
```

Abb. 4.8: Prozess- oder funktionsorientierter PSP

In der Praxis bewährt hat sich aber nicht die »reine« Vorgehensweise, also die eindeutig produkt-/objektorientierte oder prozess-/funktionsorientierte, wie sie exemplarisch an dem Beispiel »Hausbau« beschrieben wurde. Stattdessen kombiniert man beide Vorgehensweisen, sodass dann eine gemischt orientierte Struktur vorliegt. Am Beispiel »Hausbau« von eben würde das dann so aussehen:

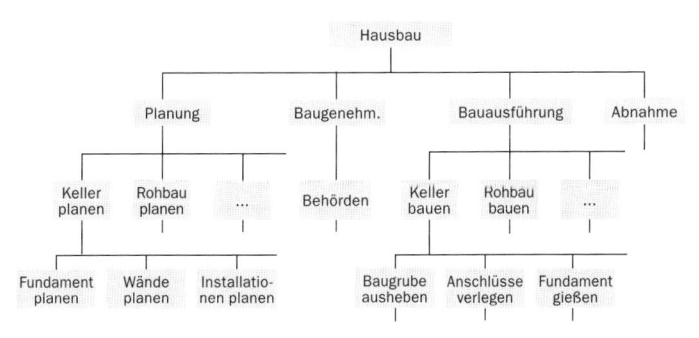

```
                              Hausbau
              ┌──────────┬──────────┬──────────┐
           Planung   Baugenehm.  Bauausführung  Abnahme
         ┌────┬────┐      │      ┌────┬────┐
      Keller Rohbau ...  Behörden Keller Rohbau  ...
      planen planen              bauen  bauen
      ┌───┬───┬───┐              ┌───┬───┬───┐
  Fundament Wände Installatio-  Baugrube Anschlüsse Fundament
   planen  planen nen planen    ausheben verlegen   gießen
```

Abb. 4.9: Gemischt orientierter PSP

Die mit »Ebene 1« bezeichnete Horizontale ist prozess- oder funktionsorientiert sortiert geblieben, während die »Ebene 2« (und alle nachfolgenden ebenso) jetzt produkt- oder objektorientiert dargestellt wurde. Damit entsteht ab der zweiten Ebene eine tiefere Strukturierung als in der »reinen« Vorgehensweise.

Ganz wichtig ist, dass die beiden verschiedenen Gliederungsprinzipien nicht auf ein und derselben Ebene gleichzeitig angewendet werden! Bitte unbedingt je Ebene der einmal gewählten Vorgehensweise treu bleiben.

Als nächster Schritt empfiehlt sich jetzt die Durchnummerierung der gebildeten Kästchen. Im fertigen Zustand erinnert das stark an eine Gliederung nach Kapiteln in einem Buch. Nachdem die Strukturierung gemacht wurde, wird diese Struktur heute in aller Regel in ein Computerprogramm eingegeben. Das Programm ordnet nicht nur automatisch die Nummern zu, per Drag 'n' Drop kann auch jedes Kästchen verschoben werden.

Durch die oben beschriebene Vorgehensweise wird im PSP auch eine unterste Ebene entstanden sein. Diese Kästchen beschreiben in einer gemischten Gliederung »Aktivitäten«, die zu machen sind. Daraus entstehen dann die Arbeitspakete, auf die als Nächstes eingegangen werden soll.

4.2.3 Die Planungsgrundlage – die Arbeitspakete (AP)

Wie eben beschrieben, wird man bei einer gewissenhaften Aufstellung des Projektstrukturplanes (PSP) automatisch auf eine Beschreibungsebene kommen, die verhältnismäßig detailliert ist. Im Idealfall stellen diese untersten PSP-Elemente zugleich tätigkeitsähnliche Be- oder Umschreibungen dar. Damit hat man bereits die ersten Arbeitspakete (AP) erhalten. Wahrscheinlich müssen sie aber noch an der einen oder anderen Stelle um weitere ergänzt werden.

Möglichst jedes im Projektstrukturplan (PSP) definierte Kästchen sollte mittels eines APs konkretisiert werden. Dabei ist jeweils festzulegen:

- Wie lautet das Ziel dieses APs? Was soll mit Beendigung dieses APs erreicht sein? (Quantifizieren!)

- Welche Voraussetzungen müssen dazu gegeben sein?
- Wer ist dafür als alleiniger Ansprechpartner verantwortlich?

Sinn des unteren Formulars (Abbildung 4.10) ist es, schriftlich zu definieren, was konkret an einzelnen Schritten an dieser Stelle notwendig ist. Das steht in möglichst vollständigen Sätzen im Feld »Zielsetzung dieses Arbeitspaketes«.

Arbeitspaket-Beschreibung	
Projekt:	
Bezeichnung Arbeitspaket:	PSP-Nr.:
Verantwortlicher:	Version vom:
Zielsetzung dieses Arbeitspaketes:	
Welche Voraussetzungen sind dafür notwendig oder müssen gegeben sein?	

Abb. 4.10: Vorschlag für ein Arbeitspaket-Formular

Man sollte gleich von Anfang an darauf achten, die Angaben in dem Formular so konkret wie möglich zu formulieren. Oft wird man dazu die Hilfe der Fachspezialisten brauchen, um nichts zu vergessen.

Bitte unbedingt darauf achten, dass nur ein Verantwortlicher für jedes Arbeitspaket benannt wird. Das Team als Verantwortlichen einzusetzen, hat sich nach allen gemachten Erfahrungen nicht bewährt. Zu oft wird die Verantwortung dann von einem Teammitglied zum nächsten geschoben, so lange, bis sich gar keiner mehr verantwortlich fühlt.

Arbeitspaketbeschreibungen sind die Brücken zwischen dem Projektteam und den ausführenden Fachbereichen. Dies ist der Grund, warum für die Bearbeitung eines Arbeitspaketes immer nur eine einzige Person verantwortlich zeichnen sollte. Im Marketing hat sich der Spruch »One face to one customer« gebildet. Auch dem Fachbereich ist es in der Regel am liebsten, wenn er nur einen zuständigen Ansprechpartner hat. Abgesehen davon, dass umgekehrt auf diese Art und Weise widersprüchliche Aussagen gegenüber dem Fachbereich vermieden werden.

Alle so gefundenen und definierten APs bilden zusammen die ideale Grundlage für die Zeitschätzung. Gerade durch die detaillierte Auseinandersetzung mit den durchzuführenden Tätigkeiten für das AP bekommt man eine Ahnung von dem, was da auf einen zukommt. Und wenn man schon mit Vertretern der Fachbereiche zusammensitzt, dann kann auch gleich gemeinsam der Aufwand geschätzt werden. Dieser Aufwand wird entweder in Personenstunden oder in -tagen formuliert. (Die Aufwandsschätzung wird im Kap. 4.2.5 vorgestellt.) Meistens übrigens in Personentagen. Die so erhaltenen Schätzungen sind dann nur noch mit den aus dem Rechnungswesen kommenden Kostensätzen zu multiplizieren, und schon liegen die ersten Kosteninformationen vor. Falls nur Stundensätze aus dem Rechnungswesen bekannt sind, ist das auch kein großes Problem. Ein Personentag entspricht standardmäßig acht Stunden.

Hin und wieder gibt es Abweichungen davon. Dann können es auch mal zehn Stunden sein. Fällt ein Teil davon in bezahlbare Überstunden, so ist das auch in der Kalkulation zu berücksichtigen. Auftreten kann dies z. B. auf Baustellen, wenn Termine einen erhöhten Einsatz verlangen.

Die Aufwandsschätzungen können einfacher und schneller ablaufen, wenn man es mit APs zu tun hat, die so oder so ähnlich schon einmal in einem anderen Projekt vorgekommen sind. Umso besser, wenn man da vorher Wert auf eine gewissenhafte Dokumentation der früheren Projekte gelegt hat! (Erfahrungssicherung) Dann ist die Aufwandsschätzung oft nur noch ein Vergleichen mit den Anforderungen von damals. Was ist gleich, neu oder kann gar weggelassen werden? (siehe Abbildung 4.11)

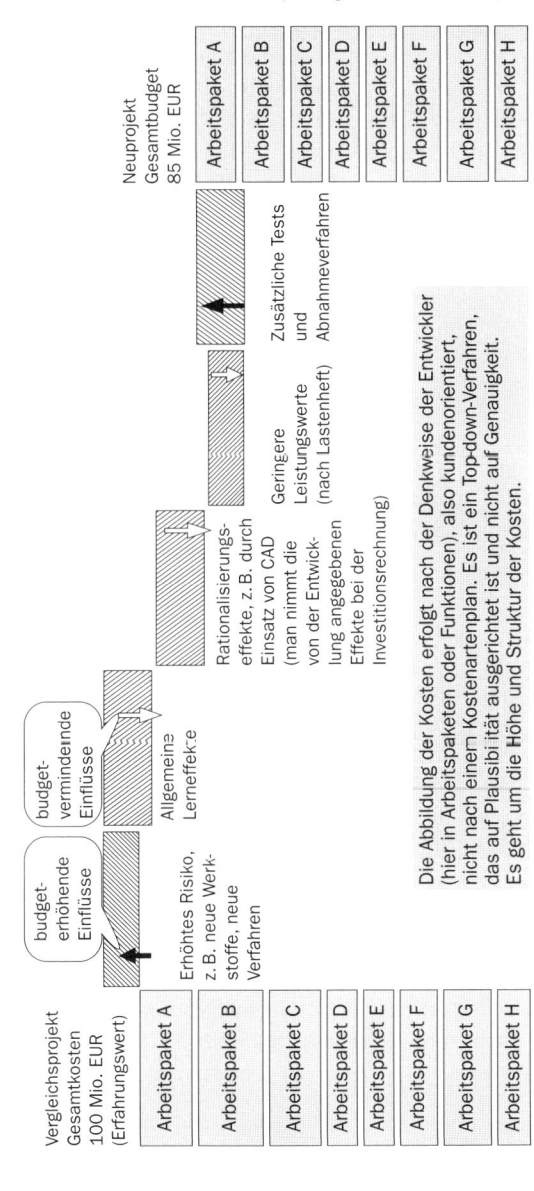

Projektorganisation und Projektcontrolling

Vergleichsprojekt
Gesamtkosten
100 Mio. EUR
(Erfahrungswert)

- Arbeitspaket A
- Arbeitspaket B
- Arbeitspaket C
- Arbeitspaket D
- Arbeitspaket E
- Arbeitspaket F
- Arbeitspaket G
- Arbeitspaket H

budgeterhöhende Einflüsse

Erhöhtes Risiko, z. B. neue Werkstoffe, neue Verfahren

budgetvermindende Einflüsse

Allgemeine Lerneffekte

Rationalisierungseffekte, z. B. durch Einsatz von CAD (man nimmt die von der Entwicklung angegebenen Effekte bei der Investitionsrechnung)

Geringere Leistungswerte (nach Lastenheft)

Zusätzliche Tests und Abnahmeverfahren

Die Abbildung der Kosten erfolgt nach der Denkweise der Entwickler (hier in Arbeitspaketen oder Funktionen), also kundenorientiert, nicht nach einem Kostenartenplan. Es ist ein Top-down-Verfahren, das auf Plausibilität ausgerichtet ist und nicht auf Genauigkeit. Es geht um die Höhe und Struktur der Kosten.

Neuprojekt
Gesamtbudget
85 Mio. EUR

- Arbeitspaket A
- Arbeitspaket B
- Arbeitspaket C
- Arbeitspaket D
- Arbeitspaket E
- Arbeitspaket F
- Arbeitspaket G
- Arbeitspaket H

Abb. 4.11: Kostenplanung auf der Basis der Strukturähnlichkeit eines Vergleichsprojekts

4.2.4 Die Projektkalkulation

Die Basis dafür bilden also die APs von oben. Hinzu kommen noch eventuelle Materialkosten und »sonstige Kosten«. Unter Materialkosten sind die reinen Aufwendungen für Material zu verstehen. Also beispielsweise Bleche, Kunststoffteile, Schrauben und Klebstoffe für Modelle.

Unter »sonstige Kosten« fallen üblicherweise Reisekosten, Spesen, externe Raummieten für Schulungen oder Workshops in Hotels, Kosten für externe Berater und Ähnliches. Dies sind alles externe Kosten, also mit Preisen und Rechnungen von außerhalb. Das Gleiche kann es nochmals auch für interne Leistungen durch Dritte geben. So z. B. Kosten für die Inanspruchnahme von IT-Leistungen, Verrechnungssätze für hausinterne Moderatoren, die die Teamsitzungen betreuen, und, auch hier, Raumkosten und Ähnliches. In manchen Firmen sind auch die Zeiten, die man mit Mitarbeitern anderer Organisationseinheiten im Rahmen von Experteninterviews verbringt, zu bezahlen. Oder manchmal sind es auch Prozesskosten für Tätigkeiten und Services in anderen Bereichen. So z. B. für die Buchhaltung, die die Eingangsrechnungen für Material und dergleichen bucht; oder die Stelle, welche die auf den Projektblättern vermerkten Ist-Arbeitszeiten in ein Softwareprogramm hineintippt.

Ferner können aus der Kostensicht noch anfallende Investitionen dazukommen. Gemeint sind damit Investitionen, die für die Projektdurchführung anfallen. Dazu können z. B. Investitionen in neue Softwareprogramme, spezielle Messgeräte und Maschinen, Versuchsaufbauten oder Ähnliches gehören. Unter dieser Rubrik sollten sich nur Anlagegüter befinden, die nach dem Projektabschluss noch im Anlagevermögen der Firma verbleiben oder nach Projektabschluss verkauft werden. Also keine Güter, die sich im Projekt verbrauchen.

Eine weitere Kategorie, die in Form von Kosten in ein Projektbudget Eingang finden können, sind Finanzierungskosten. Die das Projekt durchführende Firma nimmt zur Finanzierung des

Projekorganisation und Projektcontrolling

Projekts möglicherweise einen Kredit auf. Es fallen Zinszahlungen an Geldinstitute oder finanzstarke Muttergesellschaften an. Oder Sie finanzieren für den Kunden oder Auftraggeber vor. Dies ist oft bei Anlagenbauprojekten oder im Bausektor der Fall.

Wenn das jetzt über alle bekannten APs, d. h. über das gesamte Projekt gemacht wird, dann hat man am Ende eine recht gute Schätzung der Projektkosten. Die so erhaltene Kostensumme sollte jetzt sicherheitshalber nochmals mit dem Auftraggeber durchgesprochen werden. Nicht, dass der von falschen Vorstellungen ausgeht. Es könnte durchaus vorkommen, dass das dem Auftraggeber, so, wie es sich jetzt darstellt, zu teuer wird. Vielleicht verlangt er jetzt eine Korrektur der bislang gültigen Planung? Oder er streicht etwas am Auftragsumfang? Dann muss sowohl die Projektstruktur als auch die Aufwandsschätzung in Teilen nachgearbeitet werden. Es ist wirklich am besten, wenn erst nach der Zustimmung des zuständigen Gremiums mit dem Projekt gestartet wird. (Vgl. Kap. 4.2.9 zum »Projektauftrag«)

Wie wäre es mit einer Kick-off-Veranstaltung zum Projektstart? Einerseits zur Motivation der Projektmitarbeiter, andererseits als erkennbares Signal zum Start für die gesamte Firma. Auf dieser Veranstaltung können die Mitglieder des Projektteams allgemein vorgestellt werden. Damit wird offiziell bekannt gegeben, dass Frau/Herr X im Projekt 123 arbeitet. Wird dieses Kick-off gar durch die Geschäftsführung veranstaltet, ist für alle Mitarbeiter in der Firma erkennbar, dass es ernst ist. Ein nicht zu unterschätzender Vorteil, wenn es im Projekt später zu Ressourcen- und Zeitproblemen kommen sollte.

4.2.5 Die Aufwandsschätzung

Auf den vorangegangenen Seiten war öfter von der Aufwandsschätzung für die einzelnen Arbeitspakete die Rede. Um diese geht es nun im Detail. Unser Ausgangspunkt: Es liegen fertig beschriebene Arbeitspakete laut dem Formular in Abbildung 4.10, Seite 97 vor, auf deren Basis die Aufwandsschätzung jetzt durchgeführt werden kann. Bitte nicht verwechseln mit dem betriebswirtschaftlichen Begriff »Aufwand«! In der Projektsprache ist der Aufwand eine Größe mit der Einheit Zeit. Aufwand bedeutet hier die »notwendige Arbeitsmenge«, um ein AP abzuarbeiten. Die übliche Einheit für den Aufwand lautet Personentage oder Personenstunden. Sind Maschinen mit involviert, kommt die Größe Maschinenstunden mit dazu.

Um die Verwirrung zu komplettieren – es heißt zwar in der Fachsprache »Aufwandsschätzung«, aber der Aufwand ist gar nicht die gesuchte Größe. Gesucht wird die Dauer. Sie wird aus den Größen Aufwand und Personaleinsatz berechnet.

Begonnen wird damit, dass entlang der im Arbeitspaketformular spezifizierten Zielsetzung der Arbeitsaufwand für dieses Arbeitspaket geschätzt wird. Zur Schätzung kann man zwischen sogenannten methoden- oder personenbasierten Verfahren wählen.

- Methodenbasierte Verfahren:
  Diese Verfahren sind in aller Regel mathematisch geprägt. Wahrscheinlich haben sie sich deswegen in der Praxis kaum durchgesetzt. Ein weiteres Problem ist, dass der Einsatz dieser Methoden sich wiederholende Prozesse im gleichen Umfeld voraussetzt – was bei Projekten durch deren Charakter der Einmaligkeit eher selten gegeben ist. Im Detail gehören zu diesen Verfahren z. B.:

  - Kennzahlenorientierte Verfahren:
    Der bekannteste Vertreter einer auf Kennzahlen beruhenden Schätzung ist das von IBM entwickelte Function-Point-Verfahren. Es ist speziell für den Einsatz bei IT-Projekten entwickelt worden und wird dort auch heute sehr gerne eingesetzt. Damit die über diese Methode gemachten Schätzungen wenigstens einigermaßen zuverlässig sind, braucht es recht viele Erfahrungswerte.

Neben diesem Nachteil ist der relativ schnelle Technologiewechsel in der IT-Branche ein weiteres Problem für die Zuverlässigkeit. Die gemessenen Input/Output-Operationen hängen geschwindigkeitsmäßig vom Prozessor ab. Und da werden in immer kürzeren Abständen leistungsfähigere Typen vorgestellt. Durch solche Wechsel werden die Vergangenheitswerte weitestgehend überholt.

– Mathematische Algorithmen:
Sie funktionieren nach dem Prinzip »Für jede Unbekannte eine Gleichung«. Zudem können noch Gewichtungsfaktoren in den Formeln eingebaut sein, die die komplexe Umwelt berücksichtigen sollen. Praktische Anwendungsfälle sind sehr selten.

- Personenorientierte Verfahren:
Sie sind die mit Abstand am häufigsten angewendeten Verfahren in der Praxis. Allen gemeinsam ist der »Interview-Stil«, weil einzelne oder auch Gruppen von Experten befragt werden. Dazu gehören folgende Verfahren:

– Einzelbefragung:
Die ursprünglichste Form der Befragung. Das zu bearbeitende Problem wird mit einzelnen ausgewiesenen Spezialisten direkt diskutiert und von ihnen eingeschätzt. In der Regel sind pro Gespräch daran nur zwei Personen beteiligt. Ein Austausch von verschiedenen Ansichten findet meistens nicht statt. Diese Vorgehensweise empfiehlt sich bei weniger schwierigen Arbeitspaketen, bei denen ein relativ hohes Maß an Sicherheit herrscht oder zu dem bereits gute Erfahrungswerte vorliegen. Die Methode ist im Vergleich zu den anderen Verfahren wenig zeitintensiv.

– Mehrfachbefragung:
Versucht die Unsicherheit der Einzelbefragung durch das Befragen mehrerer Spezialisten zu umgehen. Dabei sind

zwei Vorgehensweisen möglich: Im Stile der Einzelbefragung von oben wird mit jedem Spezialisten einzeln unter vier Augen gesprochen oder die Befragung findet im Stile einer Diskussion mit allen Beteiligten gleichzeitig statt.

- Delphi-Methode:
  Die Delphi-Methode ist eine auf Plausibilität und Erfahrung basierende Abschätzung von Experten. Im Allgemeinen verspricht die Delphi-Methode über Sachverhalte, zu denen gegenwärtig nur unzureichende Informationen vorliegen, zuverlässigere Informationen zu liefern. Und das funktioniert so: In einer ersten Befragung gibt jeder Experte seine persönliche Einschätzung schriftlich ab. Dieser Rücklauf an Informationen wird von den Befragenden anonymisiert und den Experten wieder zurückgemeldet. Dabei werden entweder ein Durchschnittswert oder aber die beiden Extremwerte verwendet. Im Anschluss daran diskutieren die Experten ihre erste Einschätzung untereinander. Danach geht es in die zweite Runde der Abschätzung, die, wenn kein eindeutiges Ergebnis zustande kommt, wiederum anonymisiert den Experten zurückgemeldet wird. Dies kann mehrmals wiederholt werden, so lange, bis sich die Experten bei ihrer Einschätzung sicher sind. Das Verfahren ist langwierig, erzielt jedoch recht beachtliche Ergebnisse.

Andererseits kann es auch sein, dass ein zumindest ähnliches AP in der Vergangenheit schon einmal bearbeitet wurde. Dann kann es sich wieder einmal als ziemlich geschickt erweisen, wenn man die damals gemachten Erfahrungen, die Istzeiten und die Istkosten, sauber archiviert hat. Wenn also bewusste Erfahrungssicherung betrieben wurde. Dadurch ist es im Idealfall sogar möglich, diese Vergangenheitswerte eins zu eins zu übernehmen. Wenn eine Übernahme nicht so ohne Weiteres möglich ist, so liegt doch wenigstens eine ausbaufähige Information für eine Schätzung vor.

Es ist eher nicht zu erwarten, dass eine Expertenrunde zu einer einstimmigen Schätzung kommt. Eher wird es Uneinigkeit über den vermutlichen Aufwand geben. Die einen schätzen den Aufwand kürzer ein, andere länger. Deshalb kann das Prinzip der Drei-Zeiten-Schätzung angewendet werden. Es funktioniert nach dem Prinzip der folgenden Gleichung:

$$t_m = \frac{t_o + t_p + 4 \times t_w}{6}$$

Dabei stehen die Abkürzungen für folgende Angaben:

t_o: Optimistische Zeitschätzung. Die kürzestmögliche Zeit, die zur Erledigung der Aufgabe benötigt wird. Zugrunde liegt eine Zeit, die man nur erreichen kann, wenn man außergewöhnliches Glück hat und alles auf Anhieb klappt.

t_p: Pessimistische Zeitschätzung. Die längste Zeit, die zur Erledigung der Aufgabe benötigt wird. Sie beinhaltet jedoch nur Kriterien wie außergewöhnliches Pech, Fehler von Beginn an und notwendig gewordener Neustart des Projekts als mittelbare Folge. Bei der Schätzung unberücksichtigt bleiben Katastrophen, Streiks, Börsencrashs und dergleichen.

t_w: Wahrscheinliche Zeitschätzung. Die Zeit, die »normalerweise« zur Erledigung der Aufgabe benötigt wird. Dabei wird der Lernkurveneffekt, der bei mehrmaliger Wiederholung einer Aufgabe auftritt, mit berücksichtigt.

Es ist Zeit, das Gesagte mit einem Beispiel abzurunden:

Im Rahmen eines IT-Projekts soll auch eine Dokumentation geschrieben werden. Der für die Bearbeitung des Arbeitspaketes zuständige Mitarbeiter schätzt den Arbeitsaufwand auf vier Wochen oder, umgerechnet in die entsprechende Einheit, auf (vier Wochen à fünf Arbeitstage) 20 Personentage.

Die für das Projekt zuständigen Personen müssen nun als Nächstes den Personaleinsatz mit den betroffenen Fachbereichen planen. Dabei geht es um Klärung zweier Fragen: Welche Ressourcen stehen (überhaupt) zur Verfügung und mit welcher Intensität? Bei der Frage nach der Verfügbarkeit geht es um die namentliche Benennung der Person(en) oder Maschine(n), die das Arbeitspaket abarbeiten soll(en). Die Intensität beantwortet die Frage, mit wie viel Einsatz der Mensch oder die Maschine den geschätzten Aufwand erledigt. Die dafür übliche Einheit ist Prozent (%).

Beispiel: Der betroffene Bereich kann für die Dokumentation ...

Fall A): ... nur einen Mitarbeiter zur Verfügung stellen. Dieser stehe außerdem nur zur Hälfte seiner regulären Arbeitszeit für Dokumentationszwecke zur Verfügung! Die Intensität ist also 50 Prozent.

Fall B): ... zwei Mitarbeiter zur Verfügung stellen. Der eine kann voll eingesetzt werden, der andere hat noch andere Aufgaben nebenher zu erledigen. Die Einsatzmöglichkeit des Letzteren wird sich voraussichtlich auf ein Viertel seiner regulären Arbeitszeit beschränken. Die Intensität, mit der dieses Arbeitspaket bearbeitet werden kann, liegt somit bei 100 Prozent (Person 1) + 25 Prozent (Person 2) = 125 Prozent.

Der letzte Schritt besteht nun darin, aus den gefundenen Größen Aufwand und Personaleinsatz die eigentliche Dauer zu berechnen. Dabei beschreibt die Dauer den für das Projekt wichtigen Zeitbedarf, also das, was so ein Arbeitspaket letztendlich auslöst. Die Einheit lautet wieder Personentage, etwas seltener auch Personenstunden.

Für unser Dokumentationsbeispiel bedeutet das im ...

Fall A): ..., dass der Projektleiter für das Arbeitspaket »Dokumentation« mit 40 Personentagen rechnen muss (als Resultat aus den genannten 20 Personentagen Aufwand und einer verfügbaren Kapazität von 50 Prozent).

Projektorganisation und Projektcontrolling

Fall B): ..., dass der Projektleiter für das Arbeitspaket »Dokumentation« mit 16 Personentagen rechnen muss (als Resultat aus den genannten 20 Personentagen Aufwand und einer verfügbaren Kapazität von 125 Prozent).

Damit haben wir auch gleich die Formel zur Berechnung der Dauer vorliegen:

$$\text{Dauer} = \text{Aufwand}/\text{Personaleinsatz}$$

Eine kleine Warnung zur Formel: Sie unterstellt eine Linearität und vernachlässigt einen möglichen Komplexitätszuwachs durch einen erhöhten Personaleinsatz.

Beispiel: Es soll eine Baugrube von Hand ausgehoben werden. Der Aufwand wird auf 1000 Personentage geschätzt. Wir können auf einen Mitarbeiter zurückgreifen, der uns zu 100 Prozent zur Verfügung steht. Die Dauer liegt dann (1000/1) bei 1000 Personentagen. Stehen uns zehn Mitarbeiter zu 100 Prozent zur Verfügung, verkürzt sich die Zeit auf (1000/10) 100 Personentage. Also ist es doch am besten, wenn wir 1000 Mitarbeiter einsetzen. Denn dann brauchen wir nur noch (1000/1000) einen einzigen Tag!

Doch das mit dem einen Tag wird wohl nicht klappen. Die Mitarbeiter würden sich gegenseitig im Weg stehen und sich wahrscheinlich auch noch mit der Erde bewerfen, die sie aus dem Loch befördern sollen.

Zur Unterstützung der Aufwandsschätzung ist ein Formular auf Seite 108 abgebildet. In der Spalte rechts außen steht die gesuchte Größe.

Kapitel 4

PSP-Nr.	Beschreibung der Tätigkeit	Wer	Aufwand (Arbeitsmenge)	Personaleinsatz in %	Dauer (Zeitbedarf)

Abb. 4.12: Formularvorschlag für das Abschätzen von Aufwänden

In der Praxis müssen wir davon ausgehen, dass etliche Projekte parallel zueinander ablaufen. Dann stellt sich häufig eine weitere Herausforderung für die Aufwandsplanung, nämlich dass verschiedene Projekte gleiche Ressourcen nachfragen. Oft sind es dann auch gezielte Anfragen hinsichtlich ganz bestimmter Personen. Logischerweise kann ein so umworbener Mitarbeiter nicht zeitgleich in allen Projekten zu 100 Prozent mitarbeiten, sodass er seine Arbeitsleistung auf die verschiedenen Projekte verteilen muss. Eventuell muss er ja auch noch Arbeiten in seinem Fachbereich erledigen.

Diese Verteilung der Zeit auf verschiedene Projekte kann dazu führen, dass dieser Mitarbeiter nur in einem ganz bestimmten Zeitfenster für das Projekt zur Verfügung steht. Dies wird das Projekt in aller Regel beeinflussen. Entweder wird die vorgesehene Abarbeitungsreihenfolge der Arbeitspakete diesem Engpass angepasst oder die Dauer für ein bestimmtes Arbeitspaket muss verlängert werden. Freilich besteht auch noch die Option, einen anderen Mitarbeiter des Fachbereichs für die Aufgabe zu

Projektorganisation und Projektcontrolling

verpflichten, um dem Engpass auszuweichen. Hat jedoch diese andere Person weniger Erfahrung als die ursprünglich gewünschte, empfiehlt es sich, die Dauer des Arbeitspaketes noch einmal zu überdenken. Beobachtungen zeigen, dass viele Schätzungen hinsichtlich der Dauer zu optimistisch angesetzt sind. Insbesondere dann, wenn die Projekte sich nicht wiederholende Arbeitspakete beinhalten oder es sich generell um vollkommen neue Gebiete oder Technologien handelt.

Setzt das Unternehmen zur Steuerung seiner Projekte ein einheitliches Projektmanagement-Softwaretool ein, dann kann in dem oben beschriebenen Fall auch auf das sogenannte Belastungsdiagramm eines Mitarbeiters zugegriffen werden. (Siehe untere Abbildung 4.13)

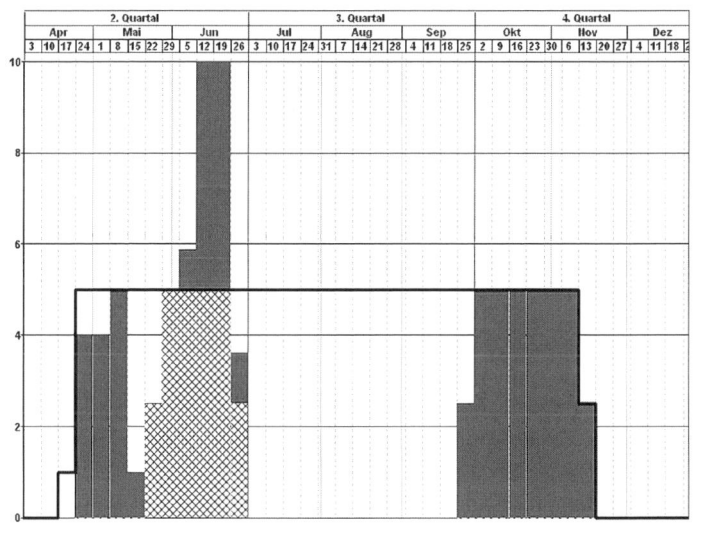

Abb. 4.13: Belastungsdiagramm einer Mitarbeiterin

Kapitel 4

Die Abbildung zeigt die geplante Arbeitsbelastung einer Projektmitarbeiterin über die Zeit. Da fällt zunächst die dicke schwarze Linie auf. Sie verläuft waagrecht, überwiegend auf der Höhe des Wertes »5« der y-Achse. Das zeigt an, dass die Mitarbeiterin in den jeweiligen Wochen[2] volle fünf Tage für die Projektarbeit zur Verfügung steht. Die Linie wird deswegen als Verfügbarkeitslinie bezeichnet. Ausnahmen davon sind die erste und die letzte Projektwoche, in denen die Verfügbarkeitslinie unter die fünf Tage sinkt.

Das Belastungsdiagramm zeigt auch, dass die Mitarbeiterin Mitte Juni überlastet ist. Die Grafik zeigt, dass zwei Arbeitspakete parallel abzuarbeiten sind, in denen unsere Mitarbeiterin jeweils zu 100 Prozent aktiv sein sollte. Diese parallele Arbeit führt zu einer doppelten Arbeitsbelastung (zehn Tage statt fünf Tage) in den Wochen vom 12. und 19. Juni.

Das Belastungsdiagramm in Abbildung 4.13, Seite 109, zeigt alle Vorgänge, an denen unsere Mitarbeiterin für dieses eine Projekt aktiv ist. Die Monate Juli und August sind komplett leer, was also bedeutet, dass sie da wohl Zeit hat. Vielleicht kann die Überlastung im Juni auf die freie Zeit in den beiden Folgemonaten verschoben werden? Urlaub hat die Mitarbeiterin nicht in dieser Zeit, denn sonst wäre die Verfügbarkeitslinie für die Urlaubszeit auf null heruntergegangen. Für ein anderes Projekt ist sie da auch nicht eingeplant, ansonsten müsste die Verfügbarkeitslinie in dieser Darstellungsweise wiederum auf null absinken.

Die Fläche mit dem Netzmuster ist laut Legende der aktive Vorgang. Damit sind die Arbeitspakete gemeint, an denen zurzeit gerade aktiv gearbeitet wird und unsere Mitarbeiterin im Einsatz ist. In die Diagramme werden nachher auch die laufenden Istbelastungen eingetragen. Wie das aussieht, ist in Abbildung 4.29, Seite 148, dargestellt und wird dort besprochen.

---

[2] In der Abbildung steht unter dem Monatsnamen jeweils das Datum des ersten Tages der entsprechenden Woche. Die erste Woche im Mai beginnt mit dem Datum 1. Mai, die zweite mit dem 8. Mai usw.

4.2.6 Der Netzplan

Voraussetzung, um einen Netzplan aufbauen zu können, sind ein fertiger Strukturplan und die Aufwandsschätzung. Der Netzplan soll dazu dienen, einerseits die sinnvollste Abarbeitungsreihenfolge zu bestimmen und andererseits Auskunft darüber zu geben, welches der sogenannte kritische Pfad ist. Der kritische Pfad zeigt auf, welche hintereinanderliegenden Arbeitspakete ohne Puffer miteinander verbunden sind. Treten bei diesen Arbeitspaketen in der Realisierung Verzögerungen auf, wirkt sich das entsprechend direkt auf das anvisierte Projektende aus.

Ausgangspunkt ist der fertige Strukturplan. Der Strukturplan gibt zwar ein Ordnungsprinzip vor (Abbildung 4.7 und 4.8 auf Seite 94/95), ist aber eine schlechte Gliederung hinsichtlich der denkbar günstigsten Abarbeitungsreihenfolge der einzelnen Arbeitspakete. Er zeigt nicht auf, welche der Arbeitspakete ...

- ... in welchem Abhängigkeitsverhältnis zueinander stehen.
- ... der direkte Vorgänger und direkte Nachfolger eines bestimmten Arbeitspaketes sind.
- ... unabhängig, d.h. an bestimmten Stellen ohne direkten Vorgänger oder Nachfolger sind und deshalb parallel zueinander abgearbeitet werden könnten.
- ... so eng zeitlich miteinander verbunden sind, dass sich Verzögerungen in einem Arbeitspaket direkt auf die nachfolgenden auswirken.

Für den Aufbau eines Netzplanes hat der Autor im Laufe der Zeit einen eigenen zehn Schritte umfassenden Vorgehensplan entwickelt. Er ist als Abbildung 4.14 auf Seite 112 abgedruckt.

Im Schritt 4 des Vorgehensplanes wird die Vorwärtsrechnung beschrieben. Um diese durchführen zu können, müssen die jeweiligen Anordnungsbeziehungen zwischen den einzelnen Arbeitspaketen definiert worden sein.

Von diesen Anordnungsbeziehungen gibt es drei Varianten. Sie sind in der Tabelle in Abbildung 4.15 auf Seite 113 beschrieben.

Kapitel 4

Das 10-Punkte-Programm zum Aufbau eines Netzplanes:

1. Stellen Sie die Abhängigkeiten unter den einzelnen Aufgaben fest. Verwenden Sie dazu z. B. Moderationskarten, auf denen Sie die PSP-Nummer notiert haben, und sortieren Sie diese entlang der festgestellten Abhängigkeiten auf einer Pinnwand, auf dem Tisch oder auf dem Boden.
2. Prüfen und optimieren Sie nun die gefundenen Abhängigkeiten. Können Aufgaben parallel bearbeitet werden? Wo treffen sich anfangs unabhängige Aufgaben wieder und bilden einen Knoten?
3. Tragen Sie nun die genannte Dauer (geschätzte Zeiten) für jede Aufgabe in die gebildete Struktur ein.
4. Starten Sie mit 0 an der ersten Aufgabe. Die Ziffer 0 repräsentiert den frühestmöglichen Zeitpunkt, vorläufig unabhängig von Kalenderdaten. Arbeiten Sie sich von da unter Addition der bekannten Dauer bis zum Ende aller Aufgaben durch. Man spricht dabei von der Vorwärtsrechnung.
5. Sind Sie mit der letzten Aufgabe fertig, beginnt die Rückwärtsrechnung. Berechnen Sie jetzt, ausgehend vom eben berechneten Projektende-Datum (d. h., nicht kalendarisch, sondern absolut!), den spätesten Anfangszeitpunkt der Aufgaben.
6. Eventuelle Unterschiede zwischen den Daten der Vorwärts- und Rückwärtsrechnung liefern Ihnen die vorhandenen Pufferzeiten. Diese entstehen durch Unterschiede zwischen dem frühestens und dem spätestens erlaubten Anfangszeitpunkt pro Aufgabe.

   Pufferzeiten sind Zeitreserven.

   Formel: Puffer = SAZ – FAZ oder Puffer = SEZ – FEZ

   Dabei stehen die Abkürzungen für:
   – SAZ = Spätester Anfangszeitpunkt
   – FAZ = Frühester Anfangszeitpunkt
   – SEZ = Spätester Endezeitpunkt
   – FEZ = Frühester Endezeitpunkt
7. Die Aneinanderreihung der Aufgaben, die keine Pufferzeiten beinhalten, bildet den kritischen Weg. Am besten kennzeichnen Sie sich diese Aufgabenfolge. Denn kommt es bei einer der Aufgaben in dieser Folge nachher im Ist zu Terminverzögerungen, wirkt sich das direkt auf den anvisierten Projektendetermin aus!
8. Jetzt werden die so berechneten Anfangs- und Endezeiten in Kalenderdaten übersetzt. Bitte achten Sie dabei auf mögliche Feiertage, Urlaubszeiten und Wochenenden.
9. Legen Sie für eine bessere Übersichtlichkeit ein Balkendiagramm an.
10. Prüfen Sie nochmals, ob auch für jede einzelne Aufgabe ein alleinverantwortlicher Leiter benannt worden ist. Falls nicht, holen Sie das jetzt noch nach. Das Projekt sollte erst starten, wenn die Verantwortlichkeiten definiert sind!

Abb. 4.14: 10-Punkte-Checkliste zum Aufbau eines Netzplanes

Projektorganisation und Projektcontrolling

Art bzw. Bezeichnung der Anordnungsbeziehung	ungefähr übliche Häufigkeit des Auftretens im Netzplan	Beschreibung	Visualisierung	Beispiele
Normalfolge (auch Ende-Anfang-Beziehung oder EA)	90–95 %	Das vorhergehende Arbeitspaket (AP) muss abgeschlossen sein, bevor das direkt nachfolgende AP beginnen kann.	AP 1 → AP 2	· Die Programmierung muss abgeschlossen sein, bevor man mit den Tests beginnen kann. · Das Fundament muss fertig sein, bevor mit dem Hausbau begonnen werden kann.
Endfolge (auch Ende-Ende-Beziehung oder EE)	4–6 %	Das vorhergehende AP muss abgeschlossen sein, damit das nachfolgende AP auch enden kann. (Achtung: Das bedeutet nicht, dass beide APs gleichzeitig enden müssen!)	AP 1 ⌐ AP 2	· Die Programmtests müssen beendet sein, bevor mit den Fehlerkorrekturen begonnen werden kann. · Die Verputzarbeiten können erst dann enden, wenn die Elektriker alle Leitungen gelegt haben.
Anfangsfolge (auch Anfang-Anfang-Beziehung oder AA)	1–4 %	Das vorhergehende AP muss begonnen haben, damit der Nachfolger beginnen kann. (Achtung: Das bedeutet nicht, dass beide APs zeitgleich starten müssen!)	AP 1 ⌐→ AP 2	· Die Dokumentation des Programmes kann erst beginnen, wenn mit der Programmierung begonnen wurde. · Der Estrich kann erst dann verlegt werden, wenn der Frischbeton angeliefert worden ist.
Sonderfall: Normalfolge mit Zeitangabe	–	wie oben; zusätzlich: Zwischen dem Ende von AP 1 und dem Start von AP 2 wird eine positive (negative) Zeitverschiebung eingeplant.	+2 AP 1 → AP 2	· Der Teppich kann erst verlegt werden, wenn der Estrich getrocknet ist. Die Trocknungszeit wird mit 2 Tagen (+ 2) eingeplant

Abb. 4.15: Übersicht über die drei am häufigsten verwendeten Anordnungsbeziehungen in einem Netzplan

Die Spalte »Häufigkeit« zeigt die deutliche Dominanz der Normalfolge. In der Planung mag es sinnvoll erscheinen, zunächst nicht mit Endfolgen oder Anfangsfolgen zu arbeiten. Würde man diese Anordnungsbeziehungen schon jetzt verwenden, beraubt man sich ein Stück weit zukünftiger Steuerungsmöglichkeiten. Läuft das Projekt zeitlich im Ist aus dem Ruder, kann man nämlich mithilfe der End- und/oder Anfangsfolgen versuchen, wieder etwas Zeit gutzumachen.

Der Netzplan wird nicht nur von den Projektleitern eingesehen, sondern auch von anderen Teammitgliedern. Manchmal sogar von Mitgliedern der Entscheidungsgremien. Ungeübte Betrachter eines Netzplans haben mit End- und Anfangsfolgen gerne ihre Schwierigkeiten.

Als Ausweg für die wenigen Fälle, an denen die Anfangs- und Endfolge in der Planung eingesetzt werden könnte, kann man den in der Tabelle ganz unten aufgeführten Sonderfall der Normalfolge verwenden.

Abbildung 4.16 zeigt einen kleinen von Hand erstellten Netzplan. Das wird heute sicherlich niemand mehr von Hand machen – außer in Schulungen – um das Grundverständnis für den Netzplan zu fördern. Wie zu erwarten, beinhaltet er auch nur Endfolgen. Danach (siehe Abbildung 4.17, Seite 116), sozusagen als Kontrast dazu, der Ausdruck aus einer Projektmanagement-Software. Schauen wir uns den handschriftlichen Netzplan etwas näher an. Start der Vorwärtsrechnung ist mit dem AP 1.3.1, zu finden in der ersten Spalte als zweites Kästchen oben. An der Stelle FAZ steht die Null, da geht es also los (vgl. dazu die 10-Punkte-Schritt-Liste in Abbildung 4.14, Seite 112). Die Dauer dieses APs ist mit 20 Tagen angesetzt worden. Damit errechnet sich der FEZ ebenfalls mit 20 (0+20=20). Die Überlegungen zur logischen Abarbeitung der APs hat ergeben, dass die beiden nächsten APs (1.3.2 und 1.3.3) parallel zueinander abgearbeitet werden können. Zufällig sind beide mit einer Dauer von acht Tagen geplant worden.

Projektorganisation und Projektcontrolling

Entwurfsformular für einen Netzplan

Robot - Musterlösung

PSP	Text		
FAZ	Dauer	FEZ	
SAZ	Puffer	SEZ	

1.3.1 Vorarbeitungs-technik neu festlegen
FAZ 0 | Dauer 20T | FEZ 20
SAZ 0 | Puffer 0 | SEZ 20

1.3.2 Technik neuer Abtransport
20 | 8T | 28
20 | 0 | 28

1.3.3 Technik neuer Materialzufluss
20 | 8T | 28
20 | 0 | 28

1.1.2 Logistikkonzept
28 | 8T | 36
28 | 0 | 36

1.1.1 Umstellungskonzept
36 | 5T | 41
36 | 0 | 41

2.3.1 Demontage Vorhand. Roboter
41 | 10T | 51
41 | 0 | 51

1.1.2 Anforderungsprofil erstellen
0 | 10T | 10
0 | 0 | 10

2.1.1 Interne MA-suche
10 | 6,5T | 16,5
19,5 | 9,5 | 26

1.2.1 Ausbildungskonzept
26 | 5T | 31
26 | 0 | 31

2.1.3 Aus-/Weiter-bildung
31 | 20T | 51
31 | 0 | 51

2.1.2 Externe MA-suche
10 | 16T | 26
10 | 0 | 26

2.2.1 Information Unternehmen
54 | 2T | 61
59 | 0 | 61

2.3.2 Aufbau neue Fert.- Anlage
51 | 5T | 56
51 | 0 | 56

2.2.1 Probelauf
56 | 3T | 59
56 | 0 | 59

2.2.2 Umstellung
56 | 2T | 58
57 | 1 | 59

FAZ = Früheste Anfangszeit
FEZ = Früheste Endezeit

SEZ = Späteste Endezeit
SAZ = Späteste Anfangszeit

Arbeitspapiere der controller akademie

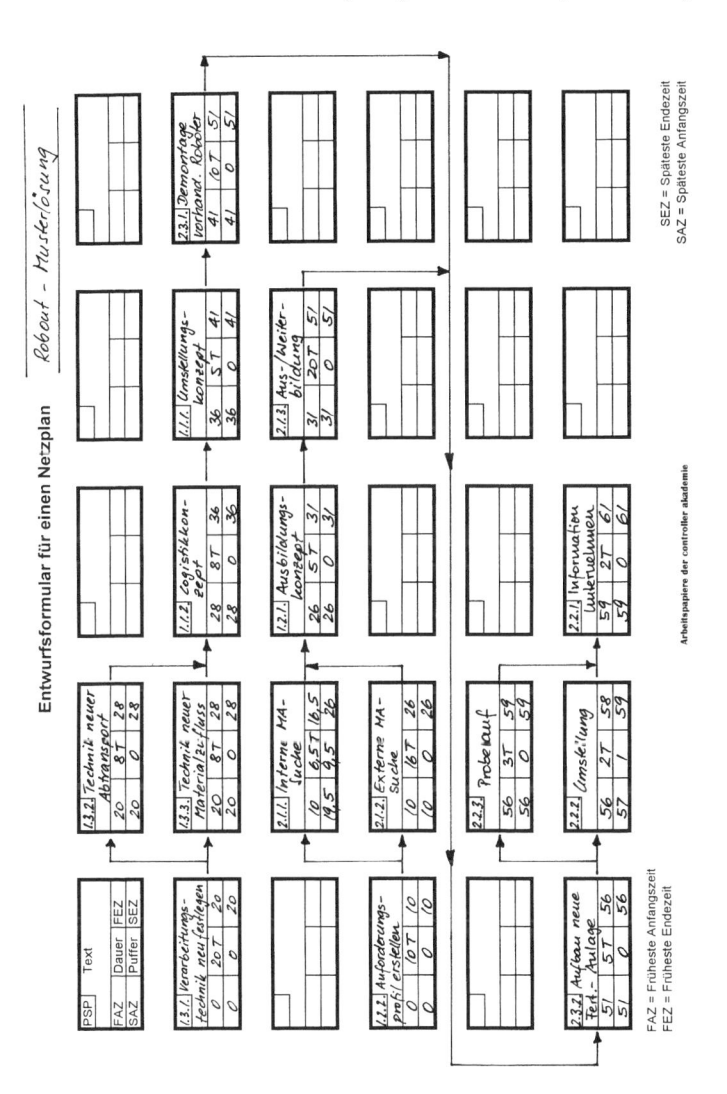

Abb. 4.16: Beispiel für einen von Hand erstellten Netzplan

Kapitel 4

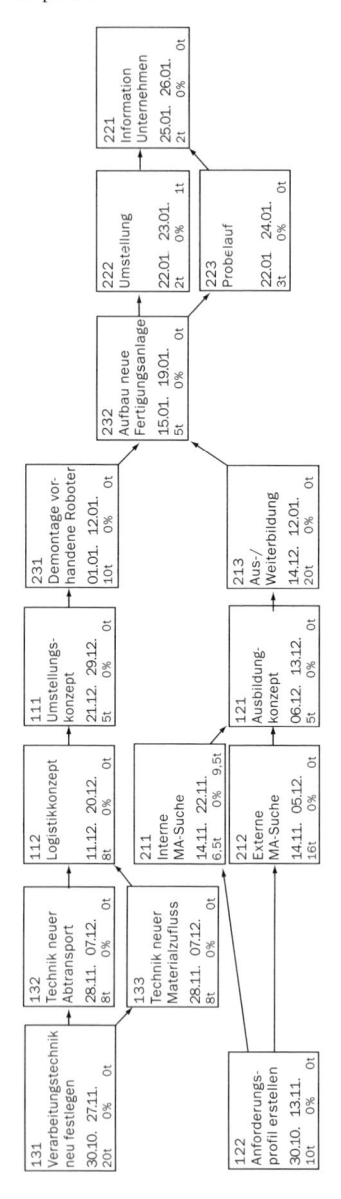

Abb. 4.17: Der Netzplan aus Abbildung 4.16 – jetzt mithilfe eines Softwareprogramms erstellt

Projektorganisation und Projektcontrolling

In beiden Kästchen passiert dann Folgendes. Auf die Stelle FAZ wird die 20 eingetragen, die im Schritt zuvor beim AP 131 berechnet wurde. Das muss so sein, denn die gewählte Anordnungsbeziehung sagt, dass die AP 132 und 133 erst begonnen werden können, wenn das AP 131 als fertig gemeldet wurde. Die nächsten Schritte folgen dem beim ersten AP beschriebenen Vorgehen.

Sollten an einer Stelle nach der Berechnung einer parallelen Bearbeitung unterschiedlich hohe FEZ-Werte entstanden sein, nimmt man den jeweils höchsten Wert zur Weiterarbeit. Dies gilt jedoch nur bei Ende-Anfang-Anordnungsbeziehungen!

Der Netzplan ist also ein grafisches Tool. Über ihn sollen die Verknüpfungen der einzelnen Arbeitspakete untereinander visualisiert werden.

Nachdem wir die Vorwärtsrechnung beendet haben, starten wir erneut – dieses Mal von hinten, also vom letzten AP aus. Das ist dann die Rückwärtsrechnung. Diese erfolgt nach der Logik der Punkte 5 und 6 des Vorgehensplanes aus Abbildung 4.14. Wobei Punkt 6 die für die Berechnung des Puffers notwendige Formel liefert. Die laut dieser Formel errechneten Pufferzeiten stehen im mittleren Kästchen der unteren Zeile des jeweiligen Netzplanelementes. An welcher Stelle in den Netzplanelementen was steht und was es bedeutet, ist aus dem obersten linken Kästchen des Formulars ersichtlich.

Das Softwareprogramm arbeitet von der Logik her genauso. Die Pufferzeiten stehen hier in den Kästchen rechts unten.[3] Meistens steht »0t« an dieser Stelle, womit »keine Pufferzeit vorhanden« ausgedrückt wird.

Insgesamt gibt es nur zwei Netzplanelemente, die eine Pufferzeit aufweisen, nämlich die PSP-Elemente »222 Umstellung« (1 Tag Puffer) und »211 Interne Mitarbeitersuche« (9,5 Tage Puffer).[4] Somit weist der obere Ast des Netzplanes keinerlei Pufferzeiten auf.

---

3 Ist abhängig vom eingesetzten Softwareprogramm
4 Vgl. auch den handschriftlichen Netzplan

Reiht man alle Arbeitspakete mit dem Puffer »0« hintereinander an, dann hat man den sogenannten kritischen Pfad erhalten. Wenn es hier bei der Bearbeitung der Arbeitspakete zu Verzögerungen kommt, dann verschiebt sich der Zeitpunkt des Projektendes gleich um die entsprechende Anzahl von Tagen nach hinten. Das bedeutet, dass sich der Projektleiter besonders intensiv um diese APs kümmern sollte, um gleich bei der Aussicht auf Verzögerungen geeignete Maßnahmen ergreifen zu können. Im Sinne von Controlling bedeutet das auch, den Auftraggeber oder den Projektsteuerungsausschuss frühzeitig über Verschiebungen zu informieren. Denn angekündigte Abweichungen sind keine Abweichungen mehr.

Der so erstellte Netzplan ist bislang ohne Kalenderdaten aufgebaut worden. Nach Punkt 8 des Vorgehensplanes ist das der nächste Schritt. Er führt zum Balkenplan. Bevor es damit weitergeht, noch ein paar abschließende Bemerkungen zum Netzplan.

Wie schon weiter oben geschrieben, ist der manuelle Aufbau eines Netzplanes weder sinnvoll noch zeitgemäß. Das sollte wirklich nur mithilfe eines Softwareprogramms gemacht werden. So können Änderungen in der Planung bzw. Anpassungen während der Laufzeit des Projekts ohne größere Schwierigkeiten eingepflegt werden. Und das lästige Vorwärts- und Rückwärtsrechnen übernimmt der Computer. Das hier verwendete Programm trägt in den Netzplan auch gleich die berechneten Kalenderdaten ein, sodass das parallele Hantieren mit Netz- und Balkenplan entfallen kann.

Gegenwärtig ist der Netzplan in die Diskussion geraten. Es mehren sich die Stimmen aus der Praxis, die den Netzplan als »nutzlos« oder »überflüssig« betiteln. Diese Urteile entstehen einerseits dadurch, dass ein Netzplan schon bei mittelgroßen Projekten schnell unübersichtlich werden kann, und andererseits dadurch, dass der Balkenplan nach Ansicht der Kritiker voll und ganz genügen würde, um die gleiche Information zu bekommen. Anpassungen während der Projektlaufzeit werden im Balkenplan vorgenommen und nicht im Netzplan. Dank der Software wird der Netzplan dann automatisch im Hintergrund mit geändert. Sowohl der Balken- als auch der Netzplan zeigen in entsprechender Farbcodierung an, was passiert ist. Eventuell hat sich der kritische Pfad geändert. Das gibt weitere Informationen über Sachverhalte, um die man sich im weiteren Verlauf des Projekts besonders kümmern muss.

4.2.7 Der Balkenplan

Für den Balkenplan wird im Englischen der Begriff *Gantt-Chart* benutzt. Er taucht auch immer wieder in der deutschsprachigen Literatur oder in Softwareprogrammen auf. Die Bezeichnung geht zurück auf Henry L. Gantt, den Erfinder dieser Darstellungsmethode, der sie um 1917 publik machte (Jack R. Meredith/Samuel J. Mantel jr.: Project Management – A Managerial Approach, S. 342).

Der Balkenplan ist das letzte Glied in der Planung. Jetzt liegen alle relevanten Daten bzw. Informationen vor und es kann der Bezug zu den echten Kalenderdaten hergestellt werden. Das bedeutet, dass jetzt erst Wochenenden, Feiertage und individuelle Urlaubszeiten berücksichtigt werden und daraus dann das kalendarische Endedatum des Projekts ermittelt wird.

Das soll aber nicht bedeuten, dass die Projektplanung streng dieser Reihenfolge im Buch folgen muss. In der Realität werden meistens Budget- und Kapazitätsplanung, Urlaubsfragen, Netzpläne und auch der Balkenplan parallel zueinander aufgebaut und gepflegt. Ansonsten kommt jetzt erst der Überarbeitungsprozess in Gang, was bei dem parallelen Vorgehen schon laufend passiert.

Der Balkenplan ist ebenfalls, wie der Netzplan zuvor, ein grafisches Unterstützungstool. Er bildet die einzelnen Arbeitspakete mit deren Zeitspannen über die Zeitachse ab. Dabei ist die Zeitachse identisch mit den Daten des Kalenders. Jedes Arbeitspaket

Kapitel 4

(d. h.: jedes Element aus dem Projektstrukturplan) wird als Balken in der Darstellung abgebildet. Zum Start sind die PSP-Elemente meistens ihrer Nummerierung nach von oben nach unten angeordnet. Die Länge eines Balkens entspricht dabei der in der Planung festgelegten (Bearbeitungs-)Dauer. Damit ist die jeweilige zeitliche Lage und Dauer eines Arbeitspaketes einfach ablesbar.

In der Abbildung 4.18 ist auch zu sehen, dass die einzelnen Balken mit dünnen Verbindungslinien mit- bzw. untereinander verknüpft sind. Diese Linien beschreiben die schon im Netzplan festgelegte Abarbeitungsreihenfolge der APs (siehe dort). Selbstverständlich wieder unter der Berücksichtigung der bereits dort festgelegten Anordnungsbeziehungen. Damit sind Netzplanlogik und zeitliche Dauer in einem einzigen Bild vereint. Vielleicht ist das mit ein Grund, warum in der Praxis der Netzplan infrage gestellt wird.[5]

Im Bild sind auch die beiden Balken erkennbar, bei denen es die im Netzplan errechneten Pufferzeiten gibt (PSP-Nr. 211 und 222). Das hier eingesetzte Softwareprogramm kennzeichnet die Pufferzeiten mit einem Netzmuster (deutlich beim AP 211 zu sehen).

Sind der Auftraggeber und das Projektteam mit dem Ablauf endgültig einverstanden, wird der Balkenplan als Plan »eingefroren«. Die bisherigen (dicken) Balken werden mit einem dünnen Strich unterstrichen, die, im Gegensatz zu den dicken Balken, nicht mehr verschiebbar sind. So ist während der Projektlaufzeit und der daraus resultierenden Verschiebungen durch die Istentwicklung der Ursprungsplan immer ersichtlich. (Siehe Abbildung 4.19, Seite 122) Diese Abbildung zeigt unser Beispielprojekt nun, nachdem etwas Zeit vergangen ist und die ersten zurückgemeldeten Istdaten eingetragen sind.

---

5 Siehe Seite 119

Projektorganisation und Projektcontrolling

PSP-Nr.	PSP-Bezeichnung	Dauer	Plan Anfang	Plan Ende	% Fertig
131	Verarbeitungstechnik neu fe	20t	10/30	11/27	0 %
132	Technik neuer Abtransport	8t	11/28	12/07	0 %
133	Technik neuer Materialzufluss	8t	11/28	12/07	0 %
112	Logistikkonzept	8t	12/11	12/20	0 %
111	Umstellungskonzept	5t	12/21	12/29	0 %
231	Demontage vorhandener Rob	10t	01/01	01/12	0 %
122	Anforderungsprofil erstellen	10t	10/30	11/13	0 %
211	Interne MA-Suche	6,5t	11/14	11/22	0 %
212	Externe MA-Suche	16t	11/14	12/05	0 %
121	Ausbildungskonzept	5t	12/06	12/13	0 %
213	Aus-/Weiterbildung	20t	12/14	01/12	0 %
232	Aufbau neue Fertigungsanla	5t	01/15	01/19	0 %
222	Umstellung	2t	01/22	01/23	0 %
223	Probelauf	3t	01/22	01/24	0 %
221	Information Unternehmen	2t	01/25	01/26	0 %

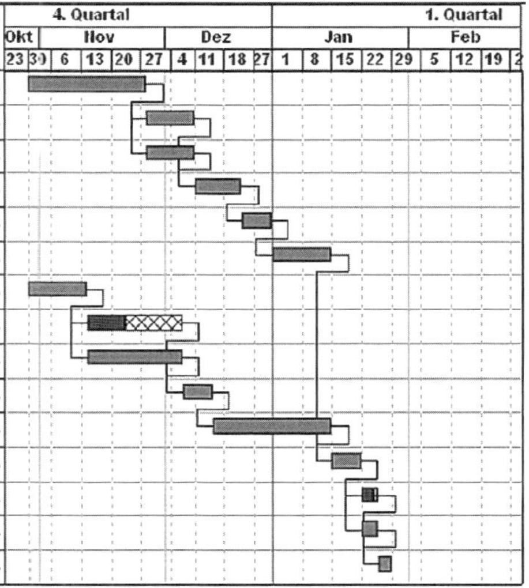

Abb. 4.18: Balkenplan mit Plandaten

Kapitel 4

PSP-Nr.	PSP-Bezeichnung	Dauer	Plan Anfang	Plan Ende	% Fertig
131	Verarbeitungstechnik neu fe	20 t	11/02	11/29	0 %
132	Technik neuer Abtransport	8 t	11/30	12/12	0 %
133	Technik neuer Materialzufluss	8 t	11/30	12/12	0 %
112	Logistikkonzept	8 t	12/13	12/22	0 %
111	Umstellungskonzept	5 t	12/27	01/02	0 %
231	Demontage vorhandene Rob	10 t	01/03	01/16	0 %
122	Anforderungsprofil erstellen	10 t	11/06	11/17	0 %
211	Interne MA-Suche	6,5 t	11/20	11/28	0 %
212	Externe MA-Suche	16 t	11/20	12/12	0 %
121	Ausbildungskonzept	5 t	12/13	12/19	0 %
213	Aus-/Weiterbildung	20 t	12/20	01/18	0 %
232	Aufbau neue Fertigungsanla	5 t	01/19	01/25	0 %
222	Umstellung	2 t	01/26	01/29	0 %
223	Probelauf	3 t	01/26	01/30	0 %
221	Information Unternehmen	2 t	01/31	02/01	0 %

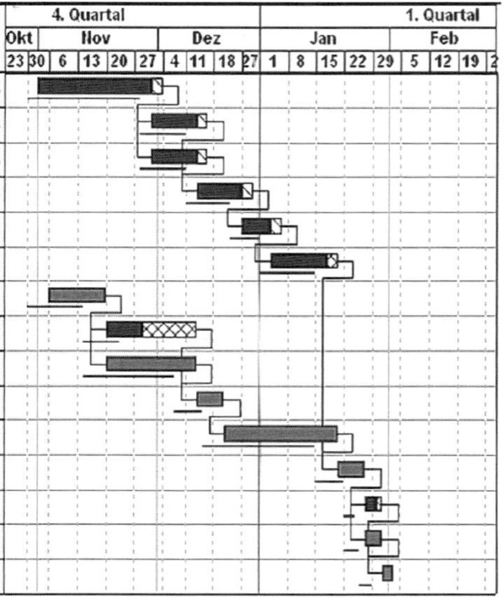

Abb. 4.19: Balkenplan mit eingetragenen Plan- und Istdaten, sowie den daraus resultierenden Verschiebungen

Was ist passiert? Am 1. November ist ein Feiertag und deswegen ist der Iststart auf den 2. November nach hinten verschoben worden.

Das AP 131 (das oberste im Balkenplan) startet also drei Tage später. Zu allem kommt noch hinzu, dass der Mitarbeiter, der am 30. Oktober mit dem AP 122 (Anforderungsprofil erstellen) beginnen sollte, krank wurde. Anvisierter Iststart ist dadurch die nächste Woche, also der 6. November.

Welche Wirkung hat das nun? Das Projektende verschiebt sich sofort nach hinten, schließlich liegen beide Hauptäste auf dem kritischen Pfad. Anstatt dem ursprünglich geplanten Ende am 26. Januar wird es nun wohl der 01. Februar des Folgejahres. Vorausgesetzt, wir ergreifen nicht noch irgendwelche Maßnahmen zur Korrektur der eingetretenen Verzögerung.

Dann ist noch etwas passiert. Der komplette oberste Ast (in Abbildung 4.19 durch massiv schwarze Balken gekennzeichnet) hat plötzlich Pufferzeiten dazubekommen. Das ist so, weil der untere Ast durch die Krankheit des Mitarbeiters um fünf Tage nach rechts verschoben wurde, während der obere Ast »nur« um drei Tage (Montag bis einschließlich Mittwoch) nach rechts rutschte. Also ein Delta von zwei Tagen, das dem oberen Ast »zugutekommt«.

4.2.8 Die Meilensteine

Bislang kaum erwähnt und in der Planung soweit auch unberücksichtigt sind die sogenannten Meilensteine. Meilensteine sind Punkte in einem Projektverlauf, an denen etwas Wichtiges gegeben, erfüllt, erreicht oder passiert sein muss. Da sie ausschließlich »Checkpunkte« sind, haben sie die Dauer 0 (null), brauchen in der Regel keine Ressourcen und kosten kein Geld. Bei Großprojekten, Projekten in der Forschung und Entwicklung oder besonders kapitalintensiven Projekten können Meilensteine jedoch auch k.o.-Kriterien sein. Das bedeutet, dass zu den Meilensteinterminen das ganze Projekt auf den Prüfstand kommt und gegebenenfalls das Projekt auch abgebrochen werden kann.

Kapitel 4

PSP-Nr.	PSP-Bezeichnung	Dauer	Plan Anfang	Plan Ende	% Fertig
131	Verarbeitungstechnik neu fe	20t	10/30	11/27	0 %
132	Technik neuer Abtransport	8t	11/28	12/07	0 %
133	Technik neuer Matreialzufluss	8t	11/28	12/07	0 %
112	Logistikkonzept	8t	12/11	12/20	0 %
111	Umstellungskonzept	5t	12/21	12/29	0 %
231	Demontage vorhandene Rob	10t	01/01	01/12	0 %
233	Meilenstein 1	0t	01/12	01/12	0 %
122	Anforderungsprofil erstellen	10t	10/30	11/13	0 %
211	Interne MA-Suche	6,5t	11/14	11/22	0 %
212	Externe MA-Suche	16t	11/14	12/05	0 %
121	Ausbildungskonzept	5t	12/06	12/13	0 %
213	Aus-/Weiterbildung	20t	12/14	01/12	0 %
234	Meilenstein 2	0t	01/12	01/12	0 %
232	Aufbau neue Fertigungsanla	5t	01/15	01/19	0 %
222	Umstellung	2t	01/22	01/23	0 %
223	Probelauf	3t	01/22	01/24	0 %
221	Information Unternehmen	2t	01/25	01/26	0 %

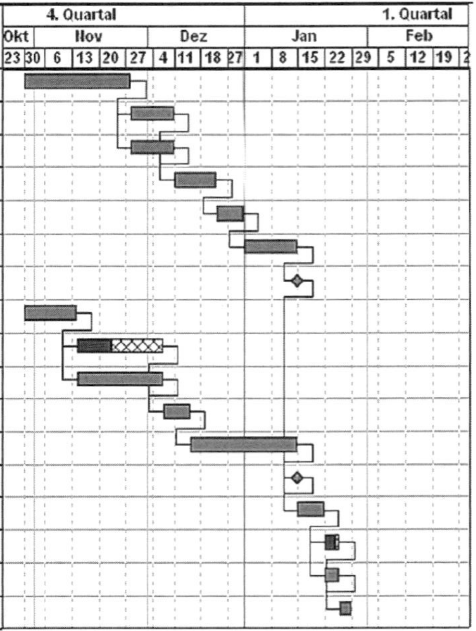

Abb. 4.20: Balkenplan ergänzt um Meilensteine

Eben dann, wenn etwas Bestimmtes nicht erreicht, gegeben oder passiert ist. Manchmal ist bei diesem besonderen Typus eines Meilensteins auch von einem »Gateway« die Rede. Durch das »Gate« kann das Projekt passieren oder es bleibt hängen. Am besten stellt man sich Meilensteintermine als große Besprechungstermine vor, an denen Projektteam und Auftraggeber (oder der Lenkungsausschuss) sich einerseits über die Istentwicklung, andererseits über das weitere Vorgehen beim Projekt unterhalten und auch darüber entscheiden.

Mit beispielhaft eingezeichneten Meilensteinen sieht der Balkenplan dann aus wie in Abbildung 4.20.

Das hier verwendete Softwareprogramm stellt Meilensteine als kleine Diamanten oder Rauten dar. Wie schon im Text beschrieben, haben sie die Dauer 0 (null) erhalten.

Die Wahl der Meilensteinzeitpunkte ist individuell. Da gibt es keine festen Regeln. Am besten ist es jedoch, besonders markante Punkte dafür heranzuziehen oder sie entlang des kritischen Pfades zu verteilen (Jack R. Meredith / Samuel J. Mantel jr.: Project Management – A Managerial Approach, S. 344). So sind in diesem Balkenplan die Meilensteine jeweils an das Ende der beiden Äste gesetzt worden. Das entspricht auch dem Zeitpunkt, bevor die beiden bislang getrennt zu bearbeitenden Äste zusammengeführt werden.

4.2.9 Der Projektauftrag

Zunächst wird es den Leser wohl erstaunen, dass das Buch den Projektauftrag an dieser Stelle der Gliederung aufführt. Wahrscheinlich werden die meisten Leser dieses Kapitel vor den Planungsschritten erwartet haben, die in den unmittelbar vorausgehenden Kapiteln vorgestellt wurden. Damit haben Sie sogar völlig recht. Außer – Sie mögen sich folgender Denkweise anschließen.

Um es an dieser Stelle gleich vorweg zu benennen: Es wird hier für zwei (!) Projektaufträge plädiert. Der erste ist entstanden, nachdem das anfänglich »vermeintliche Projekt« alle vorgelagerten Prüfstadien zur »Projektwerdung« erfolgreich durchlaufen hat und nun »amtlich« den Projektstatus zugeschrieben bekommen hat. Nach der hier bevorzugten Überlegung berechtigt das nun, sich mit der Planung des Projekts offiziell zu beschäftigen. Dies bringt zwei Vorteile mit sich:

Wie schon erwähnt, ist das Projekt an sich inzwischen offiziell im Unternehmen bekannt. Somit dürfen nun offen Zeit und Ressourcen eingesetzt werden und es muss nicht mehr »inoffiziell« am Projekt gearbeitet werden. Die Planung und die Beschäftigung mit diesem Arbeitsschritt wird nun ein offizieller Teil der gesamten Projektplanung. Damit bekommt die Projektplanung v. a. aus Controllingsicht einen anderen Stellenwert.

Am Ende des Planungsprozesses kann dem Auftraggeber ein fundierteres Planungsgerüst zur Beurteilung vorgelegt werden, als das normalerweise bei anderen Vorgehensweisen der Fall ist. Der Auftraggeber kann besser beurteilen, worauf er sich einlässt.

So könnte es beispielsweise sein, dass der Auftraggeber bei der allgemein üblichen Projektbeauftragung (also ohne der zweigeteilten Vorgehensweise) von einem Budget von 500.000 Euro und einer Dauer von vier Monaten ausgegangen ist. Jetzt, nach diesem Planungsteil, stellt sich heraus, dass das Ganze ca. 750.000 Euro kostet und wohl sechs Monate dauern wird. Wahrscheinlich besteht nun Diskussionsbedarf. Entweder man erhöht sowohl das Budget als auch die Zeitdauer entlang der erfolgten Planung oder man redimensioniert den Projektumfang, um auf die ursprünglichen Vorstellungen hinsichtlich Budget und Zeit zurückzukehren.

Nach diesem Entscheid kommt der zweite, wahrscheinlich angepasste oder korrigierte Projektauftrag ins Spiel. Ab diesem Zeitpunkt läuft es sozusagen wie gewohnt weiter. Die eigentliche Projektarbeit beginnt.

Auch die GPM[6] favorisiert die gerade diskutierte Zweiteilung der Auftragserteilung. In ihrem umfangreichen Handbuch findet sich die folgende Tabelle:

Element	erster Auftrag	zweiter Auftrag
Projektname	ja	ja
Projektnummer/ID	ja	ja
Projektleiter	ja	ja
Auftraggeber	ja	ja
Anlass für das Projekt	ja	ja
Kurzbeschreibung	ja	ja
Ziele, erwarteter Nutzen	grob	ja
Rahmenbedingungen	ja	ja
Geplanter Endtermin	falls abschätzbar	ja
Meilensteine	fallweise	ja
Arbeitspakete	eher nein	ggf. als Anlage
Budgetrahmen	in der Regel	ja
Kalkulation/Kostenplan	ggf. für erste Phase	als Anlage
Wirtschaftlichkeit	nein	als Anlage
Projektorganisation, Rollen	ja	ja
Reporting, Kommunikation	ja	ja
Kritische Erfolgsfaktoren	nein	ggf.
Wichtige Schnittstellen, Bezug zu anderen Projekten	ggf.	in der Regel
Lasten-/Pflichten-Heft	nein	ggf.
Unterschrift	ja	ja

Abb. 4.21: Inhalte von Projektaufträgen (Quelle: GPM)

---

6 GPM = Deutsche Gesellschaft für Projektmanagement e. V., Nürnberg; www.gpm-ipma.de

Sie listet die wesentlichen Inhalte eines Projektauftrags aus Sicht der GPM auf (Quelle: Handbuch GPM Deutsche Gesellschaft für Projektmanagement/Michael Gessler (Hrsg.): Kompetenzbasiertes Projektmanagement (PM3), 3. Auflage 2010, im Eigenverlag; Band 1, S. 710f.). Die Tabelle unterscheidet nach dem ersten Auftrag und den nachfolgenden Aufträgen und beschreibt, welche Kriterien in welchem Ausmaß zum jeweiligen Zeitpunkt geklärt sein sollen.

Unabhängig von den oben formulierten Ideen zu zwei Projektaufträgen stellt sich die Frage, wie ein Projektauftragsformular aussehen könnte. Was sollte darin enthalten sein?

Da ist es wahrscheinlich am einfachsten, sich entsprechende Auftragsformulare anzusehen. Dabei ist zu bedenken, dass sich sowohl das äußere Erscheinungsbild (Design) als auch die konkreten Inhalte eines entsprechenden Formulars an den Anforderungen des jeweiligen Unternehmens ausrichten. Egal, was alles drinsteht und wie übersichtlich das Formular aufgebaut ist – über eines sind sich alle Experten einig: Der Projektauftrag sollte auf eine Seite passen (One-page-only-Prinzip). Dementsprechend ist das Beispielformular nebenan (Abbildung 4.22) auch aufgebaut.

Neben den im Formular bereits aufgeführten Feldern könnten auch noch die folgenden Einträge vorhanden sein (Auswahl):

- Kennzeichnung/Angabe einer Projekt-Priorität
- Projekt-Kurzbezeichnung im Sinne eines Marketing-Namens
- Kundenname und -adressangaben bei externen Auftraggebern
- Name und Adressangaben von externen Dienstleistern/Zulieferern und/oder Beratern
- Angabe von Prüf- oder Überwachungsgremien oder -personen
- Name und Abteilung von Teil-Projektleitern
- Für das Projekt relevante Projektumwelten
- Situationsbeschreibung, warum dieses Projekt aufgesetzt wurde
- Beziehungen zu anderen (bereits gelaufenen/parallel laufenden) Projekten

Projektorganisation und Projektcontrolling

Projektauftrag
Firmenlogo

Projektnummer/Code:	Projektbezeichnung (Langversion):
_____	_____ _____ _____
Auftraggeber: Abteilung:_____ Name:_____	Projektleiter: Abteilung:_____ Name:_____

Projektziel-Beschreibung:
- _____
- _____
- _____
  - .
  - .
  - .

Projektteam-Mitglieder:

Name	Abteilung	Name	Abteilung
1. _____	_____	5. _____	_____
2. _____	_____	6. _____	_____
3. _____	_____	7. _____	_____
4. _____	_____	8. _____	_____

Termine: Starttermin: _____	Endetermin: _____
Geplanter Gesamtaufwand: _____ PT	Genehmigtes Budget: _____ Tsd. (Mio.) €
Datum, Unterschrift Auftraggeber: _____	Datum, Unterschrift Projektleiter: _____

Zugehörige Anlagen:
_____ _____

Abb. 4.22: Formularvorschlag für einen Projektauftrag

- Unterscheidung nach Projektkosten insgesamt und den davon ausgabewirksamen
- Eine quantitative Nutzenbeschreibung (z. B. Kosteneinsparung, DB-Erhöhung u. Ä.)
- Auflistung geplanter Meilensteine mit deren Terminen
- Auflistung von bekannten und mit einer hohen Eintrittswahrscheinlichkeit versehenen Projektrisiken
- Unter den Anlagen: Pflichtenheft, Projektstrukturplan, Arbeitspaketbeschreibungen, Berechnungen usw. zum Ankreuzen ob diese Bestandteil des Auftrags sind oder nicht

Ob einer oder mehrere dieser oben aufgelisteten Einträge Eingang in das Formular finden, hängt von den Ansprüchen, Vorstellungen, Erfahrungen oder Wünschen der betroffenen Unternehmung ab.

Der Projektauftrag wird unterschrieben, wenn sich die Organisation zur Durchführung des Projekts entschlossen hat (diese Formulierung unterstellt nun den tatsächlichen Umsetzungsauftrag, also den zweiten Projektauftrag – um der vorher beschriebenen Logik von zwei Aufträgen treu zu bleiben). Sowohl der Auftraggeber als auch der Projektleiter unterschreiben und drücken auf diese Art ihren Konsens mit den im Vorfeld abgestimmten Rahmenbedingungen aus. Mit diesem Schritt tritt das Projekt, symbolisch gesprochen, an die Startlinie heran. Der tatsächliche Startschuss fällt in vielen Fällen mit dem sogenannten Kick-off.

4.3 Projektstart

Wenn wir jetzt alles durchdacht, geplant, berechnet und durchgesprochen haben, ist es Zeit, alles noch einmal mit dem Auftraggeber durchzusprechen. Wird er damit einverstanden sein? Ist die Laufzeit des Projekts aus seiner Sicht akzeptabel? Liegen die Projektkosten im Rahmen der (seiner) Erwartungen? Ist die Personalauswahl so, dass z. B. auch Mitarbeiter, die gefördert und für zukünftige Führungsaufgaben vorbereitet werden sollen, im Projektteam sind? Werden unverrückbare (Kunden-)Termine eingehalten?

Das ist nur eine Auswahl an Fragen, die jetzt (nochmals) besprochen werden sollten. Nach dieser Besprechung geht es entweder richtig los oder es geht nochmals in eine Überarbeitung. Manchmal kommt es aber auch an dieser Stelle zum Abbruch des Projekts.

Dem Autor ist es an dieser Stelle wichtig, dass das Projekt wirklich erst nach dieser Genehmigung startet! Nicht vorher, mit unklaren Zeitdimensionen, Kostenschätzungen und nicht kalkulierbarem Aufwand. Leider ist dies in der Praxis viel zu häufig anzutreffen. In der Folge kommt es dann oft während der Projektlaufzeit zu Streitereien über Kompetenzen, Verantwortungen, Vorgehensweisen, nächste Schritte etc. Es werden dann Mitarbeiter bestraft, abberufen, versetzt oder Ähnliches. Dem Projekt geht es dadurch nicht besser. Es wird eher mehr und mehr zum ungeliebten Kind. Das allgemeine Engagement für Projekte nimmt in solchen Firmen in der Regel deutlich ab; schließlich will sich niemand verheizen lassen.

Über eine einigermaßen solide Projektplanung kann das ein Stück weit vermieden werden. Stellt sich zusätzlich der Auftraggeber öffentlich hinter das Projekt, z. B. auf dem Kick-off-Meeting, wird die Ausgangssituation für ein erfolgreiches Projekt nochmals erhöht. Und erfolgreich abgelaufene Projekte motivieren wiederum andere, sich selbst aktiv in Projekte einzubringen.

4.3.1 Das Projekt läuft – Anfall von Istdaten

Unser Ausgangspunkt ist folgender: Das Projekt ist bereits vor geraumer Zeit gestartet und es liegen inzwischen einige Istdaten vor. Sind das genügend Informationen, um dem Projektleiter einen Controller-Service anzubieten? (Diskussion der Controller-Tools folgt im Kapitel 4.4).

Eine Frage, die sich meistens recht schnell stellt, ist die nach dem momentanen Projektstand. Wo stehen wir zurzeit? Oder: Wie weit sind wir?

4.3.2 Fertigstellungsgrade

Der Fertigstellungsgrad ist eine durchaus kritische Größe im Projektmanagement. Es gibt zwei Fälle, bei denen die fehlerhafte Interpretation deutlich wird:

1. Grund: Das sogenannte 90-Prozent-Syndrom. Auf die Frage des Controllers »Wie weit sind Sie mit Ihrem Arbeitspaket/(Teil-)Projekt?« antwortet der so Angesprochene beispielsweise mit »Fast fertig«. Was man etwas salopp auch mit »90 Prozent fertig« übersetzen kann. Der (unbedarfte) Fragesteller glaubt das auch zu diesem Zeitpunkt; es sei denn, er hat schon einmal eine gegenläufige Erfahrung sammeln können.

Wieso verhalten sich Projektmitarbeiter so? Wahrscheinlich liegt das mit daran, dass kein Projektverantwortlicher gerne zugibt, noch nicht so weit zu sein, wie er eigentlich laut Plan sein müsste. Hintergrund dieses Verhaltens wird wohl sein, nicht durch eine quantitativ zu niedrige Antwort die Folgefrage »Warum?« zu provozieren. Dann müsste man sich nämlich rechtfertigen. Deshalb gibt der Gefragte lieber mehr an und gaukelt so vor, dass er weiter ist. Im nächsten Gedankengang sagt er dann zu sich selbst so etwas wie »Das werde ich schon wieder hinbiegen«.

2. Grund: Eine richtige Schätzung kann es nicht geben. Wovon wird die Angabe »Zu 90 Prozent fertig« denn abgeleitet? Von der Zeit? Sind 90 Prozent der geplanten Zeit um, also muss das (Teil-)Projekt auch zu 90 Prozent fertig sein? Oder vielleicht vom Budget? Sind 90 Prozent des Budgets verbraucht und sind wir deshalb zu 90 Prozent fertig? Leider sind diese beiden »Analogieschlüsse« nicht stimmig! Die Einschätzung eines Fertigstellungsgrades beruht fast ausschließlich auf subjektiven Ansichten. Eine nachprüfbare Plausibilität gibt es nicht.

In der Praxis werden Fertigstellungsgrade jedoch häufig benutzt. Nachfolgend ein paar Gründe:

- Viele Softwareprodukte, die zur Verwaltung von Projekten eingesetzt werden, arbeiten damit. Manche verlangen allerdings die konkrete Eingabe eines Fertigstellungsgrades, was gerade das weiter oben beschriebene Verhalten à la 90-Prozent-Syndrom fördert. Andere berechnen sich den Fertigstellungsgrad aus den Istgrößen und bestimmter zusätzlicher Eingaben.
- Der Projektleiter will wenigstens ungefähr abschätzen können, wie weit ein einzelnes Arbeitspaket ist. Aus der Antwort versucht er nun seinerseits, wieder Anhaltspunkte zu bekommen, wie lange die Erledigung dieses APs noch dauert und ob es gar Verschiebungen geben wird. Letztendlich geht es für ihn um die Frage, ob sich dadurch auch das ganze Projekt nach hinten verschieben wird.
- Der Fertigstellungsgrad wird für die Earned-Value-Analyse (EVA) benötigt. Sie wird später im Kapitel 4.4.4 vorgestellt.

Methoden zur Abschätzung des Fertigstellungsgrades

In der Praxis sind drei Verfahren zur Abschätzung eines Fertigstellungsgrades anzutreffen. Dies sind:

Die 0-100-Methode

Bei dieser Methode gibt es nur abgeschlossene oder noch nicht abgeschlossene Arbeitspakete.

Angenommener Status AP	**Zurückgemeldeter Fertigstellungsgrad**
Noch nicht begonnen	0 %
Etwa zu einem Viertel fertig	0 %
Etwa zur Hälfte fertig	0 %
Etwa zu drei Vierteln fertig	0 %
Abgeschlossen	100 %

Diese Methode bietet somit ein Höchstmaß an Objektivität, hinkt dem tatsächlichen Projektstand aber grundsätzlich hinterher. Denn die gerade in Arbeit befindlichen Arbeitspakete werden als noch nicht gestartet betrachtet und gehen von daher gar nicht in die Gesamtbetrachtung mit ein.

Dafür schränkt sie die Möglichkeiten der Manipulation seitens des Projektleiters oder der Arbeitspaketverantwortlichen stark ein. Es kann immer wieder beobachtet werden, dass z. B. vor Meilensteinterminen schnell noch ein paar Arbeitspakete eröffnet werden, um einen »tollen« Projektfortschritt zu signalisieren. Dieses Ansinnen scheitert an dieser Methode.

Die 50-50-Methode

Diese Methode baut auf der 0–100-Methode von oben auf, untergliedert aber etwas feiner.

Angenommener Status AP	Zurückgemeldeter Fertigstellungsgrad
Noch nicht begonnen	0 %
Etwa zu einem Viertel fertig	50 %
Etwa zur Hälfte fertig	50 %
Etwa zu drei Vierteln fertig	50 %
Abgeschlossen	100 %

Arbeitspakete, an denen noch gearbeitet wird, werden durchgehend als zu 50 Prozent fertig bewertet. Diese 50 Prozent werden üblicherweise auch dann angenommen, wenn das Arbeitspaket erst frisch in Angriff genommen wurde. Das Arbeitspaket wird erst dann als zu 100 Prozent fertiggestellt bewertet, wenn es vollständig abgeschlossen wurde.

Die Step-to-Step-Methode

Diese Methode setzt voraus, dass schon in der Planungsphase des Projekts für jedes einzelne Arbeitspaket Zwischenfertigstellungsgrade definiert wurden. Dazu sollten besonders markante Punkte, Ereignisse oder Arbeitsschritte innerhalb eines APs ausgesucht und mit einem dafür angenommenen künstlichen Fertigstellungsgrad belegt werden. Das bedeutet, dass dann mit jedem abgeschlossenen Arbeitsschritt/Punkt/Ereignis (= Step) innerhalb des Arbeitspaketes ein bestimmter, bereits vorher festgelegter Fertigstellungsgrad erreicht ist. Diese Methode erfordert somit einen erheblich höheren Planungsaufwand.

Angenommener Status AP	Geplanter Fstg.[7]	Zurückgemeldeter Ist-Fstg.
Noch nicht begonnen	0 %	0 %
Etwa zu einem Viertel fertig	30 %	30 %
Etwa zur Hälfte fertig	65 %	65 %
Etwa zu drei Vierteln fertig	82 %	82 %
Abgeschlossen	100 %	100 %

In der Tabelle macht der Ausweis des Istfertigstellungsgrades erst dann richtig Sinn, wenn auch die zeitliche Dimension mit in die Betrachtung aufgenommen wird.

Die verschiedenen Methoden zur Beurteilung der Fertigstellungsgrade können innerhalb eines Projekts miteinander kombiniert werden. Je nach Komplexität, Bedeutung oder Zeitintensität eines Arbeitspaketes ist die eine oder die andere Methode sinnvoller und aussagekräftiger.

---

7 Fstg. = Fertigstellungsgrad

4.3.3 Berechnete Fertigstellungsgrade

Verwenden Sie zur Steuerung Ihres Projekts eine Projektmanagement-Software, so werden in dieser die Fertigstellungsgrade meistens berechnet. In diesem Fall ist von einer händischen Pflege des Fertigungsgrades abzusehen. Die Berechnung kann auf jeder der drei Dimensionen eines Projekts erfolgen, als da sind: Zeit (= Dauer), Kosten und Aufwand. Zur Berechnung werden folgende Formeln verwendet:

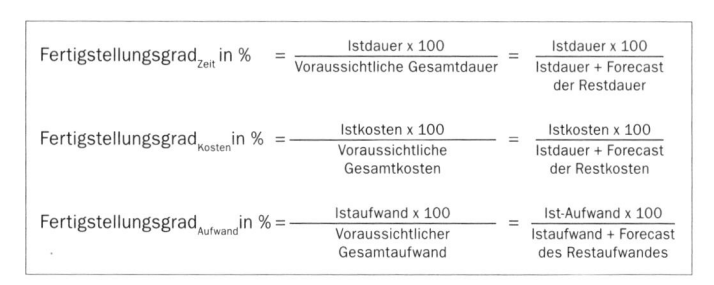

$$\text{Fertigstellungsgrad}_{\text{Zeit}} \text{ in \%} = \frac{\text{Istdauer} \times 100}{\text{Voraussichtliche Gesamtdauer}} = \frac{\text{Istdauer} \times 100}{\text{Istdauer} + \text{Forecast der Restdauer}}$$

$$\text{Fertigstellungsgrad}_{\text{Kosten}} \text{ in \%} = \frac{\text{Istkosten} \times 100}{\text{Voraussichtliche Gesamtkosten}} = \frac{\text{Istkosten} \times 100}{\text{Istdauer} + \text{Forecast der Restkosten}}$$

$$\text{Fertigstellungsgrad}_{\text{Aufwand}} \text{ in \%} = \frac{\text{Istaufwand} \times 100}{\text{Voraussichtlicher Gesamtaufwand}} = \frac{\text{Ist-Aufwand} \times 100}{\text{Istaufwand} + \text{Forecast des Restaufwandes}}$$

Abb. 4.23: Berechnungsformeln für den Fertigstellungsgrad

Dazu ein Beispiel:

Ein Arbeitspaket soll planmäßig 50 Personentage dauern. Nach 25 verbuchten Personentagen sprechen der Arbeitspaketverantwortliche und der Projektleiter über den Stand des APs und damit auch über den Fertigstellungsgrad. Der Verantwortliche des APs deutet an, noch 35 weitere Personentage bis zur Erledigung zu benötigen. (Sie sehen, das Gespräch läuft nach der Logik »Wie viel brauchst du noch?« ab, nicht nach »Wie weit bist du?«. Siehe dazu auch Kapitel 4.4 unten.)

In die entsprechende Formel aus Abbildung 4.23 für die Dauer eingesetzt, errechnet sich so ein Fertigstellungsgrad von 41,6 Prozent. Falsch wäre es, nun 50 Prozent für den Fertigstellungsgrad anzusetzen!

4.4 Die Instrumente des Projektcontrolling

An den Anfang dieses Abschnitts möchte ich nochmals den Sinn dieser Instrumente stellen. Wie beim »klassischen« Controlling geht es auch beim Projektcontrolling im Wesentlichen um die Frage, wie es aus Sicht der berichteten Situation nun weitergeht.

Die Perspektive ist also eher nach vorne gerichtet, nicht nach hinten. Sicherlich haben die Vergangenheitsdaten auch ihren Dokumentationszweck und sind im Sinne von Lernen und Erfahrungssicherung wichtig, aber noch wichtiger ist in Projekten Folgendes: Kommt das Projekt budgettreu, pünktlich und auch im gewünschten Qualitätsstandard ans Ziel? Das darzustellen, darüber zu informieren ist das vordringliche Ziel – auch des Projektcontrollings.

Gibt das Berichtete Anlass zur Sorge – d. h. Termine können nicht gehalten werden, das Budget ist oder wird überschritten, es sind unvorhergesehene Probleme aufgetreten usw. –, so sollen geeignete Maßnahmen zur Korrektur ergriffen werden. Das ist das zweite Ziel des Controllings. Also Stoff geben für die Diskussion, was jetzt zu tun ist und wie sich die verschiedenen infrage kommenden Alternativen wahrscheinlich auf den weiteren Verlauf des Projekts auswirken. In diesem Sinne sprechen wir heute vom Forecast (früher: Erwartung). Den Projektcontroller interessieren dabei die Antworten auf folgende offene Fragen:

- Wie wirkt es sich aus, wenn wir nichts tun, wir also mit dem Projekt so weitermachen, als wäre nichts geschehen?
- Was passiert, wenn wir nun zur Maßnahme A greifen? Was, wenn wir alternativ die Maßnahme B oder C durchdenken?
- Welche der angedachten Alternativen ist wohl die geschicktere?

Alle Antworten müssen heute üblicherweise in zwei Dimensionen durchdacht werden. Einmal aus Sicht der Kosten (Budgeteinhaltung), ein zweites Mal aus Sicht der Termineinhaltung. Oft ist es in der Praxis so, dass einer der beiden Dimensionen der Vorrang gegeben wird.

4.4.1 Der klassische Soll/Plan-Ist-Vergleich

In diesen Plan-Ist-Vergleichen (PIV) werden die aktuellen Istdaten mit den ursprünglich geplanten Daten verglichen. Oft sind das bei Projekten zwei »verschiedene« Pläne. Da ist zuerst einmal der sogenannte »Basisplan«. Dieser ist damals zum Projektstart vom Auftraggeber so genehmigt worden. Man könnte ihn deshalb auch den »Ursprungsplan« nennen. Er wird während der gesamten Projektlaufzeit nicht geändert oder angepasst, sondern er wird quasi eingefroren.

Daneben gibt es einen permanent aktualisierten Plan, der die aktuellen Erwartungen (oder Forecasts) aus Sicht von heute auf das Projektende hin beinhaltet. Selbstverständlich beruht er ursprünglich auf den Daten des Basisplanes von oben und stellt keinen zweiten oder Alternativplan dar. Er wird laufend fortgeschrieben, um zu zeigen, wie sich notwendige Maßnahmen aufgrund der aktuellen Entwicklung auf den Basisplan auswirken. Auch diese »hochgerechneten« Erwartungen können Bestandteil eines PIV sein.

Während sich der PIV im klassischen Controlling immer auf die Kosten bezieht, haben wir es im Projektcontrolling wiederum mit drei Dimensionen zu tun: Kosten, Termine und Aufwand (= Leistungen).

PIV bei den Kosten

Klassischerweise ist dieser Vergleich eine Domäne der Zahlen. Zahlen können auf zweierlei Arten berichtet werden: Als ebensolche, meistens in Tabellenform oder in Form von Grafiken. Beide

Projektorganisation und Projektcontrolling

Formen sind nachfolgend als Abbildungen dargestellt und jeweils kommentiert. Generell sind beide Varianten für den Bericht über das Gesamtprojekt oder aber über einzelne Arbeitspakete denkbar.

Das einfache PIV-Formular wird der reinen, ausschließlichen Berichtspflicht Genüge tun. Allerdings lassen sich da keine Informationen im weiter vorne gewünschten Stil herausarbeiten – in dem Stil, dass zukunftsorientierte Informationen angeboten oder aber wenigstens erarbeitet werden können. Im dargestellten Zustand (Abb. 4.24) ist der Bericht ausschließlich vergangenheitsorientiert.

Projektnummer:		Arbeitspaket:			
Projektbezeichnung:					
Soll-Ist-Vergleich per:					
Kostenarten		Plan	Ist	Abweichung absolut	Abweichung in %
Personalkosten					
	– ...	xxxxx	xxxx	xxx	xx
	– ...	xxxxx	xxxx	xxx	xx
	– ...	xxx	xxxx	xxx	xx
	– ...	xxxx	xxxx	xxx	xx
	– ...	x	xxxx	xxx	xx
Materialkosten					
	– ...	xxxxxx	xxxxxx	xxxx	xx
	– ...	xxxx	xxxxx	xxxx	xx
	– ...				
	– ...				
	– ...				
Sonstige Kosten					
	– ...	xxxxx	xxxx	xxxx	xx
	– ...	xxx	xxxx	xxx	xx
	– ...	xxxx	xx	xxxx	xxx
	– ...				
	– ...				
SUMME		**xxxxxx**	**xxxxx**	**xxxxx**	**xxx**

Abb. 4.24: Einfacher Plan-Ist-Vergleich (PIV) ohne Erwartungsteil

Kapitel 4

(PLAN-) SOLL-IST-VERGLEICH PER XX.XX.20XX							
PSP-Code	Bezeichnung Teilprojekte	Plankosten per ... (T€)	Istkosten per ... (T€)	Abweichung zum Plan (T€)	Abweichung zum Plan (%)	Planfertigstellungsgrad in %	Istfertigstellungsgrad in %
	Kostenübersicht Gesamtprojekt						
	Personalkosten					...	...
	Sachkosten					...	...
	Materialkosten					...	...
SACHVERHALTE (in Stichworten)							

Abb. 4.25: Plan-Ist-Vergleich unter Einsatz des Vier-Fenster-Formulars

Um den anderen Informationen näherzukommen, braucht es ein anderes Formular. Dabei habe ich Anlehnung genommen an dem von der Controller Akademie erarbeiteten Vier-Fenster-Formular. Es ist den Anforderungen eines Projektberichtes bereits angepasst (vgl. Abbildung 4.25). Diese Anpassungen finden sich in der rechten Hälfte des Formulars. Die einzelnen Spalten bedeuten:

- Spalte »Gesamtprojektbudget«: In dieser Spalte steht das ursprünglich vom Auftraggeber genehmigte Budget. Weiter vorne haben wir das als Basisplan bezeichnet.
- Spalte »Erwarteter Bedarf bis Projektende«: Wichtig ist, dass diese Spalte nicht im Voraus, d. h. bei Auslieferung

Gesamt Projekt- budget (T€)	Erwart. Bedarf bis Projektende (T€)	V'Ist Ende Projekt (T€)	V'Ist Fertig- stellung (Termin)	Abw. V'Ist zum Projektbudget (T€)	Abw. V'Ist zum Plantermin (in Tagen)
ERWARTUNG ZUM PROJEKTENDE XX.XX.20XX					
			...		...
			...		...
			...		...

MAßNAHMEN operativ/dispositiv (in Stichworten)	ZUSTÄNDIG	TERMIN
siehe auch operativen Maßnahmen-Aktionsplan		

THEMENSPEICHER	FÜR	KONFERENZ

des Berichts, ausgefüllt ist. Sie wird erst im Gespräch mit dem (Teil-)Projektverantwortlichen zusammen mit dem Controller ausgefüllt.[8] Sozusagen wie ein Protokoll, das auch parallel zum Geschehen geschrieben wird. Eingetragen werden die neuesten Kostenschätzungen (Forecasts) des (Teil-)Projektverantwortlichen.

- Spalte »V'Ist (Voraussichtliches Ist) Ende Projekt«: Die Werte in dieser Spalte resultieren aus der Addition der bislang aufgelaufenen (kumulierten) Istwerte und den aktuellen (heutigen) Schätzungen vom Punkt vorher.

---

[8] Wenn das Vorgehen eingespielt ist, kann der (Teil-)Projektverantwortliche das Formular selbstverständlich auch alleine ausfüllen.

Die gleiche Logik wird bei den Terminen angewendet. Schließlich beinhalten die beiden letzten Spalten noch die Abweichungen. Sie werden als Differenz aus dem jeweiligen Basisplan und den eben eingetragenen neuesten Erwartungen berechnet.

Das ganze Vorgehen hat jedoch wenig Sinn, wenn nicht auch über geeignete Maßnahmen gesprochen wird, wie den zu erwartenden Kostenabweichungen oder Terminverzögerungen begegnet werden kann. Diese Maßnahmen sollten auch gleich unter den Beteiligten diskutiert, gegebenenfalls beschlossen und protokolliert werden. Dafür ist Platz in der rechten unteren Hälfte des Formulars. Am besten schreibt man gleich Verantwortliche und Termine mit dazu. Es kann hier auch Sinn machen, die durch die Maßnahmen entstehenden zusätzlichen Kosten (hinzukommend oder einsparend) und die Wirkung auf die Zeitachse (weiterer hinzukommender Zeitbedarf oder Zeitgewinn) zu protokollieren.

Links unten bleibt nun noch ein letztes Formulareck frei. Da werden die Ursachen eingetragen, die zu den oben protokollierten Abweichungen geführt haben.

Für die Leser, die mit dem psychologischen Hintergedanken bei diesem Formular noch nicht vertraut sind, ein paar zusätzliche Worte. Dass das Ursachen-Fenster als letztes der vier Fenster angesprochen wurde, ist pure Absicht. Es sollte auch in der praktischen Anwendung vor Ort als letztes Fenster von den Beteiligten ausgefüllt werden – möglicherweise ist das jetzt genau im Widerspruch zu Ihrer Erwartung. Warum also?

Es gibt hier zwei wichtige Aspekte zu bedenken. Der erste betrifft den Inhalt: Eine zu frühe Beschäftigung mit den Ursachen der Abweichungen verstellt oftmals den Blick in die Zukunft. Diese ist für die Lösung der anstehenden Probleme ungleich wichtiger als die der Ursachenforschung. Maßnahmen können nur in die Zukunft gerichtet sein, aber niemals nach hinten. Das bereits Geschehene lässt sich durch Maßnahmen nicht ungeschehen machen!

Projektorganisation und Projektcontrolling

Der zweite Aspekt ist die zur Verfügung stehende Zeit, sowohl unter dem Gesichtspunkt des Projekts als auch aus der Sicht einer Sitzung. In beiden Fällen wird Zeitdruck herrschen. Das bedeutet, dass nur ein kleines Zeitfenster für dieses Gespräch zur Verfügung steht. Liegt ein begrenztes Zeitbudget vor, dann ist es sinnvoller, sich sofort der Problemlösung zuzuwenden und nicht kostbare Zeit damit zu verbringen, dass das Unverrückbare, das Geschehene bis ins »letzte Detail« analysiert wird.

Wenn, angenommen, eine Stunde Konferenz zu den Abweichungen im Projekt angesetzt ist, dann macht es entlang der beiden diskutierten Aspekte mehr Sinn, sich beispielsweise 50 Minuten mit den Maßnahmen und deren rechnerischer Bedeutung zu beschäftigen und nur noch zehn Minuten für die Vergangenheitsbewältigung aufzuwenden, als umgekehrt. Oder?

In dem Formular ist jetzt noch keine Grafik enthalten. Soweit unter den Trainern der Controller Akademie bekannt ist, sind in unseren Breitengraden die meisten Menschen »visuelle Typen«. Das bedeutet, dass diese Menschen am stärksten auf optische Reize reagieren. Auch mag das Sprichwort »Ein Bild sagt mehr als tausend Worte« dem Leser bekannt sein, was die Forderung nach dem Einsatz von Grafiken im Controlling untermauern mag. Wie könnte also ein PIV grafisch dargestellt werden?

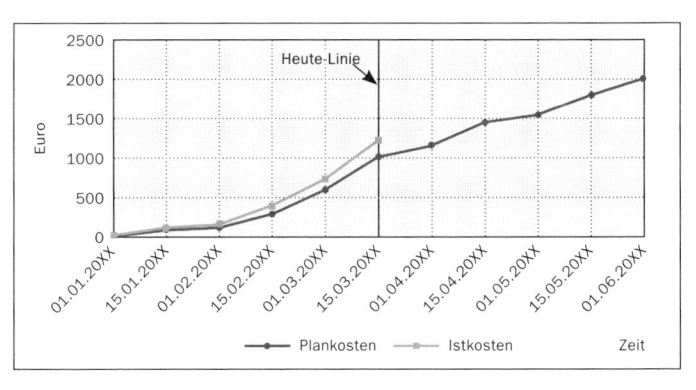

Abb. 4.26: Der grafische Plan-Ist-Vergleich

Kapitel 4

Die Basis dieser Darstellung ist die kumulierte Darstellung der Kosten über die Projektlaufzeit, besser bekannt unter der Bezeichnung *Kostensummenlinie* auf Basis der Plankosten. Die geplanten Kosten werden also über die gesamte Projektlaufzeit in einer Linie dargestellt.

Als zweite Linie wird die kumulierte Istkostenlinie bis zum aktuellen Datum (Heute-Linie) in dieses Chart eingezeichnet. Im Diagramm von oben liegen die Istkosten über den Plankosten. So weit, so gut. Wenn das Chart so belassen wird, dann hat es genau den gleichen Effekt wie der reine PIV mit Zahlen. Uns liegt nur eine Darstellung der bisherigen Entwicklung vor. Es fehlen damit jedoch die Erwartungen hinsichtlich der weiteren Entwicklung. Eine erste Idee zur Lösung dieses Umstandes mag die folgende Darstellung sein (Abbildung 4.27).

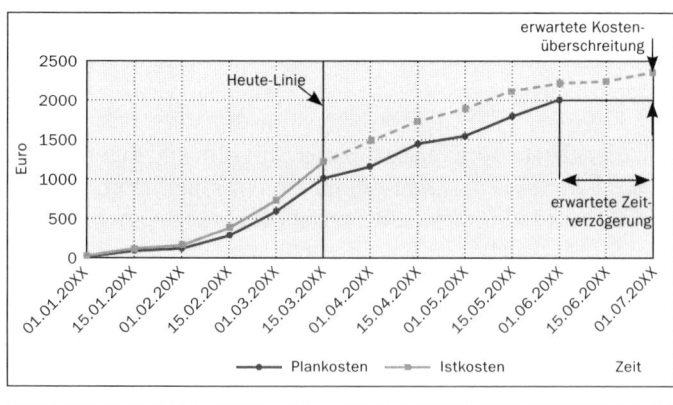

MASSNAHMEN operativ/dispositiv (in Stichworten)	ZUSTÄNDIG	TERMIN
siehe auch den operativen Maßnahmen-Aktionsplan		
THEMENSPEICHER	FÜR	KONFERENZ

Abb. 4.27: Grafischer Plan-Ist-Vergleich mit Forecast-Linie und Maßnahmen

Projektorganisation und Projektcontrolling

Die weitere, zukünftige Entwicklung der Istkostenlinie wird von Hand in das Diagramm eingezeichnet. Als Grundlage dienen die einzelnen Arbeitspakete, auf deren Basis die Schätzungen über die weitere Entwicklung (Forecast) getroffen worden sind. Eventuell mag es da reichen, nur die Arbeitspakete näher zu betrachten, die auf dem sogenannten kritischen Pfad liegen.

PROJEKTBERICHT		Datum:		Berichtanlaß:	
Projekt-Bezeichnung:				Monatsbericht	☐
Projekt-Nummer:				Meilenstein	☐
Berichterstatter:				Besonderer Anlass	☐
Kurzbeschreibung:					
Projektbeurteilung:			**Plan, Ist und Erwartung:**		
vorher	Zielelemente	jetzt	Monat		
	Qualität/Leistung/Funktion		Kosten		
	Termin		in		
	Kosten				
Raum für weitere Zielelemente					
Kernaufgaben, Meilensteine:					
Erläuterung und weiteres Vorgehen:					

Verantwortliche:	Termine:	Datum:
Projektleiter:	Projektbeginn	
Teilprojekte:	Geplantes Projektende	
	Erwartetes Projektende	
Unterschriften:	Projekt-Genehmigung	
Projektleiter:	Letztes Projekt-Meeting	
Auftraggeber:	Nächstes Projekt-Meeting	

Abb. 4.28: Formularidee für einen Projektstatus-Bericht

Eine weitere Darstellungsform in der Kombination aus Grafik und Text ist die in Abbildung 4.28. Es handelt sich dabei um ein Formular, das einen Entwicklungsleiter über den Stand der laufenden Entwicklungsprojekte informieren soll. Dem Konzept liegt das »One page only«-Prinzip zugrunde.

In diesen Bericht sind neben der bereits diskutierten Kostendarstellung (vgl. Abbildung 4.26) gleich noch weitere Informationen mit eingearbeitet. Die zeitliche Entwicklung ist durch die »vorher«- und »jetzt«-Spalten erkennbar. So geben Farbkodierungen nach dem Ampelprinzip zusätzliche qualitative Informationen an.

- Grün: Alles okay
- Gelb: Achtung bzw. Vorsicht
- Rot: Gefahr; Überschritten; hierauf besonderes Augenmerk richten

Ähnlich wird bei den Meilensteinen verfahren. Zur Darstellung der Meilensteine wurde ein auf dem Kopf stehendes Dreieck gewählt. Ein schwarz ausgemaltes Dreieck zeigt an, dass der Meilenstein erfolgreich erreicht wurde, während ein noch nicht ausgemaltes Dreieck einen noch unerledigten Meilenstein anzeigt. Da auch diese Darstellung wieder über die Zeitachse erfolgt, ist aus der relativen Position des Dreiecks eine eventuelle Zeitverschiebung bei den Meilensteinterminen erkennbar. Eine Verlängerung der Meilensteinlinie nach rechts entspricht dem Prinzip des Forecasts. Die entsprechende Aussage lautet dann: »Der Meilenstein XY wird voraussichtlich zum Datum XX.XX.XX erreicht sein.« Der hier zur Verfügung stehende Platz lässt möglicherweise nur die Darstellung der wichtigsten Meilensteine zu.

Auch die Maßnahmenliste ist mit auf dem Papier, wobei der zur Verfügung stehende Platz wieder nur eine grobe, stichwortartige Aufzählung zulässt. Das ist möglicherweise genug für den Entwicklungsleiter, aber sicherlich zu wenig für den Projektleiter.

Projektorganisation und Projektcontrolling

PIV beim Aufwand

Zur Darstellung des Aufwandes (Maßeinheit: Personentage) kann wieder zwischen der rein zahlenorientierten oder der grafischen Darstellungsart gewählt werden. Als rein zahlenorientierte Darstellungsweise eignen sich wieder Zahlenkolonnen, die den numerischen Planaufwand dem tatsächlichen Istaufwand gegenüberstellen. Nachteil dieser Darstellungsform ist, dass terminliche Verschiebungen innerhalb der einzelnen Ressourcen (Projektmitarbeiter) nur schlecht darstellbar sind. Das ist z. B. dann der Fall, wenn ein Mitarbeiter statt der erwarteten 100 Prozent pro Tag (= 8 Stunden) nur mit 50 Prozent pro Tag (= 4 Stunden; nur am Vormittag oder nur am Nachmittag) am Projekt gearbeitet hat. Oder, anderer Fall, es war der Einsatz von einer Person A zu einem bestimmten Zeitpunkt geplant, aber Person B ist (kurzfristig) für A eingesprungen. Wenn sowohl Person A als auch Person B bereits geplante Mitarbeiter in dem Projekt waren, ergibt sich dadurch eine rein interne Verschiebung der Ressourcen. Für solche Fälle muss man, wie schon gesagt, einen erheblichen Aufwand betreiben, soll eine reine Zahlenaufstellung diese Sachverhalte abbilden.

Dies löst die grafische Darstellung besser. Zur grafischen Darstellung wird das schon vorgestellte Belastungsdiagramm verwendet.

Ein Belastungsdiagramm wird in den meisten Fällen pro Ressource oder pro Arbeitspaket gezeichnet. Im Falle der Darstellung pro Ressource ist eine Ressource ein Projektmitarbeiter. Aber es können z. B. auch knappe Anlagen- oder Raumkapazitäten damit gemeint sein. Die höchste Belastung liegt natürlicherweise bei 100 Prozent. Das sind z. B. acht Arbeitsstunden pro Tag, können aber auch zehn Stunden sein, wenn zwei Überstunden von vornherein mit geplant sind.

Abbildung 4.29 baut auf der Abbildung 4.13, Seite 109, auf. Die schwarzen Säulen stellen die zurückgemeldeten Istdaten der Mitarbeiterin dar. Offensichtlich hat sie in den meisten Fällen

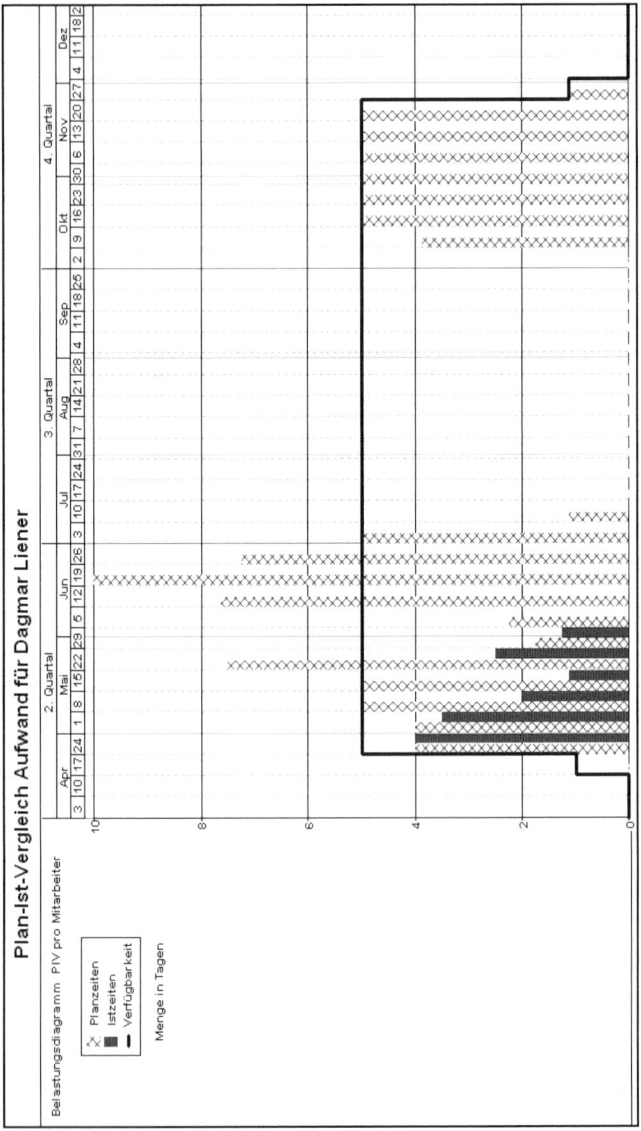

Kapitel 4

Abb. 4.29: Plan-Ist-Vergleich beim Aufwand. Einsatz eines Belastungsdiagramms

weniger Aufwand »gebraucht« als geplant – wenn alle zu dem Zeitpunkt in Arbeit befindlichen Arbeitspakete auch tatsächlich bearbeitet wurden. Diese Auskunft bleibt das Belastungsdiagramm schuldig. Um das zu prüfen, greift man am besten auf den Balkenplan oder die Zeitaufschriebe der einzelnen Mitarbeiter zurück.

Im Falle der Darstellung pro Arbeitspaket werden alle an diesem Paket arbeitenden Ressourcen in einem Bild zusammengefasst (vgl. Abbildung 4.30).

In diesem Fall gibt es keine maximale Kapazität von 100 Prozent (= fünf Tage), wie es bei der ressourcenbezogenen Darstellung von oben der Fall ist. Arbeiten beispielsweise zwei Mitarbeiter zeitgleich mit je 100 Prozent Auslastung an dem gleichen Arbeitspaket, liegt die maximale Belastung bei 200 Prozent (= zehn Tage). Bei drei Mitarbeitern wären es dann 300 Prozent (= 15 Tage), usw. Es ist also eine kumulierte Darstellung.

Das Arbeitspaket in Abbildung 4.30 auf der folgenden Seite wird nur von einer Person bearbeitet. Deshalb ist bei fünf Tagen Schluss. Die geplante Dauer liegt bei drei Wochen, die im Ist auch eingehalten wurde.

Zusammenfassend: Sind Verschiebungen im Ist eingetreten, dann ergeben sich Kapazitätsüberschreitungen, Terminüberlagerungen bzw. -überschreitungen oder »freie Stellen« im Diagramm. Hat z. B. ein Mitarbeiter länger als die geplanten acht Stunden pro Tag an einem Arbeitspaket gearbeitet, dann rutscht die Säule über die Verfügbarkeitslinie hinaus. Hat er gar nicht wie geplant an dem Paket gearbeitet, bleibt die Säule auf 0 Prozent. Hat er verspätet angefangen, dann rutscht die Säule auf der horizontalen Zeitachse weiter nach rechts. Dies sind die möglichen Varianten, die bei der ressourcenbezogenen Darstellungsart entstehen können.

Kapitel 4

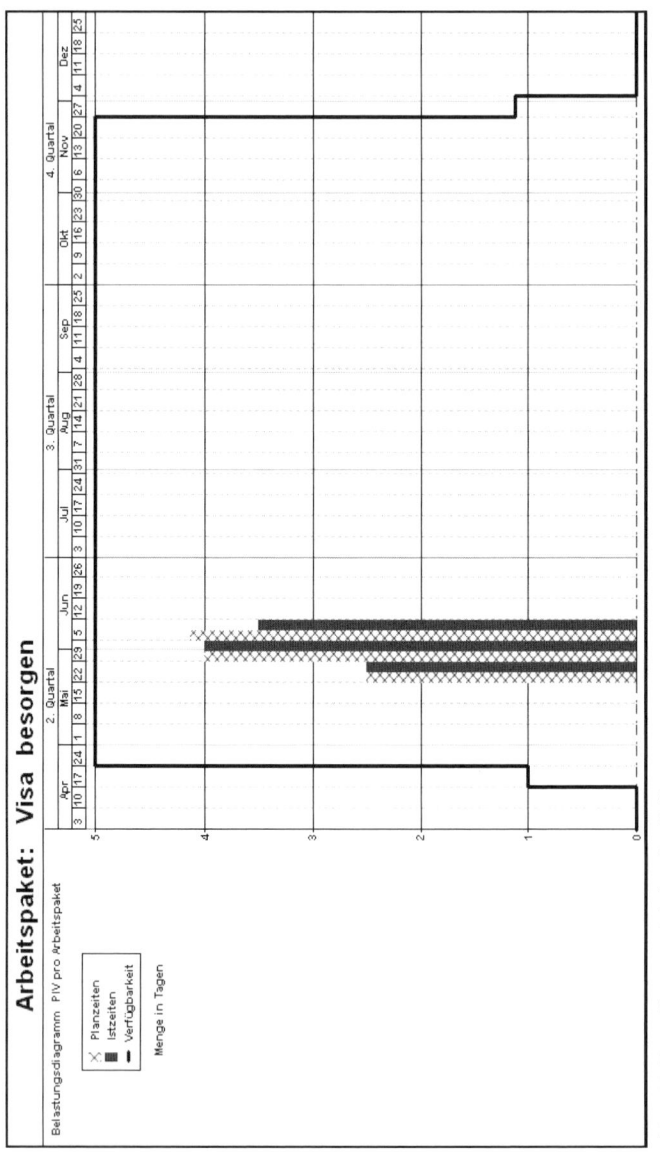

Abb. 4.30: Darstellung pro Arbeitspaket (AP)

PIV bei den Terminen

Eine grafische Darstellung ist wohl die vernünftigste Darstellungsmethode. Eine tabellarische Aufstellung ist zu umständlich und lässt v. a. die Wechselbeziehungen zwischen den einzelnen Arbeitspaketen nicht erkennen. Die übliche Form für die Darstellung von Abweichungen bei Terminen ist der in Abbildung 4.19 schon vorgestellte Balkenplan.

Manchmal wird versucht, den Netzplan (vgl. Abbildung 4.17) für diese Darstellung zu verwenden. Davon wäre abzuraten, denn Terminverschiebungen können so nicht adäquat dargestellt werden. Zumal seine Übersichtlichkeit bei größeren Projekten sehr zu wünschen übrig lässt.

Zur Diskussion diene hier die Darstellung in Abbildung 4.19. Die dicken Balken stellen die Istdaten dar. Darunter sind dünne Striche – sie kennzeichnen die Plandaten. So ist auf einen Blick ersichtlich, dass sich das Projektende von der vierten auf die fünfte Januarwoche verschoben hat. Wenn das der Projektleiter nicht tolerieren kann, dann kann er anhand des Balkenplans überlegen, wie er das wieder richtet.

Bereits im Kapitel 4.2.7 stand etwas zu den Hintergründen der Verschiebung. Die Krankheit des Mitarbeiters, der für das Arbeitspaket 1.2.2 »Anforderungsprofil erstellen« verantwortlich zeichnet, ist die Ursache für die Verschiebung der nachfolgenden Arbeitspakete (bis 2.1.3 »Aus-/Weiterbildung«). Weil der obere und untere Ast im AP 2.3.2 »Aufbau neue Fertigungsanlage« zusammenlaufen, kommt der obere Ast unverhofft zu Pufferzeiten. Da oben was zu ändern, bringt demnach nichts.

Kann das AP 1.2.1 »Ausbildungskonzept« nicht schon parallel zur externen Mitarbeitersuche (AP 2.1.2) erstellt werden? Dann wäre es möglich, die dafür vorgesehenen fünf Tage im Zeitablauf »einzusparen«. Auf die Art könnte das Projektende wieder auf den ursprünglich vorgesehenen Endpunkt zurückgeholt werden.

In diesem kleinen Beispielprojekt ist eine mögliche Lösung wahrscheinlich einfach auszumachen. Bei größeren Projekten reicht eine Bildschirmseite zur Darstellung des Balkenplans oft nicht aus. Dann wird es schwieriger. Aber der Projektleiter kann am Bildschirm etwas »spielen«. Das soll heißen, er verschiebt im Balkenplan einige Arbeitspakete nach vorne oder hinten und schaut, wie sich das auf das Projektende oder auf einen Meilenstein auswirkt. Bitte nicht vergessen, das in enger Absprache mit den jeweils zuständigen Arbeitspaketverantwortlichen zu machen!

4.4.2 Die Meilenstein-Trendanalyse (MTA)

Auch die MTA gehört zu den Instrumenten, mit denen ein Plan-Ist-Vergleich (PIV) dargestellt werden kann. Und das, obwohl keine Planwerte mit aktuellen Istwerten verglichen werden. Das Instrument beschränkt sich auf die Darstellung der wesentlichen Ereignisse in einem Projekt – der Meilensteine. Die MTA zählt ihrer Art nach zu den Instrumenten, mit denen eine Terminsteuerung des Projekts erfolgen kann (Gerold Patzak/Günter Rattay: Projektmanagement, 3. Auflage, Linde Verlag Wien, 1998, S. 330f.).

Sie ist ein in der Praxis relativ gern verwendetes Instrument zur Darstellung der laufenden Projektentwicklung. Wahrscheinlich liegt das daran, dass sie verhältnismäßig einfach ist, schnell gemacht werden kann und dazu auch noch recht aussagekräftig ist. Denn hinter der MTA verbirgt sich ein recht einfaches grafisches Controllertool, das auf sehr anschauliche Art und Weise Auskunft gibt über den bisherigen Projektverlauf.

Der Aufbau des MTA-Charts ist vergleichsweise einfach. Zunächst fällt ins Auge, dass der Aufbau symmetrisch ist.

Beide Achsen haben gleich viele Elemente, sodass (zwangsläufig) eine 45-Grad-Linie als Verbindungslinie zwischen den beiden Achsenenden entsteht. Sie verläuft infolge der Darstellung von links unten nach rechts oben. Ferner haben beide Achsen die gleichen Einheiten. Beide Achsen beschreiben Kalenderdaten.

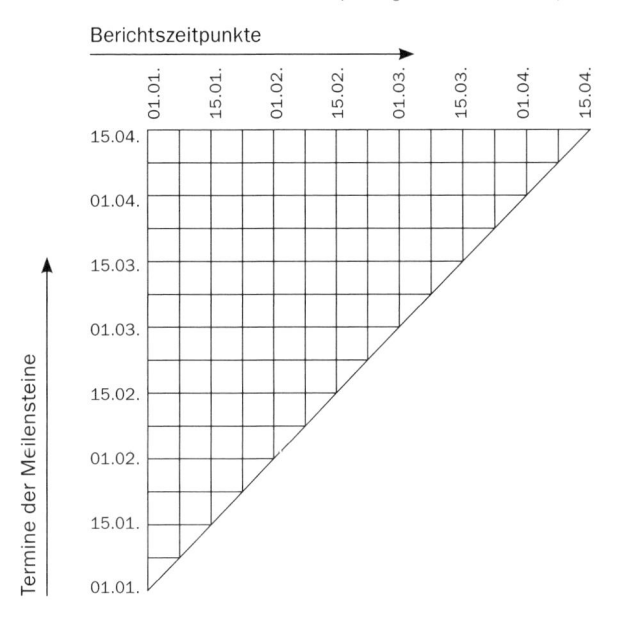

Abb. 4.31: Leeres Formular für eine Meilenstein-Trendanalyse (MTA)

An der senkrechten y-Achse werden von unten (!) beginnend die zum Projektstart vereinbarten Meilensteintermine eingetragen. Sinnvollerweise sollte sich der Starttermin der Achse möglichst am jeweiligen Projektstart orientieren.

Diese für die y-Achse geltende Skaleneinteilung wird exakt gleich (wichtig!) auf die oben liegende waagrechte x-Achse übertragen. Auf ihr werden nachher die im Projektplan vereinbarten Berichtstermine eingetragen. Dabei kann es sich entweder um die Berichtstermine gegenüber dem Projektleiter, dem Auftraggeber oder dem Steuerungsausschuss handeln.

Als Vorab-Kontrolle kann dienen, dass das MTA-Chart wohl dann richtig gezeichnet worden ist, wenn sich die Linien der jeweils gleichen Termine an der 45-Grad-Linie treffen.

Kapitel 4

Wie sieht jetzt die Anwendung dieses Controlling-Instrumentes aus? Am besten sieht man das an einem Schritt für Schritt durchdiskutierten Beispiel. (Abbildung 4.32)

Bei Projektstart werden, wie oben beschrieben, alle geplanten Meilensteine entlang der senkrechten Achse des MTA-Charts eingetragen. Also in unserem Beispielfall zu folgenden Terminen:

- 1. Februar Meilenstein 1
- 20. Februar Meilenstein 2
- 15. März Meilenstein 3
- 15. April Meilenstein 4 und Projektende

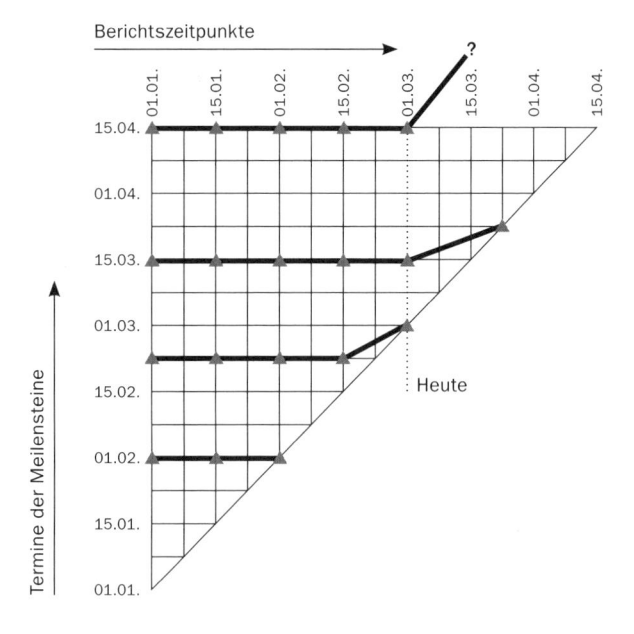

Abb. 4.32: MTA-Chart mit eingezeichneten und verschobenen Meilensteinterminen

Projektorganisation und Projektcontrolling

Das ist die Ausgangssituation. Die weitere Entwicklung des Charts richtet sich nun an den vorher vereinbarten Berichtsterminen aus:

- Der erste Berichtstermin sei am 15. Januar. In dem Chart sind bislang nur die Meilensteintermine auf der Y-Achse ab dem 01.01. eingetragen – sonst noch nichts. Dieses so fast leere MTA-Chart wird den jeweiligen (Meilenstein-)Verantwortlichen vorgelegt. Sie sollen nun ihre Einschätzungen abgeben, ob die geplanten Meilensteintermine aus der Sicht von »Heute« (= 15. Januar) auch eingehalten werden können. In diesem Beispielfall sieht niemand Probleme und es sind sich alle sicher, die vereinbarten Termine halten zu können. Die Meilenstein-▲ werden nach rechts auf den Termin 1. Februar verschoben.
- Der zweite Berichtstermin ist dann am 1. Februar Meilenstein 1 sollte jetzt abgeschlossen/erreicht sein. Das erkennt man an der 45-Grad-Linie, da sich Meilensteintermin und Berichtstermin auf ihr treffen. Es ist auch gelungen; der Meilenstein wurde erfolgreich genommen. Die anderen Meilensteinverantwortlichen sehen sich hiermit bestätigt und rechnen auch weiterhin nicht mit Problemen. Die Meilenstein-▲ werden nach rechts auf den Termin 15. Februar verschoben. Nur der ▲ des Meilensteines 1 wird nicht weiter gezeichnet. Er endet jetzt einfach auf der 45-Grad-Linie.
- Der dritte Berichtstermin ist auf den 15. Februar festgelegt. Meilenstein 1 ist erledigt. Meilenstein 2 sollte in Kürze erreicht sein. Aber im Gespräch kündigt der für diesen Meilenstein verantwortliche Mitarbeiter an, dass der anvisierte Termin nicht gehalten werden kann. Er rechne mit einer Verschiebung und glaube, am 1. März die Kriterien für die erfolgreiche Abnahme zu erreichen. Das Meilenstein-▲ für den Meilenstein 2 wird jetzt nach rechts oben auf den Termin 1. März verschoben. Die anderen Meilensteinverantwortlichen sehen dadurch noch keine Gefahr für ihre Termine, sodass deren Meilenstein-▲ wieder einfach nach rechts auf den Termin 1. März verschoben werden.

Kapitel 4

- Der vierte Berichtstermin ist am 1. März (in der Abbildung = Heute). Meilenstein 2 ist, wie bei der letzten Sitzung angekündigt, inzwischen erreicht worden. Das Meilenstein-▲ für Meilenstein 2 endet deshalb wieder auf der 45-Grad-Linie. Dafür sind beim Verantwortlichen für den Meilenstein 3 inzwischen Probleme aufgetreten. Er rechnet nun damit, dass er seinen Meilenstein erst zum 25. März erreichen kann. Dies beeinflusst auch das Projektende, das sich auch nach oben und damit aus dem Raster hinaus verschiebt.

Nach einigen Berichtszeitpunkten zeigt das MTA-Chart klar sichtbare Trends für den Projektverlauf auf. Die Trends lassen sich anhand der entstandenen Kurven ablesen. Folgende Kurvenrichtungen entstehen und bedeuten dabei:

Kurvenrichtung	Bedeutung für das Projekt
 ↗	Terminverzug
 →	Termineinhaltung
 ↘	früher fertig

Abb. 4.33: Bedeutung der Kurvenrichtungen im MTA-Chart

Damit ist auch ersichtlich, dass das MTA-Chart keine verbindlichen Zukunftsaussagen über das wahrscheinliche Projektende gibt, sondern nur kurze Intervalle, z.B. ein bis zwei Besprechungstermine weit. Da, wie weiter vorne beschrieben wurde, die Tendenzen in direkten Gesprächen mit den Meilensteinverantwortlichen eingetragen werden, liegen den Forecasts die jeweiligen individuellen Sichtweisen dieser Personen zugrunde. Dennoch kann das Gremium, dem mithilfe des MTA-Charts berichtet wird sehen, wo es helfend eingreifen sollte. Und damit ist der Zweck dieses Instrumentes bereits erfüllt.

Aus dieser Dokumentation lässt sich in Gesprächen mit den (Meilenstein-)Verantwortlichen die weitere Entwicklung des Projekts besprechen. Dazu sollte in der Regel ein Balkenplan mit herangezogen werden, weil in diesem neben den Meilensteinen auch die einzelnen Arbeitspakete und deren Entwicklungen sichtbar sind.

4.4.3 Der Ergebnisplan als Diagramm

Dieses Instrument ist auf den ersten Blick eine kumulierte Darstellung, wie sie schon aus den traditionellen Plan-Ist-Vergleichen (PIV) bekannt ist. Dieses Tool erinnert auch ganz stark an die klassische Break-even-Analyse. Auf den zweiten Blick eröffnet sich jedoch eine erweiterte Darstellung. Wichtigste Auffälligkeit ist, dass die Darstellung nicht mit dem zeitlichen Projektende aufhört, sondern darüber hinaus weitergeführt wird.

Es wird also über das eigentliche Projektende hinaus gedacht. Da dazu Erlöse und/oder Kosten benötigt werden, eignet sich dieses Instrument nur für Projekte, die entweder eine Produkt(neu)entwicklung oder ein Kostensenkungsprogramm zum Ziel haben.

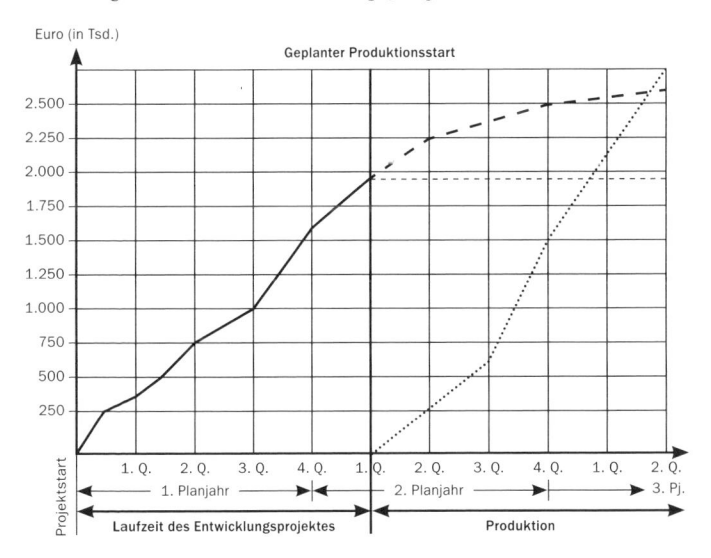

Abb. 4.34: Diagramm des Ergebnisplans

Kapitel 4

Dabei ist gleich von einer »Umsetzung« auszugehen. Das bedeutet, dass das (neue) Produkt auch tatsächlich produziert und vertrieben werden soll oder dass die Kosteneinsparung auch tatsächlich realisiert wird (Dieter Eschlbeck: Firma Move Your Mind, München). Erfunden worden ist dieses Instrument wahrscheinlich von der Firma Hewlett-Packard. Genauere Informationen hinsichtlich des Ursprungs liegen nicht vor.

Die Senkrechte beschreibt die Währungseinheiten in Euro. Auf der Waagrechten sind die Termine abgetragen. In der Abbildung umfasst das 2,5 Planjahre, jeweils unterteilt in einzelne Quartale. Das eigentliche Projekt soll planmäßig über fünf Quartale laufen, also bis zum 31. März des zweiten Planjahres. Dieser Punkt ist im Diagramm mit einer dickeren Senkrechten dargestellt und mit »Geplanter Produktionsstart« überschrieben. Bis hierhin bietet die Darstellung nichts Neues.

Das Neue beginnt rechts von der dicken Senkrechten. Dieser Diagrammseite liegen, was auf den ersten Blick gar nicht so erkennbar ist, intensive Vorüberlegungen zugrunde. Da steckt Controllerarbeit par excellence dahinter! Schon das Stichwort »Geplanter Produktionsstart« ist ein Indiz dafür. Müssen da nicht schon im Vorfeld exakte Überlegungen stattgefunden haben? Wenn wir uns in der folgenden Diskussion einmal auf eine Produktneuentwicklung konzentrieren, dann könnten diese Vorüberlegungen so oder so ähnlich lauten:

Wann ist der Produktlebenszyklus eines möglichen Vorgängerproduktes wahrscheinlich zu Ende und wann müssen wir deshalb mit dem neuen Produkt auf dem Markt sein? Was macht der Wettbewerb? Wie viel Vorsprung haben wir als Unternehmen vor den Wettbewerbern? Oder: Wie dicht ist uns der Wettbewerb auf den Fersen? Das ist wichtig; sowohl bei der Nachfolgeplanung als auch bei der Neuentwicklung eines Produktes.

Das bedeutet, dass da schon frühzeitig die Bereiche Produktentwicklung bzw. Design, Marketing/Vertrieb, Produktionsplanung,

Projektorganisation und Projektcontrolling

Einkauf sowie das Projektteam und der Controller die Köpfe zusammenstecken müssen. Es sollten dabei folgende Fragen geklärt werden:

- Braucht es (zusätzliche) Investitionen?
- Wie hoch werden die Produktionskosten wahrscheinlich sein? Besser fragt es sich aus einer Target-Costing-Sicht: Wie hoch dürfen sie liegen?
- Welche Mengen können wahrscheinlich zu welchem Preis und zu welchem Zeitpunkt (Wettbewerb) abgesetzt werden?
- Wie früh (oder: wann nach uns …) kommt der Wettbewerb mit einem vergleichbaren Produkt auf den Markt? Und reicht uns die dann zur Verfügung stehende Zeit aus, um die Investitionen (und damit auch die Projektkosten) wieder hereinzubekommen?
- Aus der Vorgängerfrage andersherum gefragt: Wann muss (!) das neue Produkt spätestens auf den Markt kommen, damit uns noch genügend Zeit bleibt?
- Wo liegt der Break-even? Welche Absatzmengen braucht es dann?
- Ist das Produkt vielleicht »over-engineered«? Braucht der Kunde wirklich alle angedachten Funktionalitäten des Produktes? Was kann eventuell wegfallen, was kann anders gelöst werden (einfacher, billiger)?

Ein paar Fragen weniger stellen sich, wenn der Fall der Kostenreduktion diskutiert wird. Vielleicht kommt der Kostendruck ja von außen, dann ist es wichtig, aus der Target-Costing-Sicht zu diskutieren. Der Druck kann aber auch von innen kommen. So z. B. aus Ergebnissen, die die Firma aus einem Benchmarking gewonnen hat. Aber es muss ja nicht immer ein Reagieren sein, es kann ja auch ein Agieren sein, um z. B. einen Kostenvorteil weiter auszubauen oder potenzielle Wettbewerber vom Markteinstieg abzuhalten. Dieses Instrument hat aber noch einen ganz besonderen zusätzlichen Reiz.

Mit ihm lässt sich die folgende Frage beantworten:
- Was passiert, wenn wir das, was wir da geplant haben, nicht einhalten können?

Also, was passiert beispielsweise, wenn das Projektende sich um ein Quartal weiter nach rechts (hinten) verschiebt? Die Frage sollte erlaubt sein, denn verhältnismäßig viele werden nicht zum vereinbarten Termin fertig! Können wir dann immer noch den geplanten Preis auf dem Markt verlangen? Sind immer noch die geplanten Absatzmengen zu erzielen? Und letztendlich: Wo wird dann der Break-even-Punkt liegen?

Wahrscheinlich wird das Ergebnis dieser Frage nicht immer zur Zufriedenheit des Fragestellers ausfallen. Dann tauchen Fragen auf wie:

- Muss das Projektteam organisatorisch anders aufgehängt werden?
- Müssen andere Leute ins Team? Müssen diese andere Qualifikationen haben, stimmt die Anzahl der Teammitglieder oder müssen es mehr/weniger sein, braucht es erfahrenere oder jüngere Teammitglieder usw.?
- Braucht das Projekt einen anderen Rückhalt im Unternehmen? Mehr Kompetenzen für das Projektteam?
- Soll das Projekt weitergeführt werden? Oder soll es abgebrochen werden und mit neuen Spezifikationen neu gestartet werden? (Das ist z.B. dann vorstellbar, wenn es inzwischen neuere technische Verfahren gibt, die im Produkt selber oder bei dessen Herstellung verwendet werden können.)

Das Unternehmen tut also gut daran, regelmäßig die zugrunde liegenden Planannahmen zu überdenken und zu aktualisieren. Vielleicht zeigt sich bei diesem Instrument am deutlichsten die Integration der verschiedenen Planungsphasen und -methoden in einem Unternehmen. Dazu braucht es eine funktionierende Mehrjahresplanung im Unternehmen.

Die Vor- bzw. Nachteile dieses Instrumentes sehen wie folgt aus. Zuerst zu den Vorteilen:

- Fordert und fördert zugleich das langfristige als auch das interdisziplinäre Denken im Unternehmen. Dadurch zwingt es förmlich zur Auseinandersetzung mit den verschiedenen Einschätzungen und Meinungen im Unternehmen.
- Frühzeitiger Einbezug beteiligter oder betroffener Unternehmensbereiche.
- Fördert das Denken vom Markt her. Trägt eventuell dadurch mit dazu bei, ein »Over-Engineering« bei Produkten frühzeitig zu erkennen und dann einzuschränken.
- Das »Kaufmännische« wird mit einbezogen. Auswirkungen auf das Ergebnis werden erfassbar und somit diskutierbar.
- Relativ einfache, pragmatische und übersichtliche Darstellung. Deshalb ist das Instrument auch gut geeignet für Präsentationen, z. B. vor Entscheidungsgremien wie dem Steering Committee.

Zu den Nachteilen an diesem Instrument können folgende Sachverhalte gehören:

- Die Anwendung ist in der dargestellten Form beschränkt auf umsatzbringende Produkte oder messbar veränderte Ergebnisse, wie z. B. Kosteneinsparungseffekte.
- Setzt eine Mehrjahresplanung oder zumindest das Denken über Jahresgrenzen hinaus voraus.
- Kann die »klassischen« Projektcontrolling-Tools nicht ersetzen, aber sinnvoll ergänzen.
- Verlangt gegenseitiges Vertrauen und eine gute Zusammenarbeit unter den am Projekt beteiligten Bereichen.

4.4.4 Die Earned-Value-Analyse (EVA)

Im Gegensatz zur ersten Auflage dieses Buches ist die Earned-Value-Analyse mittlerweile rechtweitverbreitet. Immer mehr Unternehmen sind also auf den EVA-Zug aufgesprungen. An der Methode selbst hat sich nichts geändert. Gleichwohl hört man heute öfter vom EVM – dem Earned-Value-Management.

Dieses EVM beschreibt einen kompletten Methodenansatz, der zur erfolgreichen Steuerung von Projekten eingesetzt werden soll. Das Kernstück dieses Ansatzes ist dann das Auswertungstool EVA.[9]

Die amerikanische Dachorganisation PMI[10], die auch Richtlinien und Standards zur Durchführung von Projekten veröffentlicht (vor allem das PMBOK = Projekt Management Body of Knowledge), hat ein separates Büchlein[11] zum EVM-Ansatz verlegt. Grob gesagt wird dort genau das beschrieben, was auch hier im Buch als Grundlage für ein erfolgreiches Projektmanagement angeführt wird – eine gewissenhafte Planung von Zeiten und Kosten, damit nachher auch aussagekräftige Auswertungen erstellt werden können.

Nach wie vor gilt wohl, dass diese Methode die anspruchsvollste der hier im Buch diskutierten Methoden ist. Den Lesern, die ausgebildete Controller sind, dürfte die Methode dem Prinzip nach bekannt sein.

Beim zweiten Hinsehen erinnert das Prinzip einen Controller, vollkommen zu Recht, an das System der flexiblen Grenzplankostenrechnung nach Plaut und Kilger. Dort gibt es den Begriff der Sollkosten, gemeint als die Plankosten, umgerechnet auf die jetzt tatsächlich realisierte Istbeschäftigung. Auch bei der EVA werden die Planwerte den Istwerten in ähnlicher Art und Weise gegenübergestellt.. Nur mit folgenden Unterschieden:

---

9 Der deutsche Ableger des PMI (s. u.) bezeichnet die EVA-Methode als »Fertigstellungswertmethode (= EVT)«; Quelle: Deutschsprachige Ausgabe des PMBOK, 3. Auflage 2004, S.172f.
10 PMI = Project Management Institute, Newtown Square, PA; www.pmi.org
11 Practice Standard for Earned Value Management, März 2005, 48 Seiten

- Im Gegensatz zur Grenzplankostenrechnung (GRP) haben wir es bei EVA mit zwei Dimensionen zu tun. Während es bei der GRP nur um die Dimension »Kosten« geht, geht es bei der EVA gleichzeitig um die Dimensionen »Kosten« und »Zeit«.
- Bei der Berechnung der Sollkosten in der GRP verwendet man den Auslastungsgrad der zugrunde liegenden Kapazitätseinheit. Bei der Berechnung der EVA-Werte zu einem bestimmten Zeitpunkt während der Projektlaufzeit wird der Fertigstellungsgrad herangezogen (zu den Fertigstellungsgraden siehe bitte nochmals Kapitel 4.3.2 und 4.3.3).

Ähnlich sind sich beide Methoden dann wieder in der Art ihrer Darstellungsmöglichkeit. In beiden Fällen verwendet man am besten die grafische Variante (dargestellt in Abbildung 4.35).

Die in der Grafik in Abbildung 4.35 abgebildete Summenkurve ist der Ausgangspunkt für unsere EVA-Diskussion. Diese Kurve entsteht, indem die Plankosten der einzelnen APs über die Zeit addiert (kumuliert) werden. Die in ihr repräsentierten Werte heißen im Englischen BCWS (= Budgeted Costs of Work Scheduled). Laut der deutschen Ausgabe des PMBOK wird die Größe nun »PV« (= Planned Value) genannt (Quelle: PMBOK, S. 173 und S. 349). Frei übersetzt sind das die »Budgetierten Kosten der geplanten Arbeit« oder die kumulierten Planwerte. Da die Darstellung über eine Zeitachse (die x-Achse) erfolgt, ist rechts hinten das zeitliche Projektende des betrachteten Projekts. Der dazu korrespondierende Endpunkt der Summenkurve entspricht somit dem genehmigten Projektbudget zum Projektstart (laut deutschsprachigem PMBOK: BAC (= Budget at Completion); Quelle: PMBOK, S. 174 und S. 348; Jack R. Meredith/Samuel J. Mantel jr.: Project Management – A Managerial Approach, S. 452; James P. Lewis: Project Planning, Scheduling & Control, S. 215ff.).

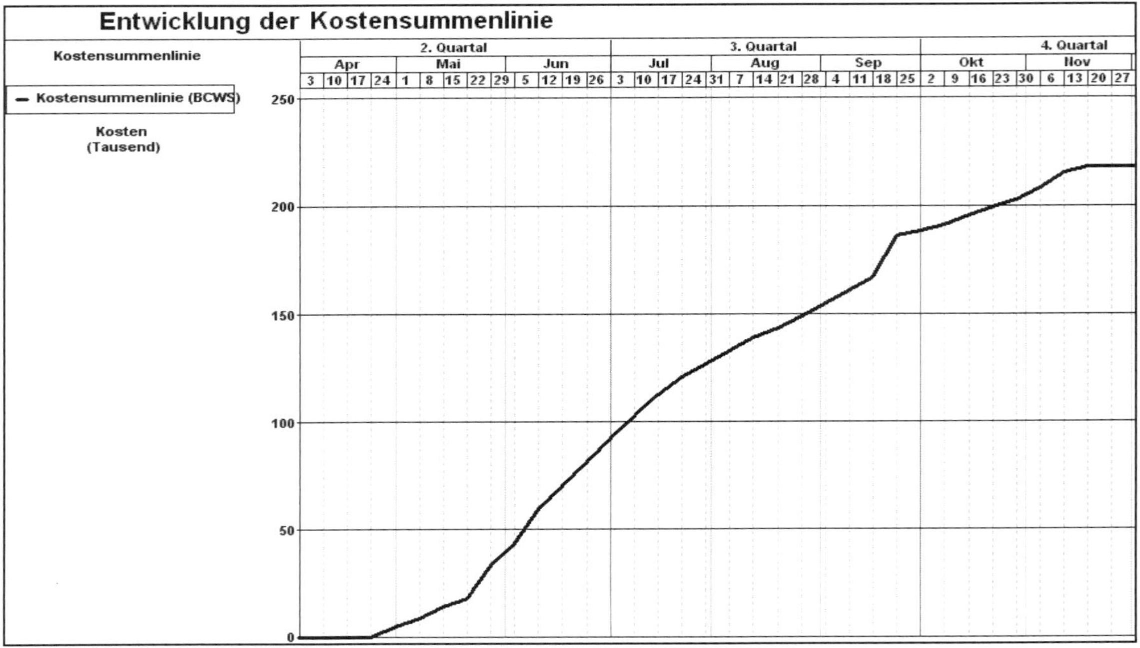

Kapitel 4

Abb. 4.35: Die Summenkurve im EVA-Chart

Machen wir einen Zeitsprung. Unser Projekt hat pünktlich begonnen und wir sind jetzt mittendrin in der Projektabwicklung. Somit können wir in das Bild von Abbildung 4.35 entlang dem bisherigen Projektfortschritt die Istkostenlinie einzeichnen. In der englischen Bezeichnung heißt diese Linie ACWP (= Actual Costs of Work Performed), laut deutschsprachigem PMBOK: AC (= Actual Cost) (Quelle: PMBOK, S. 173 und 348). Wieder frei übersetzt heißt das dann so viel wie »Istkosten der geleisteten Arbeit«. Dann besteht das Diagramm aus zwei Linien und sieht so aus:

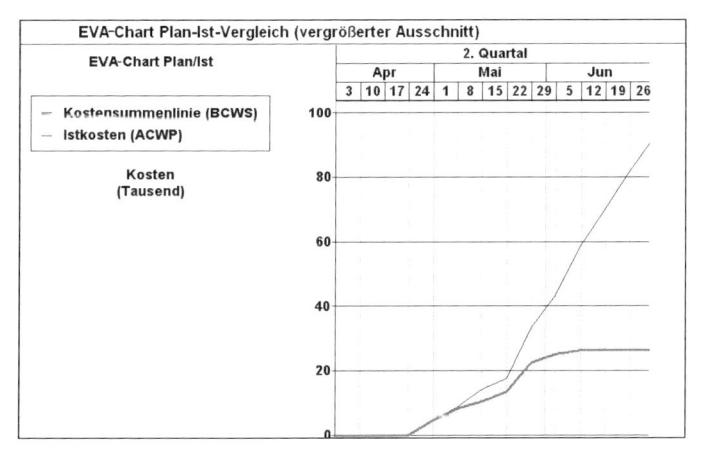

Abb. 4.36: EVA-Chart mit den Kurven der Planwerte und Istwerte

Oben stand geschrieben, dass unser Projekt pünktlich begonnen hat. Somit entspringt die Istkostenlinie (ACWP bzw. AC) am gleichen Punkt wie die Kostensummenlinie (in Abbildung 4.36 ist das zum 24. April). Wäre der Projektstart später erfolgt, dann würde der Kurvenursprung der Istkostenlinie nach rechts wandern. Bei einem vorgezogenen Projektstart demzufolge nach links. Die Summenkurve, die die Planwerte repräsentiert, bleibt mit ihrem Startpunkt immer beim geplanten Startdatum des Projekts. Durch eine mögliche Verschiebung zwischen den beiden Kurven haben Sie schon die erste optische Information, z. B. für das Steering Committee oder den Projektleiter, geschaffen!

Die Istkostenlinie (ACWP bzw. AC) endet in der obigen Abbildung mit dem Datum 12. Juni (die Linie geht in eine waagrecht verlaufende Gerade über). Das ist das Datum, bis zu dem wir zurückgemeldete Istwerte vorliegen haben. Interessant ist, dass die Istkosten unter den Plankosten geblieben sind. Bedeutet das nicht, dass wir, im Vergleich zum Plan, deutlich billiger sind? Dass vielleicht die Planung zu pessimistisch war? Oder ist es gar so, dass wir einfach nicht so weit sind, wie wir laut Plan hätten sein sollen?

So können wir das nicht beantworten. Wir müssen jetzt noch eine dritte Linie dazuzeichnen – nämlich die der Earned Values. Das entspricht dann dem »geschaffenen Arbeitswert« (laut deutschsprachigem PMBOK: EV (= Earned Value) oder Fertigstellungswert; Quelle: PMBOK, S. 173 und S. 348). Die ältere Bezeichnung lautete BCWP (= Budgeted Cost of Work Performed). Wiederum etwas freier übersetzt bedeutet das in etwa »budgetierte Kosten der im Ist geleisteten Arbeit«.

Betrachten wir nochmals den Vergleich mit der Grenzplankostenrechnung von vorher. Formal sind die Sollkosten die umgerechneten Plankosten auf die Istbeschäftigung. Weniger formal in Worte gefasst heißt das also, dass wir jetzt im Nachhinein so tun, als hätten wir die Plankosten nie zur Basis einer ursprünglich vorgesehenen Beschäftigung geplant, sondern gleich zur Basis der jetzt im Ist tatsächlich angefallenen Beschäftigung. Dadurch haben wir eine gleiche Ausgangsbasis geschaffen, die es uns erlaubt, die »Planwerte«, die jetzt Sollwerte heißen, mit den angefallenen Istwerten zu vergleichen. Ansonsten würden wir den berühmten Vergleich zwischen Äpfeln und Birnen anstellen. Die identische Ausgangsbasis[12] für den Sollwert und den Istwert ist also die gleiche, identische Beschäftigung.

---

12 Im Seminar mache ich gerne noch einen anderen Analogieschluss. Ich lasse die Teilnehmer zwei Brüche addieren, z. B. 1/2 + 3/4. Nach den Gesetzen der Mathematik kommt 5/4 raus. Warum 5/4? Wir brauchen den kleinsten gemeinsamen Nenner. Eine gemeinsame Basis, die hier im Nenner eine 4 bedeutet. Der kleinste gemeinsame Nenner ist die Ausgangsbasis.

Nehmen Sie diese Logik und übersetzen Sie sie in das Umfeld der Projekte. In unserem Beispiel sollten laut Plan am 12. Juni ganz bestimmte Arbeitspakete bereits abgeschlossen sein und andere begonnen haben. Dazu haben wir planerisch eine bestimmte »Beschäftigung« unterstellt, nämlich ein bestimmtes Arbeitspensum bei acht Stunden Arbeit täglich und der Verfügbarkeit einer bestimmten Anzahl von Mitarbeitern. Ferner haben wir einen bestimmten Arbeitsfortschritt, ausgedrückt über die Dauer, unterstellt. Eingegangen ist das alles in das Projektbudget, dargestellt durch PV- bzw. BCWS-Werte.

Im Ist kommt vieles anders, als wir uns das bei der Planung noch dachten. Wir haben vielleicht Termine nicht eingehalten, haben eventuell die geplanten Leute nicht zum vorgesehenen Termin bekommen, haben unter Umständen viel länger für einzelne Arbeitspakete gebraucht usw.. Das findet sich wieder in den AC- bzw. ACWP-Werten. Können wir nun PV-Werte und AC-Werte miteinander vergleichen? Sie ahnen es bestimmt: Nein! Erst muss wieder eine gemeinsame Ausgangsbasis geschaffen werden. Und das ist die Größe EV oder BCWP, der Earned Value. Diese erst noch zu errechnende Größe können wir dann mit den Istwerten (AC) vergleichen.

In der etwas freieren Übersetzung weiter oben ist der Earned Value mit »Budgetierte Kosten der im Ist geleisteten Arbeit« übersetzt worden. Genau wie mit den Sollwerten der Grenzplankostenrechnung: Wir rechnen im Nachhinein aus, wo wir jetzt eigentlich planmäßig sein müssten oder stehen dürften, wenn wir den im Ist angefallenen Kostenverbrauch auf den Arbeitsfortschritt oder die Termine beziehen.

Dieses Verhältnis zwischen anfallenden Kosten und der dafür geleisteten/erreichten Arbeit heißt Earned Value (Fertigstellungswert).

Die Methode EVA ist übrigens immer eine Zeitpunktbetrachtung, sodass der Fertigstellungswert immer auf einen bestimmten Zeitpunkt im Projektverlauf bezogen ist (hier im Beispiel ist das der 12. Juni).

Kapitel 4

Der Earned Value (EV) wird nach folgender Formel berechnet (James P. Lewis: Project Planning, Scheduling & Control, Revised Edition, S. 220):

> Earned Value (EV) = Fertigstellungsgrad * PV

Dazu braucht es dann eine Berechnung des Fertigstellungsgrades, der laut Formel in die Berechnung des Earned Value einfließt. Die Fertigstellungsgrade betreffend siehe Kapitel 4.3.3.

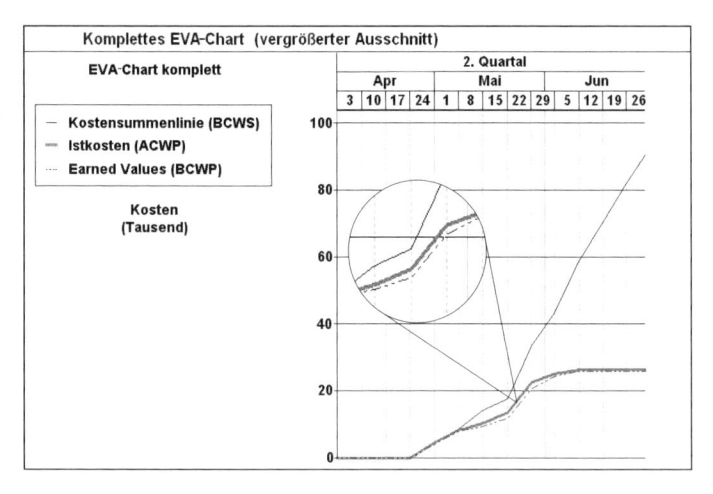

Abb. 4.37: Vollständiges EVA-Chart

Abbildung 4.37 zeigt somit drei Linien. Wenn man genau hinschaut, dann sieht man, dass die Earned-Value-Kurve ab dem 12. Juni haarscharf unter der Linie der Istwerte entlangläuft. Unmittelbar nach dem Projektstart ist sie identisch mit der Linie der Istwerte, entfernt sich über die Zeit gesehen dann etwas davon, bevor sie sich ab dem 5. Juni der AC-Linie wieder annähert. Dieser Verlauf ist jetzt nicht so wichtig. Viel wichtiger ist die Lage der Earned-Value-Kurve zum 12. Juni, also dem Datum unserer

Auswertung. Und da liegt sie rechts von der PV-Kurve (Kostensummenlinie der Planwerte) und trifft beinahe die AC-Kurve (Istwerte). Laut Abbildung 4.40, Seite 174, entspricht das dem vorletzten Fall in der Tabelle. Dafür heißt es in der Aussage-Spalte: Das Projekt ist (zu) langsam, aber (einigermaßen) im Budget geblieben.

Erinnern Sie sich noch an die Mutmaßungen, die im Anschluss an die Diskussion der Abbildung 4.36 formuliert wurden? Wir sind also nicht viel billiger dran und die Planung war auch nicht zu pessimistisch. Die Abweichung ist vor allem darauf zurückzuführen, dass wir zu langsam vorwärtskommen!

Diese qualitative Aussage alleine reicht in der Regel nicht aus, um Projektleiter, Auftraggeber oder Mitglieder des Steuerungsausschusses zufriedenzustellen. Da sind eher quantitative Größen gefragt.

Wie in der Hinführung zum Thema schon geschrieben, können mit der EVA zwei verschiedene Abweichungen ermittelt werden. Dies sind:

- die Kostenabweichung und
- die Terminabweichung.

Beide Abweichungstypen werden in Geldeinheiten ausgedrückt. Sie werden nach folgenden Formeln berechnet (James P. Lewis: Project Planning, Scheduling & Control, S. 221; Jack R. Meredith /Samuel J. Mantel jr.: Project Management – A Managerial Approach, S. 452f.):

Kostenabweichung = EV (Earned Value) − AC (Istkosten)[13]

Terminabweichung = EV (Earned Value) − PV (Plankosten)[14]

---

13 lt. dem PMDOK mit CV (= Cost Variance) abgekürzt (S. 173 und 348)
14 lt. dem PMDOK mit SV (= Schedule Variance) abgekürzt (S. 173 und 349)

Kommen bei der Berechnung negative Werte heraus, ist das als »ungünstig« zu bewerten. Bei den Kosten bedeutet »ungünstig« dann teurer, bei den Terminen steht »ungünstig« für eine Verzögerung. Positive Ergebniswerte sind dementsprechend als »günstig« zu interpretieren, was mit den Attributen schneller und billiger einhergeht.

Die hier eingesetzte Software berechnet das gleich selbst für den von uns gewählten Termin 12. Juni. Siehe dazu Abbildung 4.38.

In dem Formular sind in den letzten beiden Zeilen auch noch zwei berechnete Indizes ausgewiesen. Der erste Index heißt Cost Performance Index (CPI, Kostenentwicklungsindex). Der zweite ist der Schedule Performance Index (SPI, Terminentwicklungsindex). Beide sollen als Kennziffer einem Projektverantwortlichen anzeigen, wie es um das Projekt gegenwärtig steht. Die zugehörigen Formeln lauten (James P. Lewis: Project Planning, Scheduling & Control, S. 228ff.; Jack R. Meredith/Samuel J. Mantel jr.: Project Management – A Managerial Approach, S. 452f.; PMBOK: S. 173 und 174):

> CPI = EV (Earned Value) / AC (Istkosten)
>
> SPI = EV (Earned Value) / PV (Plankosten)

Das ist einfach zu merken. Es sind die gleichen Größen wie bei beiden Abweichungsformeln weiter oben, nur dass das Minuszeichen durch das Divisionszeichen ersetzt wird.

Im Formular auf Seite 171 sind beide Werte kleiner (1). Das ist wieder die Interpretation für »ungünstig«. Wäre unser Projekt wirklich im Kostenbudget oder in der Zeit, dann müsste als Ergebnis exakt eins (1) herauskommen. Demzufolge sind Werte größer eins Indikatoren für den Umstand »günstig«.

Abbildung 4.38 zeigt, dass der Index der Kostenentwicklung nur geringfügig kleiner als die Eins (CPI = 0,98) ist. Das sind also 2 Prozent Kostenabweichung (1–0,98). Numerisch liegt eine Abweichung von etwa € –462 vor, bei einem Kostenanfall im Ist von ca. 26.300 Euro. Das wird sehr wahrscheinlich in einer Besprechung zum Projekt von den Auftraggebern oder den Mitgliedern des Lenkungsausschusses akzeptiert werden.

Feldbezeichnung	Wert	Beschreibung
Plankosten insgesamt	218.040,00 €	Dies sind die budgetierten Kosten für dieses Projekt, inklusive der noch nicht erbrachten Arbeitsleistungen.
Aktualisiert am	12.06.XX	Dies ist das Datum, bis zu dem die Arbeit in dem Projekt erledigt wurde. Sein einziger Zweck ist die Bestimmung der Basis-Kennzahlen.
Plankosten BCWS	59.040,00 €	Dies sind die budgetierten Kosten vom Beginn der Projekte bis zu deren Aktualisiert-am-Termin. Sie stellen den Wert der Arbeit dar, der bis zu diesem Termin erledigt sein sollte.
Earned Value BCWP	25.818,15 €	Dies ist der Wert der Arbeit, der bis zu diesem Zeitpunkt erbracht wurde. Man kann das als den Wert der Wertschöpfung für das Projekt bezeichnen.
Terminabweichung	–33.221,85 €	Ihr Earned-Value-BCWP ist kleiner als Ihre Plankosten-BCWS. Sie haben eine negative Terminabweichung von –33.221,85 €. Das bedeutet, dass zum jetzigen Zeitpunkt nicht genügend Arbeit (im Vergleich zur Planung) erbracht wurde. Es besteht die GEFAHR, dass Sie den Projektendetermin überschreiten werden.
Istkosten ACWP	26.280,00 €	Dies ist die Geldmenge, die bisher für das Projekt angelegt wurde.
Kostenabweichung	–461,85 €	Ihr Earned-Value-BCWP ist niedriger als die Istkosten. Daraus entsteht eine negative Kostenabweichung von –461,85 €. Das bedeutet, dass Sie für die erbrachte Arbeit mehr Kosten verursacht haben, als im Budget eingeplant war. Ihr Projekt ist in GEFAHR, dass es den Budgetrahmen nicht einhält.
Index Kostenentwicklung CPI	0,98	Achtung! Ihr Projekt könnte monetär aus dem Ruder laufen. Gegenwärtig ist der CPI < 1,0.
Index Terminentwicklung SPI	0,44	Achtung! Ihr Projekt könnte terminlich aus dem Ruder laufen. Gegenwärtig ist der SPI < 1,0.

Abb. 4.38: Die numerischen Auswertungen des Beispiel-Projekts

Kapitel 4

Viel mehr Diskussion wird es sicherlich um die Terminabweichung geben. Sie liegt deutlich unter eins (SPI = 0,44; entspricht ca. -56 Prozent). Hier wird es um die Frage gehen, was der Projektleiter tun will, um die Terminverzögerung wieder aufzuholen. Es sind Maßnahmen gefragt. Aber Achtung: Maßnahmen kosten Geld! Wie wird sich der CPI verändern, wenn wir den SPI richten wollen?

Die weiter oben als qualitativ gekennzeichneten Aussagen langsam/schnell und teurer/kostengünstiger können auch recht schnell aus dem Diagramm (Abbildung 4.39) abgelesen werden. Als Regeln gelten: Ist die AC-Kurve (Istkosten) oberhalb der Kostensummenlinie, sind wir teurer. Ist sie darunter, sind wir kostengünstiger. Ähnlich ist es mit den Terminen. Ist die EV-Kurve

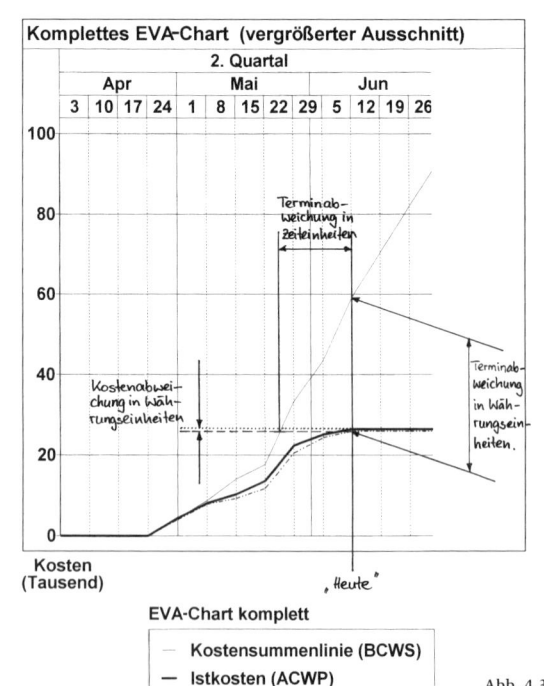

Abb. 4.39: Kosten- und Zeitabweichung im EVA-Chart

(Earned Value) unterhalb der Kostensummenlinie, ist das Projekt langsamer. Liegt sie oberhalb, ist der Arbeitsfortschritt schneller gewesen.

Die Abbildung zeigt, dass der Terminverzug (bzw. -vorsprung) in Zeiteinheiten aus dem Diagramm abgelesen werden kann. Allerdings ist diese Größe nur näherungsweise bestimmbar. Zur Bestimmung dieser Abweichung werden die EV- (Earned Value) und die PV- (Plankosten-)Kurve gemeinsam betrachtet. Der EV-Wert zum heutigen Datum hätte bei Zeitverzug, der ja schon bekannt ist, früher erreicht sein müssen. Um festzustellen, wann das hätte sein sollen, rutschen wir einfach im Diagramm vom EV-Punkt so weit nach links, bis wir die PV-Kurve treffen. An der Skala oben kann dann ungefähr das Datum abgelesen werden. In der Abbildung 4.39 ist der zeitliche Verzug etwa 2,5 Wochen.

Das Earned-Value-Diagramm kann insgesamt sechs verschiedene Ausprägungen annehmen. Eine davon, die vorletzte, haben wir hier im Rahmen des Buches besprochen. Die verbleibenden fünf seien der Vollständigkeit halber schematisch in der folgenden Abbildung 4.40 aufgeführt (im Detail: James P. Lewis: Project Planning, Scheduling & Control, S. 222 – 226).

Der Abschluss dieses Teilkapitels soll wieder eine kleine Vorteil/Nachteil-Diskussion sein. Vorneweg sei angemerkt, dass dort, wo die EVA heute schon angewendet wird, man sich in der Regel nicht mehr davon trennen will. Die Firmen, die das Instrument bislang nicht eingesetzt haben, scheuen oft die Einführung.

Dabei ist sie ohne besondere oder großartige Zusatzleistungen machbar. Die Planwerte sind da, die Istwerte erfassen die Firmen im eigenen Interesse auch, die Resterwartung klären die Firmen in der Regel mit dem Projektleiter und der Rest ist dann Berechnung. Wenn tatsächlich Umstellungen notwendig sind, dann weniger im IT-Bereich oder in der kaufmännischen Abwicklung von Projekten als in der eigentlichen Projektplanung bzw. in der Einstellung von Menschen. Bei der Projektplanung heißt das, dass »ordentlich« geplant werden muss. Dazu braucht es die Definition von Arbeitspaketen und die Schätzung der Dauer. Arbeitspaket für Arbeitspaket. Da kommt dann gleich die menschliche Komponente mit ins Spiel, nämlich, dass man diese Vorgehensweise einsieht, dass man sie entsprechend anwendet. Eine zweite Verhaltensänderung betrifft vielleicht die Resterwartung, nämlich, dass man die bekommt, ohne zu lange nach dem Aber und Warum zu suchen.

Aussehen	Istkostenlinie	Earned-Value-Linie	Aussage	Mögliche Interpretation
	Oberhalb der Plankostenlinie	Unterhalb der Plankostenlinie	Das Projekt ist langsamer und teurer als geplant	· Auf ein Hindernis gestoßen · Die Arbeit entpuppt sich als schwieriger als ursprünglich geplant · Zu starker Fokus auf die Qualität (Perfektionsdrang)
	Oberhalb der Plankostenlinie	Oberhalb der Plankostenlinie und trifft sich mit der Istkostenlinie	Das Projekt ist schneller, aber im Budget geblieben	· Mehr Ressourcen haben zu geplanten Preisen am Projekt gearbeitet · Teurere Ressourcen haben weniger Zeit gebraucht
	Oberhalb der Plankostenlinie	Oberhalb der Plankostenlinie	Das Projekt ist schneller und teurer als geplant	· Dauer zu pessimistisch eingeschätzt · Die geplanten Ressourcen standen länger zur Verfügung · Kosten zu niedrig geplant
	Unterhalb der Plankostenlinie	Oberhalb der Plankostenlinie	Das Projekt ist schneller und billiger als geplant	· Ressourcen arbeiten sehr effizient · Durchbruch bei einer Problemlösung gehabt und die Schätzungen unterboten · Bei Planung »zu warm angezogen«
	Unterhalb der Plankostenlinie	Unterhalb der Plankostenlinie und trifft sich mit der Istkostenlinie	Das Projekt ist langsamer, aber im Budget geblieben	· Leidet unter Ressourcenmangel · Es ist ein »ungeliebtes« Projekt, das wenig Unterstützung bekommt
	Unterhalb der Plankostenlinie	Unterhalb der Plankostenlinie	Das Projekt ist langsamer und billiger als geplant	· Billigere Ressourcen wie geplant eingesetzt · »Ungeliebtes« Projekt, das die nötigen Fachleute nicht bekommt · Teurere Arbeitspakete wurden auf später verschoben

——— Ist ——— Plan ..... Earned Value

Abb. 4.40: Übersicht über die sechs denkbaren Fälle

Was man dafür bekommt? Ein geradezu klassisches Controllertool mit einer recht hohen Dokumentationswirkung und Interpretationsmöglichkeit.

4.4.5 Das Projektportfolio

Im Gegensatz zu den bisher besprochenen Instrumenten im Projektcontrolling, ist dieses Instrument ein Instrument zur gleichzeitigen Darstellung mehrerer Projekte (Gerold Patzak/Günter Rattay: Projekt Management, S. 428ff.). Als Adressat ist entweder direkt die Geschäftsführung oder ein Projektsteuerungsausschuss (Steering Committee) vorgesehen. Die Idee dahinter ist, dass sich die Überwachungsgremien auf »einen Blick« einen Eindruck über den momentanen Stand der (wichtigsten) Projekte machen können. In größeren Unternehmen laufen allerdings durchaus an die 100 Projekte (oder noch mehr) gleichzeitig. Diese können nicht mehr alle in ein und derselben Abbildung dargestellt werden. Aber wenigstens die nach eigener Definition wichtigsten Projekte können darin abgebildet werden.

Die Abbildung ist fast so aufgebaut wie ein typisches Portfolio. Die eine Achse bildet die Kosten ab, die andere die Termine. Üblicherweise ist es für den Leser am leichtesten, wenn die Zeitachse die Abszisse und die Kosten die Ordinate bilden. Dann ist aber doch eine Besonderheit vorhanden: Der Nullpunkt der beiden Achsen liegt in der Mitte des Portfolios und nicht am Schnittpunkt der beiden Achsen links unten. So oder so ergeben sich vier Quadranten. Durch den mittig liegenden Nullpunkt entstehen automatisch die Wertigkeiten »günstig« (= positiv) und »ungünstig« (= negativ), je nachdem, ob man sich links oder rechts bzw. ober- oder unterhalb des Nullpunktes mit seinem (seinen) Projekt (Projekten) befindet.

Wenn wir die Abbildung des Portfolios anschauen, dann ist ein Projekt offensichtlich genau dann im Budget, wenn es sowohl kosten- als auch terminmäßig genau in der Mitte liegt. Vom Null-

Kapitel 4

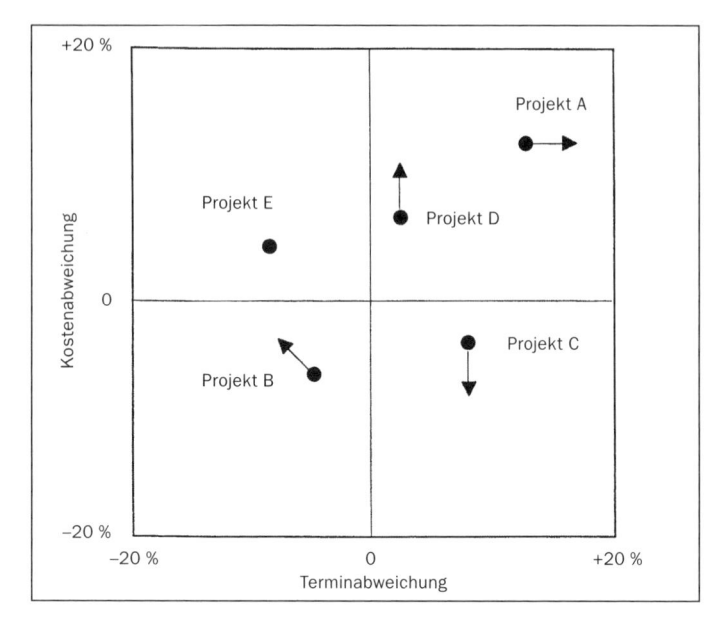

Abb. 4.41: Variante 1 des Projektportfolios

punkt aus gesehen links liegen dann die »negativen« Abweichungen, die mit »ungünstig« betitelt sind, rechts davon demzufolge die »positiven« (= günstigen) Abweichungen. Entsprechendes gilt für die Logik »oberhalb« und »unterhalb« des Nullpunktes.

Somit können vom Betrachter die vier Quadranten in folgender Weise interpretiert werden:

- Quadrant unten links: Das Projekt ist billiger als geplant (günstig) und früher fertig als geplant (ebenfalls günstig).
- Quadrant oben links: Das Projekt ist teurer als geplant (ungünstig), dafür aber früher fertig (= günstig).
- Quadrant oben rechts: Das Projekt ist teurer (ungünstig) und später fertig (nochmals ungünstig) als geplant.
- Quadrant unten rechts: Das Projekt ist billiger (günstig) aber später fertig (ungünstig) als geplant.

Projektorganisation und Projektcontrolling

Die jeweilige Zuordnung zu den Achsen erfolgt relativ zu dem geplanten Stand am Betrachtungstag (= heute). Berechnet wird der aktuelle Stand nach den folgenden Formeln:

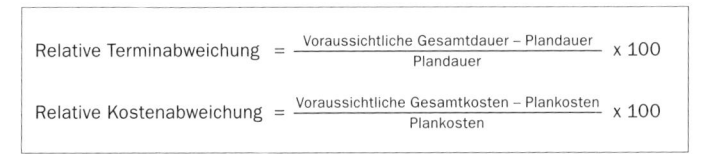

$$\text{Relative Terminabweichung} = \frac{\text{Voraussichtliche Gesamtdauer} - \text{Plandauer}}{\text{Plandauer}} \times 100$$

$$\text{Relative Kostenabweichung} = \frac{\text{Voraussichtliche Gesamtkosten} - \text{Plankosten}}{\text{Plankosten}} \times 100$$

Abb. 4.42: Formeln zur Berechnung der jeweiligen Position eines Projekts im Portfolio

Die so pro Projekt errechneten Werte werden dann in das Portfolio eingetragen. Dadurch entstehen die Punkte im Portfolio. Die an die Punkte angezeichneten Pfeile sollen die Erwartung ausdrücken, wie der verantwortliche Projektleiter die weitere Entwicklung des Projekts gegenwärtig einschätzt. Sie werden per Hand ergänzt.

Der Projektleiter des Beispielprojekts B in der Abbildung schätzt, dass er sein Projekt tendenziell zwar kostenmäßig wieder in den Griff bekommt, aber terminmäßig nicht mehr. Der Projektleiter des Projekts C glaubt, den Terminvorsprung halten zu können, dafür laufen bei ihm die Kosten weiter aus dem Ruder. Das Projekt E hat als einziges Projekt in der Abbildung keinen Pfeil. Dafür kann es z.B. folgende Erklärung geben: Es ist so gut wie abgeschlossen. Sowohl kosten- als auch terminmäßig wird sich da nicht mehr viel tun.

Bevor das Instrument angewendet wird, sollte in der Firma besprochen werden, ob die eingetragenen Pfeile den Status vor oder nach der Projektausschusssitzung darstellen sollen. Soll die Erwartung ausgedrückt werden wie es aussieht, wenn nichts in der Sitzung beschlossen werden, sollte und es mit dem Projekt so wie bisher weitergeht? Oder soll es so dargestellt werden, dass die gewünschten Maßnahmen schon berücksichtigt sind? Dann bekommt das Portfolio einen appellativeren Charakter. Nach dem Motto: Wenn Ihr uns auf der Sitzung Folgendes ... genehmigt, dann glauben wir, das Projekt noch in diese oder jene Richtung wenden zu können.

Kapitel 4

Eine etwas andere Aussagekraft bekommt das gleiche Portfolio, wenn die Darstellungsart folgendermaßen geändert wird:

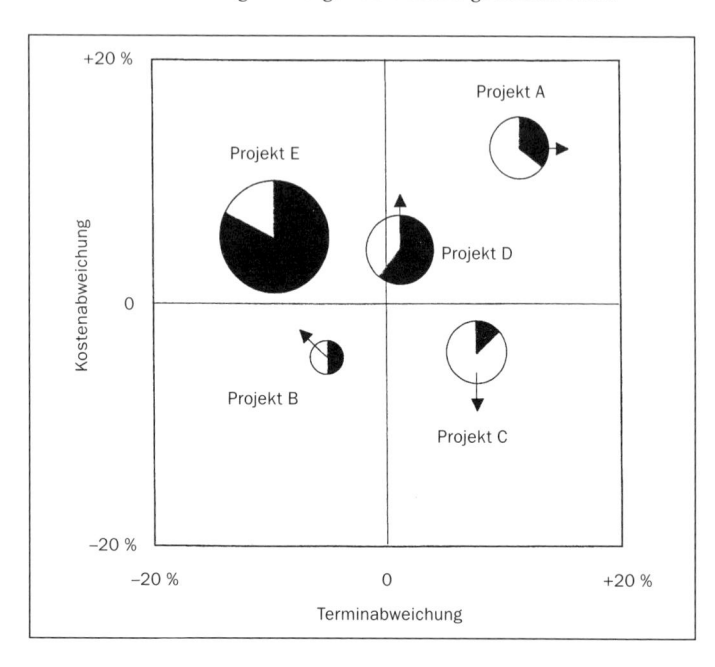

Abb. 4.43: Variante 2 des Projektportfolios

Aus den Punkten der Variante 1 sind jetzt Kreise geworden. Dabei kann der Durchmesser der Kreise zwei Bedeutungen haben:

- Er gibt die relative Bedeutung des Projekts zu allen anderen an. Damit handelt es sich um eine Präferenz seitens des Unternehmensmanagements. Wichtige Projekte haben dann einfach nur größere Symbole als die weniger wichtigen. Oder:
- Er gibt das ehemals genehmigte Projektbudget wieder und signalisiert damit die kostenmäßige Größe eines Projekts (im Vergleich zu den anderen Projekten im gleichen Portfolio). Eine Beziehung zu der Bedeutung im oberen Sinne ist damit nicht mehr zutreffend.

Mehr oder weniger sind diese Kreisflächen dann mit schwarzer Farbe aufgefüllt. Das beschreibt entweder:

- den geschätzten Fertigstellungsgrad des Projekts oder
- das benutzte, ausgegebene Budget.

Hier ist wieder die Firma aufgerufen, eindeutige Benutzerrichtlinien zu definieren.

Das Instrument ist speziell dafür ausgelegt, dass es in Sitzungen präsentiert werden kann. Es ist zwar etwas ungenau, erfüllt jedoch seinen Zweck, weil es zu Diskussionen anregt. Ein weiterer Vorteil ist, dass es relativ hemdsärmelig erstellt werden kann.

4.4.6 Die Risikoanalyse

Obwohl, ganz allgemein gesehen, das Risikoverständnis in den Unternehmen in den letzten Jahren gestiegen ist, lässt die regelmäßige Projekt-Risiko-Einschätzung in vielen Firmen noch zu wünschen übrig. Dabei wäre es wohl nur noch ein kleiner Schritt, um die Risikobetrachtung bei Projekten in das reguläre Risk-Management-System eines Unternehmens zu integrieren. Der Vorteil davon wäre, dass die Risikobetrachtung von Projekten dann regelmäßig und verlässlich stattfinden würde. Ob sie dadurch inhaltlich besser werden würde, ist damit allerdings nicht gesagt.

Sicherlich wird es nicht für jedes Projekt notwendig sein, eine Risikoanalyse durchzuführen. Kurz laufende Projekte und/oder Projekte, die tendenziell wenig Neues in sich bergen, könnten z. B. darunterfallen. Eventuell auch Projekte, die einen hohen repetetiven Charakter aufweisen, und man deshalb einen hohen Erfahrungsschatz in der Organisation hat, auf den man blicken kann. Auch kann es nicht schaden, eine vernünftige Kosten-Nutzen-Analyse im Vorfeld anzufertigen. Andererseits kann es aber auch spannend sein, sich einmal Gedanken zum Projekt zu machen, die einer anderen Fragerichtung unterliegen.

Worum geht es dabei? Die Risikoanalyse bei Projekten soll den Erfolg eines Projekts sichern helfen, indem man sich ganz bewusst mit dessen Unsicherheiten und potentiellen Gefahren auseinandersetzt. Es ist nicht das Ziel der Risikoanalyse, Risiken gänzlich auszuschließen oder ganz zu vermeiden, sondern zu helfen, erkennbare Risiken zu beurteilen und beherrschbar(er) zu machen.

Die Risikoanalyse selbst untergliedert sich formal in drei Einzelschritte. Dies sind die

- Risikofindung,
- Risikobewertung und
- Risikobeherrschung.

Innerhalb der Risikofindung wiederum wird nach Themengebieten unterschieden. Dies können z. B. sein (Gerold Patzak /Günter Rattay: Projekt Management, S. 41ff. und S. 344ff. Die Autoren liefern auf diesen Seiten vorgefertigte Checklisten mit entsprechenden Beurteilungskriterien):

- Sachlich-inhaltliche Risiken wie:
  - Naturrisiken (Sturm, Überflutung, Lawinen ...)
  - Technische Risiken (Technologiewechsel, Logistik ...)
  - Wirtschaftliche Risiken (Streik, Geld- und Steuerpolitik, Handelsrestriktionen ...)
  - Risiken in der Infrastruktur (Diebstahl, Fahrlässigkeit, Fremdsprachen und kulturelles Umfeld ...)
  - Rechtliche Risiken (Enteignung, Unruhen, Behördenwillkür ...)
- Soziale Risiken wie:
  - Kunde (Bonität, Zusammenarbeit, Änderungswünsche ...)
  - Partner (Zusammenarbeit, Umgang mit Dritten, Informationsweitergabe ...)
  - Eigenes Projektteam (Planung, Informationskultur, Umgang mit Fehlern ...)
- Projektinterne Risiken wie:
  - Technisch bedingte Risiken (technische Normen, unklare Leistungsbeschreibung, Technologiewechsel ...)

- Vertragsrisiken (Zulieferverträge, Haftpflicht, Folgeschäden ...)
- Finanzielle Risiken (Kalkulationsfehler, Finanzierung, Kompensationsgeschäfte ...)
- Personelle Risiken (Personenmangel, Qualifikation, Konflikte ...)
- Organisatorische Risiken (Projektorganisation, Kompetenzen, Kooperationen ...)
- Informelle Risiken (Datenverlust, Reporting, Verzögerungen ...)

Diese Auflistung kann hier nur allgemeiner Art sein. Es hängt vom Projekt einerseits und von der Firma andererseits ab, welche Kriterien wichtig bzw. zutreffend sind und welche nicht. Am besten erarbeitet sich jedes Unternehmen seine Kriterienliste einmal selbst und stellt einen eigenen Katalog zusammen.

Die Anwendung könnte dann so funktionieren: Das Projektteam geht den Katalog systematisch von oben nach unten durch und sucht die zum Projekt passenden Risiken heraus. Selbstverständlich sollen in der Checkliste nicht enthaltene Risiken individuell ergänzt werden. Im Anwendungsfall ist tatsächlich eine möglichst hohe Vollständigkeit anzustreben. Gegenwärtig eher unwichtig ist in diesem Schritt eine Plausibilitätsprüfung. Erst einmal sammeln, später bewerten.

Wenn die Risikofindung abgeschlossen ist, kommt die Risikobewertung. Dabei wird unterschieden nach einer rein qualitativen und einer quantitativen Bewertung. Letztere baut üblicherweise auf der qualitativen Bewertung auf und führt sie weiter.

Grundsätzlich geht es bei der Bewertung darum, eine Rangfolge der im Schritt vorher als relevant herausgearbeiteten Risiken zu erhalten. Sie sollte sinnvollerweise entlang der gefundenen oder festgelegten Eintrittswahrscheinlichkeiten erfolgen. Um dahin zu kommen, beantwortet man am besten zwei Fragen:

- Wie wird die Auswirkung auf das Projekt wahrscheinlich sein? Als Wertekategorien haben sich z. B. die Begriffsklassen »unwichtig«, »mittel« und »katastrophal« bewährt.
- Mit welcher Eintrittswahrscheinlichkeit rechnen wir? Diese Skala reicht von 0 bis 100 Prozent, wobei 100 Prozent Eintrittswahrscheinlichkeit als »todsicherer Eintritt« gilt.

Am besten erfolgt die Beantwortung dieser beiden Fragen in einem Team und nicht in Form von Einzelarbeit. Einerseits sehen mehr Augen auch mehr, andererseits lässt sich der individuelle Eindruck der Wichtigkeit, den man als Individuum einem Risiko gegenüber von Haus aus hat, besser handhaben. Es soll eine Diskussion entstehen. Bestimmt ist es nicht schlecht, wenn noch ein paar »alte Projekthasen« zur Diskussion mit dazukommen. Sie können einen anderen Blickwinkel in die Diskussion mit einbringen. Letzteres insbesondere dann, wenn sie nicht am laufenden Projekt unmittelbar mitarbeiten.

Nach der Diskussion werden möglicherweise ein paar Kriterien weniger da sein, die unter den Tisch gefallen sind. Und, selbstverständlich auch andersherum, es können noch welche dazugekommen sein.

Die so mit qualitativen und quantitativen Etiketten versehenen Risiken werden in die folgende Matrix eingezeichnet. Beispielhaft könnte das so aussehen wie in Abb. 4.44.

Ergänzt sind in dieser Abbildung schon die drei diagonalen Linien, die eine Clusterbildung nach Gefahrenzonen ermöglichen. Durch die Diagonalen sind die vier Gefahrenzonen I bis IV entstanden. Die unabwägbarsten Risiken stehen im oberen rechten Quadranten der Matrix und gleichzeitig in der Gefahrenzone I. Sie sind beschrieben durch die Wertigkeiten »katastrophal« auf der Abszisse und einer Eintrittswahrscheinlichkeit zwischen ca. 75 Prozent und 100 Prozent auf der Ordinate. Diese Risiken genießen logischerweise die höchste Beachtung. Um sie wird sich auch als Erstes gekümmert.

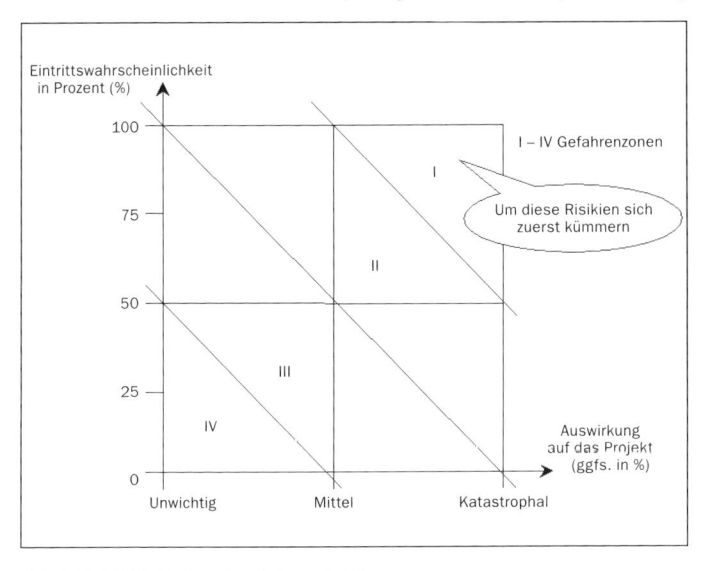

Projektorganisation und Projektcontrolling

Abb. 4.44: Die Risiko-Matrix mit ihren Gefahrenzonen

Eher unwichtig sind die Risiken in den Risikoklassen III und IV. Getreu dem Spruch »Kleinvieh macht auch Mist« sollte man sie gelegentlich auf Veränderungen ihrer Einschätzung und Bedeutung hin untersuchen.

Das Risiko in der Risikoklasse I kann nun zusätzlich noch in Geldeinheiten quantitativ bewertet werden. Dies ist dann sinnvoll, wenn ein sogenanntes Risikobudget eingerichtet werden soll. In dieses Budget wird vorsichtshalber ein bestimmter Risikovorsorgebetrag eingestellt, auf den im Falle eines Falles zugegriffen werden kann. Das heißt, wenn das Risiko auch tatsächlich eintritt. Der notwendige Vorsorgebetrag kann nach folgender Formel berechnet werden:

$$\text{Vorsorgebetrag} = \text{Eintrittswahrscheinlichkeit} \times \text{geschätzte Kosten bei Eintritt}$$

Das in das Risikobudget eingestellte Geld soll aber bitte nicht als zusätzliche Geldquelle für aus den Kosten laufende Projekte gesehen werden. Dieses Geld dient ausschließlich zur Abdeckung der gefundenen und befürchteten Risiken. Was bedeutet, dass das Geld wieder aus dem Risikobudget genommen wird, wenn die Situation gemeistert und das Risiko nicht eingetreten ist.

Das dritte Element der Risikoanalyse ist die Risikobeherrschung. Dabei geht es um den Umgang, die Beherrschung des Risikos, im Falle des Eintritts. So ist es jetzt die vordringliche Aufgabe der Projektteammitglieder, über geeignete Aktivitäten bzw. Maßnahmen nachzudenken, die sie im Falle des Risikoeintritts ergreifen wollen. Gleichwohl ist es genauso sinnvoll, darüber nachzudenken, ob es geeignete Maßnahmen gibt, das bestehende Risiko zu mindern, bevor es überhaupt eintritt. Also, wenn möglich, Prävention zu betreiben, statt nur zu reagieren. Ein reduziertes Risiko ist immer besser als ein unverändert hohes Risiko.

Ist das Risiko nicht präventiv beherrschbar, sollte auch darüber nachgedacht werden, ob das Risiko generell eingegangen werden soll.[15] In dem Fall kann es nur eine Ja- oder Nein-Entscheidung geben. Gegebenenfalls ist die Entscheidung zusammen mit der Geschäftsführung zu fällen. Dies insbesondere dann, wenn hohe finanzielle oder politische Risiken eingegangen werden müssten. In so einem Fall kann es durchaus besser sein, ein Projekt abzubrechen.

Manche Risiken können aber auch mit der Hilfe von Banken oder Versicherungen »beherrschbar« gemacht werden. Währungsrisiken kann man mit Kurssicherungsgeschäften eingrenzen. Transportrisiken z. B. über eine entsprechende Versicherung. Für manche finanziellen Risiken in als unsicher geltenden Ländern kann man auch staatliche Bürgschaften in Anspruch nehmen.

---

15 Eine derartige Risikoentscheidung wird üblicherweise auch schon vor dem Projektstart gemacht. Im Zweifelsfall wird das Projekt schon gleich gar nicht gestartet.

Im Falle von Subunternehmern hat man manchmal Termin- oder Qualitätsrisiken zu tragen. In der Praxis kann in diesem Fall mit Konventionalstrafen gearbeitet werden. Im Falle von »vertragswidrigen« Abwicklungen wird dann ein bestimmter vorher vereinbarter Geldbetrag zur Zahlung fällig.

Das nachfolgende Beschlussformular (Abbildung 4.45) kann zur Dokumentation der geplanten Maßnahmen eingesetzt werden.

PSP-Nr.	Risikobeschreibung	Maßnahmen		geschätzte Kosten in €	Wer
		präventiv	korrektiv		

Abb. 4.45: Formularvorschlag zur Erfassung von Risiken und der angedachten Maßnahmen

In welchem Ausmaß eine Firma die Risikoanalyse durchführt, ist sicherlich abhängig von der Bedeutung bzw. Wichtigkeit, die dem Projekt vom Unternehmen zugestanden wird. Was allerdings nicht per se bedeuten darf, dass bei kleineren (= unwichtigen?) Projekten darauf verzichtet werden soll. Jedes Nachdenken über ein Risiko schärft den Blick und das Verständnis im Umgang mit Risiken.

Gleichwohl sollte der notwendige Rahmen vom Unternehmen selbst definiert werden. Es muss nicht notwendigerweise in eine tagelange Sondersitzung des Projektteams münden. Manches Risiko sieht zum Projektstart viel bedrohlicher aus, als es zu einem späteren Zeitpunkt im Prozessverlauf eingeschätzt wird.

4.5 Das Projektende

4.5.1 Der Projektabschlussbericht

Irgendwann wird es so weit sein – das Projekt ist zu Ende. Allerdings kann es zwei verschiedene Enden geben: das rechtmäßige, sozusagen offizielle Ende und den Projektabbruch. Ersteres ist gegeben, wenn das im Projektauftrag aufgestellte Ziel erreicht ist und das Projekt vom Auftraggeber für beendet erklärt wird. Der Projektabbruch bedeutet, dass das Projekt vor der Zielerreichung für beendet erklärt wird. Das kann zu jedem x-beliebigen Zeitpunkt im Projektverlauf passieren.

An dieser Stelle soll nicht in die Diskussion der beiden Varianten eines Projektendes eingestiegen werden. Das hat wenig mit Projektcontrolling zu tun, mehr mit Rahmenbedingungen (möglicherweise auch mit unternehmenspolitischen) und organisatorischen Hintergründen. Da hier der Schwerpunkt auf dem Projektcontrolling liegt, geht es vielmehr darum, wie es nach dem Projekt weitergeht. Und da ist der Projektabschlussbericht besonders wichtig. Er beschreibt die Geschichte des Projekts – ist sozusagen die Chronik des Projekts. Darin wird beschrieben, was gut oder schlecht lief, wo und warum das so war, was für Schlüsse daraus gezogen wurden und werden, welche Maßnahmen (nicht) ergriffen wurden oder stattdessen hätten ergriffen werden sollen und in welche Handlungsoptionen das für ein nächstes (vielleicht ähnliches) Projekt mündet (Jack R. Meredith/Samuel J. Mantel jr.: Project Management – A Managerial Approach, S. 568).

Dieser Abschlussbericht geht auch die Controllerorganisation eines Unternehmens etwas an. Nicht, dass sie ihn schreibt, aber sie trägt dafür Sorge, dass er erstellt wird. Erstellt wird er vom (ehemaligen) Projektteam, am besten noch bevor sich seine Mitglieder in alle Winde zerstreuen. Danach ist es des Controllers Rolle, als Anwalt der Empfehlungen, die in diesem Bericht gemacht werden, gegenüber dem Unternehmen aufzutreten. Wer sonst im Unternehmen kann fällige Veränderungen anmahnen und nachhaken, wenn nichts passiert? Wer dokumentiert, ob das anschließend besser funktioniert oder nicht? Das ehemalige Projektteam kann es jedenfalls nicht – es existiert inzwischen nicht mehr.

Meredith/Mantel schlagen folgende Hauptthemen für den Projekt-Abschlussbericht vor (S. 568f.):

- Projektentwicklung: Hier soll verglichen werden zwischen dem vereinbarten Projektziel (Plan) und dem tatsächlich erreichten Ziel (Ist). Besondere Beachtung gilt den Abweichungen und wie es zu diesen kam. Diese Schilderung soll ergänzt werden um die Empfehlungen, die das Projektteam aus seiner Erfahrung jetzt geben kann.
- Administrative Unterstützung: Wie wurde das Projektteam von anderer Seite unterstützt? Es geht um die Unterstützung aus dem kaufmännischen Bereich, dem Personalbereich und auch der Geschäftsführung. Gegebenenfalls auch vonseiten des Vertriebs, des Einkaufs oder der Produktion. Wie hat das Team diese Unterstützung (nicht) erlebt? Welche Empfehlungen leiten sich daraus ab?
- Projektorganisation: War die gewählte Projektorganisationsform (vgl. Kapitel 4.1.1) eine glückliche Wahl? Welche Vor- und Nachteile hatte diese? Was sollte beim nächsten Mal anders organisiert sein?

- Das Projektteam: Dies ist in der Regel ein heikler Punkt. Es geht um die Frage, wie das Team selbst miteinander zurechtkam. War es ein alles in allem harmonisches Team? Gab es Probleme? Mit wem? Weswegen? Können und wollen bestimmte Personen in Zukunft nicht mehr/wieder gemeinsam ein Projekt machen? Es geht jetzt nicht um Rache, Tadel oder Bloßstellung einzelner Teammitglieder, sondern es geht um die Zukunft des Projektgedankens im Unternehmen. Es soll herausgefunden werden, wer für Projektarbeit geeignet ist, wer welche speziellen Kenntnisse und Fähigkeiten hat und sie auch einsetzt, wer Verantwortung sucht und auch übernimmt usw.. In Unternehmensberatungen sind solche Gespräche meistens nach jedem Kundenprojekt üblich. In der Folge kann eine Potenzialdatei[16] aufgebaut werden, in der die (ehemaligen) Projektmitarbeiter ihrem Können und ihren Neigungen nach erfasst werden. Stehen neue Projekte an, kann das Projektteam auf Basis dieser Informationen gezielt zusammengestellt werden. Es versteht sich von selbst, dass dieser Teil des Abschlussberichtes das Prädikat »vertraulich« erhält.
- Das Projektmanagement: Hier geht es um die Beurteilung der eigentlichen Projektarbeit. Wie klappte es mit der Budgetierung von Kosten, Aufwand und Terminen, dem Erstellen und der Verlässlichkeit der Forecasts, der Ressourcenzuordnung und -verfügbarkeit, mit der Zusammenarbeit mit den vom Projekt betroffenen Organisationseinheiten usw.? Und auch hier wieder: Wie kann das gegebenenfalls verbessert werden?

Wenn derartige Abschlussberichte regelmäßig erstellt werden, dann ist es oft nur noch eine Frage der Zeit, bis sich das Projektverständnis und die Einstellung zu Projekten in den Firmen ändert. Das setzt allerdings voraus, dass entsprechende Erkenntnisse aus erfolgreich und nicht erfolgreich abgeschlossenen Projekten auch tatsächlich Gehör finden und die Empfehlungen umgesetzt werden.

---

16 Achtung! Unter Umständen ist das Anlegen und Führen einer solchen Potenzialdatei zustimmungspflichtig. Erkundigen Sie sich bitte im Voraus, ob Sie nicht gegen bestehende Gesetze verstoßen würden.

Projektorganisation und Projektcontrolling

Kurz-Abschlussbericht		
Projektnummer:	Projektbezeichnung:	Projektleiter:
erstellt am:	Kopie an:	erstellt von:
Wurden die im Projektauftrag bzw. in der letzten genehmigten Änderung vereinbarten Ziele/Ergebnisse erbracht?		Ja/Nein
Abweichungen zum Projektauftrag:		

Soll-/Ist-Vergleich:	Projektstarttermin	Projektendtermin	Gesamtaufwände	Gesamtkosten
Soll				
Ist				
± Abweichung				

gravierende Probleme im Projektverlauf (fachlich, methodisch, Projektbeteiligte usw.)

weitere Betreuung des Projektergebnisses:	Ort, an dem die Projektdokumentation aufbewahrt wird

empfohlene weitere Schritte

Aktion	Verantwortlicher	zu erledigen bis
1.		
2.		
3.		
4.		
5.		

_____ _____
Datum/Unterschrift Projektleiter   Datum/Unterschrift Auftraggeber

❏ Projektauftrag
❏ freigegebene und letzte Projektplanung
❏ Übergabeprotokoll
❏

Abb. 4.46: Beispiel für einen Kurz-Abschlussbericht
 (Quelle: Dieter Eschlbeck, Move Your Mind, München 2009)

Manchmal ist es ein Experimentieren, okay, aber schafft das nicht letztendlich Wettbewerbsvorteile, wenn Projekte in Ihrem Unternehmen besser laufen als beim Wettbewerber?

4.5.2. Nachkalkulation

Ein weiterer Punkt, der unter den Projektabschluss aus Controllersicht fällt, ist die Nachkalkulation des beendeten Projekts. Das ist sozusagen der letzte Plan-Ist-Vergleich, der für das Projekt erstellt wird (zu den Instrumenten: vgl. Kapitel 4.4 und 4.4.1 im Speziellen). Es geht um die Frage, ob die Budgets, die in der Projektplanungsphase erstellt und später von höherer Instanz genehmigt wurden, eingehalten werden konnten oder nicht. Auch in diesem Fall, wie beim Abschlussbericht, geht es wieder um das Lernen aus dem Vorgefallenen. Wo hat man sich geirrt? Wie kann der Budgetierungsprozess verbessert werden? Was kann man für eine realistischere Projektplanung tun? Usw.

Interessant – fast schon besorgniserregend – ist, dass nach einer Umfrage bei 369 Unternehmen ganze 3 Prozent angaben, nach Projektende eine Nachkalkulation durchzuführen. Als Ursache für dieses Verhalten wird Folgendes angegeben: In der Unternehmung ist jeder froh, dass das Projekt jetzt »endlich« abgeschlossen wurde. Einige Projektmitglieder werden dringend in anderen Projekten benötigt, wenn sie nicht schon sowieso dort seit geraumer Zeit arbeiten. Und wir müssen uns jetzt wieder dem Tagesgeschäft zuwenden – da blieb sowieso viel zu viel liegen (Reiner M. Michel: Projektcontrolling und Reporting, S. 201).

Generell bleibt der Wunsch, dass die Abschlussarbeiten nach dem Projektende selbstverständlicher werden, als sie es heute sind. Manchmal scheint es so, als ob die Unternehmen einfach die Augen zumachen und sich lernresistent verhalten würden. Das besser hinzubekommen, v. a. besser als der Wettbewerb, sollte im Interesse eines Unternehmens stehen. Und da sind Gedanken qualitativer und quantitativer Art nach dem Projekt ein nicht zu verachtendes Lernpotenzial.

5
Fallstudie zum Projektcontrolling

Auf die Frage »Woher kommen die Projekte?« wird die Antwort in einem Engineering-Unternehmen oder einem Unternehmen der Einzelauftragsfertigung heißen: »Vom Kunden natürlich!« Ein solches Kundenprojekt dient in der Folge als Beispiel zur Interpretation wichtiger praktischer Fragen im Projektcontrolling. Es handelt sich um ein Engineering-Projekt, also um die Dienstleistung der Konzeption. Technische Zeichnungen, statische Berechnungen, Markt- und Umweltstudien sind zu leisten. Dieses Projekt ist auch ähnlich einem Produktentwicklungsprojekt. So wie das F&E-Projekt zu einem verkaufsfähigen Serienprodukt führen soll, dient das Engineering-Projekt der Fallstudienfirma dazu, den Auftrag für den Bau der Papierfabrik zu bekommen. Das ist das »eigentliche« Projekt bzw. Produkt.

5.1 Aufgabe und Organisation der Projekt GmbH

Die Projekt GmbH befasst sich unter anderem mit dem Bau von Papierfabriken. Das Angebot reicht vom Engineering bis zur schlüsselfertigen Lieferung. Im folgenden Projekt soll es nur um die Dienstleistung des Engineering gehen.

Die Marktbearbeitung ist regional organisiert. Die Mitarbeiter in den Regionen nehmen mit potenziellen Kunden Verbindung auf und bemühen sich um die Vorhaben der Kunden bis zur Auftragserteilung. In diesem Prozess sind Abstimmungen mit verschiedenen Stellen im eigenen Hause nötig, v.a. über Termine, verfügbare Kapazitäten sowie Kosten und Preise. Nach interner

Auftragsfreigabe und Übergabe der Aufträge an die Projektleitung und die Fachabteilungen sind die Regionen noch zuständig für Vertragsinterpretationen und eventuelle Vertragsanpassungen.

Die Technik ist nach Fachabteilungen (FA) gegliedert. Die Fachabteilungen sind für die technisch einwandfreie, termingerechte und kostengünstige Durchführung der Aufträge verantwortlich.

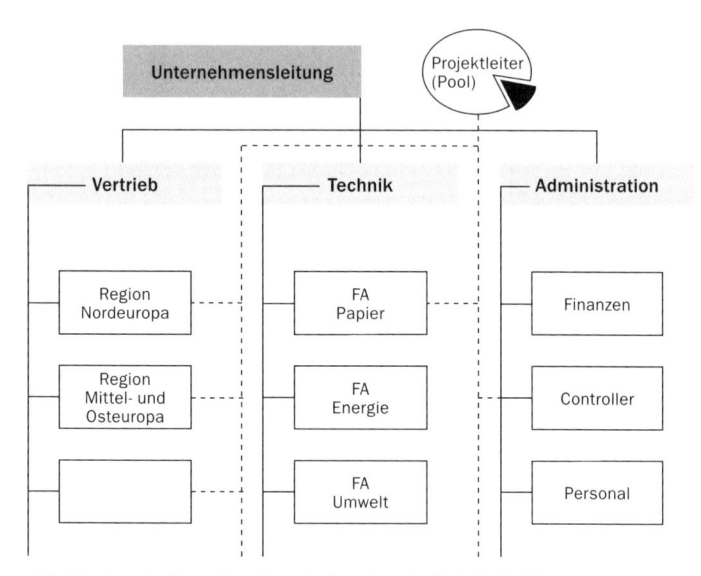

Abb. 5.1: Ausschnitt aus dem Organisationsplan der Projekt GmbH

Die Projektleitung wird aus einem »Pool« ernannt, der disziplinarisch der Unternehmensleitung unterstellt ist. Zu diesem Pool gehören Mitarbeiter, die sich aus den verschiedenen Arbeitsgebieten des Unternehmens, v. a. der Technik, als Projektleiter qualifiziert haben. Sie sind professionelle Projektmanager, die auch mehrere Projekte gleichzeitig leiten können. Die im Organisationsplan gestrichelt gezeichnete Linie bedeutet die Zuständigkeit der Projektleitung für die fachliche Koordinierung der am Projekt mitwirkenden Mitarbeiter. Die Projektleitung ist verantwortlich für die auftragskonforme, termingerechte und gewinnbringende Abwicklung des Auftrags.

5.2 Das Projekt Norge-Austria und sein bisheriger Verlauf

Die Projekt GmbH erhielt vom AS-Norge-Papierkonzern in Oslo den Auftrag für das Engineering inklusive Markterkundung und Produktdefinition für eine neue Fabrik in Österreich. Das beinhaltet die gesamte Dienstleistung der Konzeption, nicht aber den Auftrag zum Bau einer Papierfabrik. Die hierfür zuständige Fachabteilung ist die Fachabteilung (FA) Papier. Den Auftrag akquiriert hat die Regionalleitung für Nordeuropa. Die Projektleitung hat ihren Wohnsitz in Augsburg und kennt Österreich auch privat, weil sie ein begeisterter Skifahrer ist. Die Projektstruktur (vereinfachter Grobplan) und die Vorkalkulation der Auftragsstunden ergeben folgendes Bild:

	Teilprojekte	Auftragsstunden
A	Markterkundung/Produktdefinition	500
B	Maschinelle Ausstattung	800
C	Energieplan	600
D	Logistikkonzept	600
E	Umweltmaßnahmen	500
Gesamt		3.000

Projektbeginn ist am ersten Januar, geplantes Projektende am 31. März nächsten Jahres. Der Projektleiter wurde im Januar bestellt.

Kapitel 5

Der Leistungs- und Kostenstellenplan (zusammengefasst) der Fachabteilung Papier sieht wie folgt aus:

		Leistungsart	Auftragsstunden
		Planauslastung pro Monat	12.000
	Gesamtkosten in Euro	Produktkosten in Euro	Strukturkosten in Euro
Personalkosten	1.800.000,–	1.260.000,–	540.000,–
Sachkosten	360.000,–	180.000,–	180.000,–
KSt.-Budget	2.160.000,–	1.440.000,–	720.000,–
Kostensatz je Stunde		120,–	

In der Fachabteilung Papier arbeiten 100 Ingenieure. Die nominelle Arbeitszeit ist 170 Stunden pro Monat; davon rund 70 Prozent planmäßig für die Arbeit an Kundenprojekten, also rund 12.000 Stunden. Die restlichen Stunden für Angebotsbearbeitung, interne Besprechungen, Literaturstudium, Teilnahme an Kongressen sowie Urlaub und Krankheit gehen in die Strukturkosten. Für alle Arbeiten zu diesem Projekt gilt als Produktkostensatz 120 Euro je Stunde, auch für zugekaufte Stunden aus anderen Fachabteilungen.

Das Projekt wurde mit einem Ziel-Deckungsbeitrag von 80 Prozent kalkuliert (Faktor 1,8 der Produktkosten) und mit einer Honorarsumme von pauschal 768.000 Euro (Festpreis) abgeschlossen. In die Kalkulation ist auch ein Budget für Spesen und Fremdaufträge in Höhe von 120.000 Euro eingegangen für projektbezogene Reisekosten, Ankauf von Gutachten und Beratungskosten. Die größte Einzelposition dieser projektdirekten Kosten ist eine Marktanalyse der Monacia-Marketing-Beratung GmbH, München, in Höhe von 50.000 Euro. Da die Markterkundung und Produktdefinition Bestandteile des Auftrags sind, wollte die Unternehmensleitung sicher gehen und hat die Beratungsfirma engagiert. Die Unternehmensleitung ist von der Ingenieurleistung der Projektmitarbeiter überzeugt, hat aber Bedenken, ob deren Marketingkenntnisse ausreichen.

Für den Soll-Ist-Vergleich zum 31. Mai wird der Bearbeitungsstand für die Teilprojekte von der Fachabteilung Papier wie folgt geschätzt:

	Teilprodukte	Bearbeitungsstand
A	Markterkundung/Produktdefinition	20 %
B	Maschinelle Ausstattung	60 %
C	Energieplan	50 %
D	Logistikkonzept	80 %
E	Umweltmaßnahmen	90 %

Bis zum 31. Mai wurden auf die Projektnummer Norge-Austria 2.000 Stunden der verschiedenen Ingenieurkategorien kontiert. Die bisher aufgelaufenen Spesen betragen 80.000 Euro. Dazu kommen 40.000 Euro, die die Monacia-Marketing-Beratung GmbH von der vereinbarten Honorarsumme bereits fakturiert hat.

Der Projektleiter hat für den 21. Juni den Leiter der Fachabteilung Papier und den Regionalleiter Nordeuropa zu einer Soll-Ist-Vergleichskonferenz für dieses Projekt eingeladen, an der auch der Controller teilnimmt. Allen Beteiligten ist inzwischen bekannt geworden, dass die Projektingenieure anfingen, eine Fabrik für die Herstellung von Rollenpapier zu konzipieren. Einige derartige Projekte sind früher schon erfolgreich durchgeführt worden. Auf einer internationalen Messe erfuhr die Projektleitung von guten Marktchancen für Formatpapier (in Paketen portioniert). Soll die Konzeption in Richtung Formatpapier überarbeitet werden?

5.3 Interpretation und Lösungsansätze zum Projekt Norge-Austria

Welche Leistungen bietet die Projekt GmbH ihren Kunden? Die Leistung besteht in der umfassenden Problemlösung, in der Darstellung der Machbarkeit einer Idee und nicht in Kilogramm Berechnungen oder Quadratmeter Konstruktionszeichnungen. Wie soll man die Leistung eines Engineering-Projekts messen? Es wird ersatzweise nichts anderes übrig bleiben, als dafür den Stundenbedarf für das Projekt aufzulisten.

Die Vorkalkulation sieht einen Bedarf von 3.000 Stunden vor. Die 500 Stunden für Markterkundung und Produktdefinition erscheinen hoch, da ja zur Klärung dieser Frage auch die Beratungsfirma engagiert wird. Vielleicht hat die Fachabteilung Reserven eingebaut. Die Einschaltung der Monacia-Marketing-Beratung durch die Unternehmensleitung hat die Ingenieure nicht gerade motiviert.

Die Projektleitung wurde im Januar bestellt. Damit ist bereits ein typisches Problem des Projektmanagements diagnostiziert, das vielleicht aus der Sache heraus nicht zu vermeiden ist. Eine Projektleitung wird gewöhnlich dann eingerichtet, wenn bereits ein Projekt existiert; deshalb heißt es auch so. Damit »erbt« die Projektleitung bereits Festlegungen, die sie binden und einen Misserfolg des Projekts möglicherweise schon vorprogrammieren. Sie bekommt das »Baby« in die Hand. Vom Kunden wird es »gezeugt«, gemeinsam mit der Leitung der Region Nordeuropa, und »geboren« bei der internen Auftragsfreigabe, an der die Unternehmensleitung beteiligt ist. Vielleicht war es für die Unternehmensleitung von strategischer Bedeutung, aus dieser Region (Nordeuropa) und für dieses Land (Österreich) einen Auftrag zu erhalten. Der Kunde wollte in Österreich investieren. An operative Schwierigkeiten aus der Markterkundung und Produktdefinition hat man nicht gedacht oder sie eben hingenommen nach der Devise »Das werden wir schon schaffen, schließlich haben wir Erfahrung in der Konzeption und im Bau von Papierfabriken«.

Die Controller erinnern an die Kalkulation, die der Entscheidung über die Hereinnahme des Projekts zugrunde lag. Auf der Basis des Stundenbudgets, der Leistungs- und Kostenstellenplanung und der sonstigen projektbezogenen Kosten wurde folgende Rechnung aufgestellt:

Produktkosten: 3.000 h x Produktkostensatz 120	360.000
Ziel-Deckungsbeitrag 80 %	288.000
Projekteinzelkosten	120.000
Planerlös	**768.000**

In einem Fallbeispiel müssen wir fragen: Wie könnte es gewesen sein? Die Projektleitung hat den Stellenwert des Projektes unterschätzt. Der Auftragswert ist zwar gering, doch der Auftrag ist von strategischer Bedeutung. Das ist erst durch einige Bemerkungen in Gesprächen mit der Unternehmensleitung klar geworden. Jetzt ist »Feuer am Dach«. Die Beratungsfirma steht kurz vor dem Abschluss der Marktanalyse. Telefonisch hat die Projektleitung erfahren, dass die Empfehlung auf Formatpapier lauten wird. Also eine Bestätigung des Trends, von dem sie auf der Messe gehört hat. Die Projektleitung hat dem Auftraggeber in Oslo signalisiert, dass das Projekt in Richtung Formatpapier laufen wird.

Da sich der Start eines Großprojekts in der Fachabteilung Papier etwas verzögert hatte, hat der Chef das Projekt Norge-Austria vorgezogen, um die gleichmäßige Auslastung der Personalkapazität sicherzustellen. Die Expertise der Monacia-Marketing-Beratung GmbH liegt noch nicht vor. Die bisher auf das Teilprojekt A kontierten Stunden sind für Markterkundung eingesetzt worden: Potenzielle Kunden in Österreich, Größenstruktur und Branchenstruktur, Exportmöglichkeit nach dem östlichen Mittel- und Osteuropa. Aufgrund der Erfahrungen liefen bisher alle Arbeiten in Richtung Rollenpapier. Die betroffenen Mitarbeiter der Fachabteilung Papier sind verärgert, als sie erfahren, dass die Projektleitung die Idee für eine Formatpapierfabrik von der Messe mitgebracht hat. Da inzwischen das Großprojekt angelaufen ist, befürchten sie, dass es wieder einmal Termindruck geben wird.

Die Regionalleitung Nord hat das Projekt eigentlich schon »abgehakt«. Während eines Besuches bei der AS-Norge musste sie erfahren, dass die Projektleitung signalisiert hat, das Projekt würde

Kapitel 5

Projektdaten zum 31.5.				Soll		Ist		Differenz		Erwartung am 21.6.		Zielankündigung		
	Plan		Bearbeitungsstand							Noch nötig bis Projektende				
Projektstruktur	Stunden	Kosten		Stunden	Kosten	Stunden	Kosten	Stunden	Kosten	Stunden	Kosten	Stunden	Kosten	Termin
A) Markterkundung/ Produktdefinition	500	60.000	20 %	100	12.000					150				
B) Maschinelle Ausstattung	800	96.000	60 %	480	57.600					600				
C) Energieplan	600	72.000	50 %	300	36.000					300				
D) Logistikkonzept	600	72.000	80 %	480	57.600					250				
E) Umweltmaßnahmen	500	60.000	90 %	450	54.000					50				
Projektbudget	3.000	360.000	im Ø ca. 60 %	1.810	217.200	2.000	240.000	190	22.800	1.350	162.000	3.350	402.000	15.2.01
Analyse des Projektverlaufs										Maßnahmen		Zuständig		Termin

Abb. 5.2: Die Fenster-Idee: Aktionsformular für eine Projektcontrolling-Konferenz

in Richtung Formatpapier laufen. Der Auftraggeber schien verunsichert zu sein. Jetzt kommt die einberufene Projektbesprechung gerade recht. Sie will dort die beim Auftraggeber entstandene Unsicherheit zur Sprache bringen. Für sie ist das wichtigste Ergebnis der Konferenz, mit einer endgültigen Produktdefinition und ihrer Begründung nach Oslo reisen zu können.

Die Controller haben für die Projektbesprechung das Protokollschema vorbereitet. Dargestellt ist der Soll-Ist-Vergleich nach Stunden und Kosten auf der Basis der Plankalkulation und des Bearbeitungsstandes, den die Fachabteilung Papier geschätzt hat (Abbildung 5.2). Die Projekteinzelkosten sollen in der Besprechung festgehalten werden. Das vorgesehene Budget von 120.000 Euro ist aufgebraucht. Die 120.000 Euro enthalten auch die Reise der Projektleitung zur internationalen Messe, die nicht budgetiert war. Wenn die endgültige Produktdefinition Formatpapier lautet, wird sich der geplante Ziel-Deckungsbeitrag nur schwer halten lassen. Die Monacia-Marketing-Beratung wird noch 10.000 Euro in Rechnung stellen. Wenn die Regionalleitung Nord noch einmal zum Auftraggeber nach Oslo reisen muss, entstehen nicht geplante Reisekosten. Der Controller will in dieser Konferenz versuchen, auch über Verbesserungen des Projektcontrolling zu sprechen.

5.4 Zusammenspiel zwischen Projektleiter und Controller

Die Projektleitung ist zuständig für das Controlling ihres Projekts. Ihre Zielgröße ist nicht nur die auftragskonforme technische Lösung, sondern auch der für das Projekt zu holende Deckungsbeitrag. Sie soll Problemlösungsziel und Ergebnisziel koordinieren und das Team auf den gemeinsamen Erfolg hin moderieren.

Welche Funktion hat ein Controller? Er oder sie ist zunächst einmal zuständig für die Darstellung des Soll-Ist-Vergleichs. Das für diesen Fall entworfene Formular dient in der Konferenz als Protokollrahmen zum Festhalten der getroffenen Entscheidungen. Die Projektdaten zum 31. Mai bieten einen Einstieg in die Diskussion. Die Protokollfunktion eröffnet einem Controller die Chance, die Rolle des Moderators in der Konferenz zu übernehmen, wenn die Projektleitung durch die Fachabteilungen in fachliche Details hineingezogen wird. Gute Controller haben ihre Fähigkeiten in den Ko-Funktionen Kommunikation, Kooperation, Koordination entwickelt und damit auch in der Konferenzführung. Die Schnittmenge in Abbildung 1.4, Kapitel 1, und Abbildung 6.3, Kapitel 6, symbolisiert den gemeinsamen Controllingprozess in der Konferenz, also zwischen Projektleitung, Fachabteilungen und Controllern. In diesem Problemlösungsprozess ist der Controller bzw. die Controllerin der betriebswirtschaftliche Begleiter seiner bzw. ihrer Kollegen im Projektteam.

In der Rolle als betriebswirtschaftlicher Begleiter ist er oder sie zuständig für fachliche Fragen, die in Verbindung mit dem Zahlenwerk auftreten. So könnte man z. B. meinen, dass es in einem Ingenieurbüro nur Strukturkosten gibt, weil hier nur hoch qualifizierte Fachleute arbeiten. Das hat aber mit der Zugehörigkeit zu (proportionalen) Produkt- oder Strukturkosten (Fixkosten) nichts zu tun. Maßgeblich dafür ist die Art der Tätigkeit. Die Ingenieure der Fachabteilung Papier leisten Stunden auf das Mandat. Bei diesen Stunden handelt es sich um Produktkosten des Auftrags. Die Problemlösung ist nur zu realisieren, wenn das Projekt »seine« Stunden bekommt. Die anderen Stunden dienen der Regiefunktion, also internen Besprechungen, Literaturstudium, Kongressbesuchen, Angebotsbearbeitung. Solche Stunden gehören in die Strukturkosten. Dass es sich um qualifizierte Mitarbeiter handelt, von denen man sich bei gerade fehlender Auslastung nicht sofort trennt, ist nicht eine Frage von Produkt- oder Strukturkosten, sondern eine Frage der kürzer- oder längerfristigen Beeinflussbarkeit der Kosten. Personalkosten sind kurzfristig nicht abbaubar. Umso wichtiger ist daher eine längerfristig angelegte Auftragseingangsplanung, die mit der Auslastungsplanung der Fachabteilungen abgestimmt ist. Selbst bei gutem Auftragsbestand kann es kurzfristig zu Auslastungsproblemen kommen. Die Fachabteilung Papier hat das Projekt Norge-Austria vorgezogen, weil sich der Beginn eines Großauftrags verzögert hat. Sind die Ingenieure deswegen vorschnell in Richtung Rollenpapier marschiert? Schließlich lagen da schon Erfahrungen vor und von der Beratungsfirma waren zu diesem Zeitpunkt noch keine Aussagen zu bekommen. Für solche Zusammenhänge sollten Controller ein Gespür entwickeln. Natürlich auch Projektleiter.

Das Thema der Auslastung der Personalkapazität ist noch weiter vernetzt. Wonach wird die Fachabteilung von der Unternehmensleitung beurteilt – danach, dass sie es jeder Projektleitung recht macht, oder danach, ob sie ihr Kostenstellenbudget einhält und die Mitarbeiter optimal eingesetzt sind? Und was ist mit optimal gemeint? Optimal aus der Sicht der Fachabteilung oder optimal in ganzheitlicher Sicht, die z.B. die Erhaltung oder Verbesserung der Marktgeltung und die Sicherung des Unternehmensergebnisses verbindet? Die beispielhafte Darstellung der Matrixbeziehung in Abbildung 5.3 auf der folgenden Seite verdeutlicht die Vernetzung von fachlichen und verhaltensmäßigen Aspekten. Erkennt eine Unternehmensleitung diese Komplexität und führt sie entsprechend facettenreich?

Im Wort *begleiten* steckt das Wort *leiten*. Wenn ich jemanden begleite, dann leite ich ihn auch, indem ich z.B. sage, dass wir doch in den Englischen Garten gehen sollten. Die Controller leiten ihre Kollegen in Richtung auf das geplante Ergebnis. Wo können wir Stunden einsparen, um den Mehrbedarf wegen Änderung des Konzepts auf Formatpapier auszugleichen? Andererseits liegt es nahe zu fragen: Warum ist die Abweichung von 190 Stunden entstanden? Die Gefahr ist groß, dass diese Frage das Gespräch nicht in Richtung Ergebnissicherung leitet, sondern einen Rechtfertigungsbericht auslöst. Außerdem können sich Techniker der unangenehmen Warum-Frage in Zukunft dadurch entziehen, dass sie den Bearbeitungsstand auf der Basis der verbrauchten Stunden »schätzen«. Das funktioniert recht gut bis kurz vor Ende eines Projekts. Nur das Projektcontrolling funktioniert dann nicht mehr. Auch ein Nachprüfen, ob auch richtig kontiert wurde, hilft

Kapitel 5

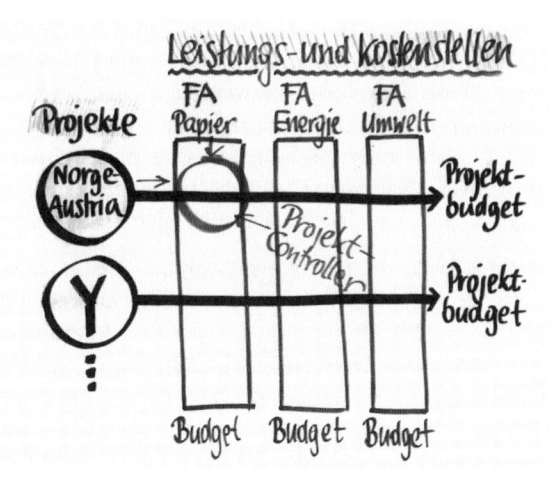

Abb. 5.3: Matrixbeziehung in der Projektorganisation

der Sache nicht weiter. Besser ist es, nach vorne zu fragen: Wie viele Stunden braucht es noch bis zum Projektende? Es gilt Maßnahmen zu veranlassen. Es ändert sich nichts, wenn sich alle Beteiligten einig werden, dass die Unternehmensleitung schuld sei, weil sie die Monacia-Marketing-Beratung in das Projekt »hineingedrückt« hat, die sich bisher nicht eindeutig geäußert hat. Mit der Projizierung von Fehlern und Irrtümern auf andere, auf Chefs oder auf Sündenböcke, die von außen kommen, ist weder der Sache noch den beteiligten Menschen gedient.

Die Controller haben in der Vorkalkulation die Spesen und Fremdleistungen in Höhe von 120.000 Euro aus der Berechnungsbasis für den Ziel-Deckungsbeitrag herausgelassen. Das ist richtig, denn sonst würde je nach Spesenanteil – damit auch nach der Entfernung des Kunden vom Sitz der Projekt GmbH – der Ziel-Deckungsbeitrag je Projekt unterschiedlich hoch kalkuliert. Das würde dazu führen, dass Projekte mit relativ hohem Spesenanteil zu teuer angeboten würden. Die Entscheidung über das zu wählende Kalkulations- und Abrechnungssystem gehört in die fachliche Zuständigkeit der Controller. Er oder sie könnte in der Konferenz auch anregen, die Stundenerfassung nicht pauschal für das ganze Projekt zu machen (so kamen die 2.000 Stunden auf das Projekt Norge-Austria), sondern zumindest entsprechend dem Projektstrukturplan nach den Arbeitspaketen bzw. Teilprojekten A bis E. Natürlich ist immer wieder zu überlegen, ob der zusätzliche administrative Aufwand durch die gezieltere Information gerechtfertigt ist.

Wie ist das Ergebnis des Projektmeetings? Die Entscheidung in der Produktdefinition heißt Formatpapier. Die Empfehlung der Monacia-Marketing-Beratung und der auf der internationalen Messe von der Projektleitung festgestellte Trend zeigen in die gleiche Richtung. Es wäre strategisch falsch, dem Kunden eine Konzeption für Rollenpapier zu liefern, um dadurch den Deckungsbeitrag des Projekts zu retten. Von der Sache her ist das logisch. Aber wie ist die psychologische Situation für die Beteiligten?

Die Projektleitung ist zuständig für die auftragskonforme, termingerechte und gewinnbringende (wie es etwas ungenau heißt) Abwicklung des Projekts. Der Termin ist nicht in Gefahr, nachdem die Produktdefinition jetzt steht. Mit der Entscheidung für das Formatpapier ist die Sache auch auftragskonform; die AS-Norge machte die Produktdefinition zum Bestandteil des Engineering-Auftrags. Aber das Ergebnisziel, ein Ziel-Deckungsbeitrag von 80 Prozent, lässt sich nicht halten. Wird die Unternehmensleitung nur auf die Erfüllung des Deckungsbeitragsziels schauen oder die Mehrkosten auch als Investition in das Know-how für zukünftige Aufträge anerkennen? Die Projektleitung lernt aus dem Projekt Norge-Austria, dass ein Projekt nicht nur nach seinem Auftragswert, sondern auch nach seiner strategischen Bedeutung einzustufen ist. Offensichtlich war der strategische Aspekt den Entscheidern bei der internen Auftragsfreigabe nicht von Anfang an klar; andernfalls hätte es die Unternehmensleitung versäumt, der Projektleitung die strategische Bedeutung des Auftrags klarzumachen.

Für die Regionalleitung steht fest, dass man seinem Kunden Mehrkosten wegen mangelhafter Projektkoordination im eigenen

Haus nicht in Rechnung stellen kann. Die Änderung der Konzeption von Rollenpapier auf Formatpapier ist kein guter Einstieg in eine Verhandlung über ein Nachtragshonorar. Schließlich war die Produktdefinition Bestandteil des Auftrags. Da ist aber auch noch ein Kommunikationsproblem. Wie steht ein Regionalleiter da, wenn er vom Kunden erfährt, dass es nun doch Formatpapier sein soll? Gerade weil die Produktdefinition zum Auftrag gehört, muss mit Vorabinformationen gegenüber dem Kunden vorsichtig umgegangen werden. Keinesfalls darf so eine Information an ihm vorbeilaufen.

Die Fachabteilung hat den zusätzlichen Stundenbedarf angegeben. Im Arbeitspaket B ist die Konzeption um das Schneiden und Portionieren des Papiers zu erweitern. Neu hinzu kommt ein Hochregallager für das formatierte Papier (Arbeitspaket D). Die für die Markterkundung eingesetzten 100 Stunden sind größtenteils verloren, da die Kunden für Formatpapier andere sind als die für Rollenpapier. Insgesamt aber sind beim Arbeitspaket A größere Einsparungen möglich, da die Produktdefinition nun steht. Auch die Fachabteilung wird aus den Irrtümern beim Projekt Norge-Austria einen Lernschritt zum vernetzten Denken und Handeln machen. Natürlich ist die gute Auslastung der Mitarbeiter weiterhin ein wichtiges Ziel. Wenn aber die Mitarbeiter teilweise für den Papierkorb arbeiten, trägt das nicht gerade zur Motivation bei. In Zukunft werden sie nicht warten, bis die Projektleitung kommt, sondern auf sie zugehen. Eine gute Unternehmenskultur verlangt, dass für alle das Prinzip der Hol- und Bringschuld bei Informationen gleichrangig gilt. Die Fachabteilung bietet an, das Projekt bis 15. Februar nächsten Jahres abzuschließen. Mit diesem früheren Liefertermin kann die Regionalleitung wieder einiges gutmachen beim Auftraggeber. Vielleicht kann der Auftrag als Generalunternehmer für das Bauprojekt geholt werden.

Die Controller haben die Entscheidungen in der Erwartungsrechnung protokolliert (Abbildung 5.2). Die Felder für die Analyse des Projektverlaufs und die Maßnahmen sind nicht ausgefüllt. Die möglichen Inhalte ergeben sich aus der Kommentierung des Fallbeispiels. Warum die Bezeichnung Aktionsformular in der Abbildung 5.2? Wie schon erwähnt, können die Projektdaten den Einstieg in die Diskussion liefern. Bei logischer Vorgehensweise folgt als nächster Schritt die Analyse des Projektablaufs (Abweichungs-, Ursachenanalyse). Darauf bauen die Maßnahmen auf, die wieder auf Plankurs führen sollen. Aus psychologischen Gründen empfiehlt sich der Einstieg ins Gespräch etwa mit der Frage: Schaffen wir unser Termin- und Ergebnisziel?

Also von der Zukunft her gefragt, denn nur nach vorne können wir etwas ändern. Wenn in unserem Fallbeispiel die Projektleitung diesen Einstieg ins Gespräch wählt, kann sich der Controller gleich bereithalten, um gesprächsbegleitend und für alle einsehbar auf der vorbereiteten Pinnwand die Maßnahmenentscheidungen zu protokollieren. Sozusagen gratis mitgeliefert bekommt man dadurch auch die Begründungen für die Differenz von Soll- und Iststunden oder für Abweichungen bei den Projekteinzelkosten. In dieser Gesprächs- und Protokollführung liegt auch noch die Chance, dass man in der Runde überlegt, was außer den vorgesehenen Standardinformationen für die Unternehmensleitung noch berichtswürdig ist. Natürlich wird hier nicht dem »Schönfärben« eines Berichts das Wort geredet, sondern die Möglichkeit gesehen, einen Beitrag zur Eindämmung der oft beklagten Informationsflut zu leisten.

Die Erwartungsrechnung ist also keine Hochrechnung im Sinne einer Trend-Extrapolation. Sie ändert auch nicht die Planung mit den ursprünglichen Zielen, sondern sie kündigt im Voraus an, inwieweit es unter Berücksichtigung der eingeleiteten Maßnahmen gelingen wird, das Budget einzuhalten. Der Nutzen der Erwartungsrechnung liegt darin, dass sie

- auffordert, aus Abweichungen Konsequenzen zu ziehen;
- das Ergebnis einer Besprechung der am Projekt Beteiligten ist und motivierend wirkt und für die Identifikation mit den Zahlen sorgt, da nicht nur Abweichungsanalyse und eventuell die Suche nach Schuldigen betrieben wird;

- eine verlässliche Bewertung der bisher geleisteten Arbeit als Teil des Gesamtprojekts erlaubt;
- zeigt, mit welchen Abweichungen vom ursprünglichen Ziel gerechnet werden muss; dies kann Anstöße für Maßnahmen bei anderen Projekten auslösen.

Aus dem Projekt Norge-Austria ist auch für die interne Auftragsfreigabe etwas zu lernen. Das Arbeitspaket Markterkundung/Produktdefinition bedeutet ein erhöhtes Risiko für das gesamte Engineering-Projekt. In Zukunft wird man versuchen, schon in der Verhandlung mit potenziellen Auftraggebern die Arbeitspakete richtig zu bündeln und aus Markterkundung/Produktdefinition ein eigenes Projekt machen. Sollte das nicht erreichbar sein, wäre über einen Risikozuschlag in der Kalkulation zu entscheiden. Im konkreten Fall scheut man oft davor zurück, weil befürchtet wird, dass man sich dadurch aus der Reihe der möglichen Auftragnehmer »herauskalkuliert«. Gekonntes Management ist, ein solches Risiko auch zahlenmäßig zu definieren und schon in der internen Auftragsfreigabe als »Investition für die Einarbeitung in neue Technologien« zu verabschieden. Das bedeutet aber nicht, dass dieses Geld »verbraten« werden muss. »Budget-Töpfe« dieser Art sind von Controllern besonders zu betreuen.

Fallstudie zum Projektcontrolling

Wie sieht nun das Projektergebnis aus heutiger Sicht aus?

Planerlös	768.000
– Projekteinzelkosten	136.000
bisher kontiert:	120.000
Rest Monacia:	10.000
zusätzliche Reisekosten:	6.000
=	632.000
– Produktkosten: 3.350 h x 120 =	402.000
voraussichtlicher Ist-Deckungsbeitrag	**230.000**

Der Ziel-Deckungsbeitrag beträgt 80 Prozent. Nach der Erwartungsrechnung reduziert er sich absolut um 58.000 Euro (von 288.000 auf 230.000 Euro) und relativ von 80 Prozent auf etwa 57 Prozent (230.000 : 402.000). Diese Zahlen und die Hintergründe sind von der Projektleitung, unterstützt und betriebswirtschaftlich begleitet vom Controller der Unternehmensleitung, zu verkaufen. Das Projekt Norge Austria soll ein Lernprojekt sein. Die Zeiten werden schwieriger; das macht systematisches Controlling nötiger denn je. Dazu gehört das Verständnis für den Zusammenhang von strategischen, operativen und dispositiven Sachverhalten. Bei diesem Thema sind Controller als Methodiker und Organisatoren gefordert. Zur Erläuterung können sie die Pfeil-Darstellung in Abbildung 5.4 nehmen. Das laufende Tun, die Vielzahl der Entscheidungen überall im Unternehmen sind auszurichten nach den operativen Zielen, die im Budget zahlenmäßig abgesichert sind. Ohne strategische Orientierung könnte es allerdings aus dem kurzfristigen Erfolgsstreben ein böses Erwachen geben. Die gestrichelte Linie, an der sich die Pfeilspitzen in der Abbildung ausrichten, soll die Schwierigkeit und Brüchigkeit der Integrationsbemühungen visualisieren.

Kapitel 5

XX

STRATEGISCH   OPERATIV   DISPOSITIV

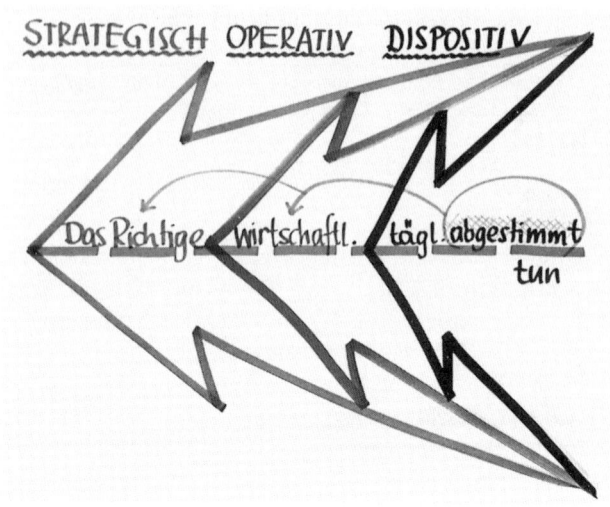

Das Richtige → wirtschaftl. → tägl. abgestimmt tun

Abb. 5.4: Integriertes Controlling

Dazu zunächst ein Beispiel aus einem anderen Bereich. Ein Autohändler aus Los Angeles hat ein neues Bewertungsverfahren (da gibt es ja z. B. LIFO: Last In, First Out; FIFO: First In, Last Out) für seine Bestände an Automobilen entdeckt: FISH, also: First In, Still Here! Was ist das für ein Problem, das aus diesem Spaß (er stammt aus einer amerikanischen Zeitung) herausleuchtet? Ist es ein dispositives Problem beim Handel, das durch Aktionen – wie gehabt und geübt – zu lösen ist? Ist es ein Problem der gesamten Automobilbranche, bedingt durch ein konjunkturelles Tief? Oder steckt hinter diesem als dispositives Problem sichtbar gewordenen Sachverhalt ein strategisches Versäumnis, sind strukturelle Veränderungen nicht rechtzeitig erkannt worden? John Z. DeLorean schreibt in seinem Buch »On a Clear Day You Can See General Motors« (New York 1980) von zwei Fehlentwicklungen bei General Motors, die eine Erklärung für den strategischen Hintergrund des dispositiven Problems unseres Autohändlers aus Los Angeles sein könnten: 1. Im Laufe der letzten Jahre haben »Finanztypen« die Ingenieure in der Unternehmensspitze von der

Macht verdrängt, was dazu führte, dass unternehmerische Entscheidungen im Wesentlichen dadurch bestimmt waren, was kurzfristig unter dem Strich herauskam. 2. Die Ausgewogenheit von zentraler und dezentraler Unternehmensführung – vom bekannten, in diesem Buch auch schon zitierten früheren Chef von General Motors, Alfred P. Sloan, geschaffen – musste einer stärkeren Zentralisierung weichen.

Unabhängig davon, ob die Darstellung des bei General Motors ausgestiegenen Managers den Tatsachen entspricht, sind diese möglichen Entwicklungen von systematischer Bedeutung. Das Finanzthema und das Organisationsthema hängen eng zusammen. Die Zahlen sind der gemeinsame Nenner für das Tun im Unternehmen: Wir ziehen jedes Jahr Bilanz. Dieses Tun, das Übersetzen der Unternehmenstätigkeit in Zahlen von der Planung über das interne Berichtswesen bis zur externen Rechenschaftslegung verführt zu zentralistischem Denken und Handeln mit der Folge einer entsprechenden Gestaltung der Organisation und von deren Informationsflüssen. Und: Liegt nicht eine der Gefahren der Zentralisierung von Entscheidungen darin, dass sich die oberste Führungsebene im Tagesgeschäft, im dispositiven Tun verliert? Denn: Die Tagesprobleme sind dringend, die strategischen Fragen »nur« wichtig. Und wenn die zentralisierte Informationsflut im Tagesgeschäft nicht mehr bewältigt werden kann: Kommt das durch die Informationsfilter, die zur Beurteilung der »Realität« nötig sind?

In der Projektkonferenz ist zu entscheiden, welche dispositiven Maßnahmen auf den operativ festgelegten Plankurs zurückführen. Controller rücken das Deckungsbeitragsziel ins Visier. Gleichzeitig darf das strategische Ziel, nämlich das Richtige für den Kunden tun, nicht aus dem Blickfeld verschwinden. Das Ganze ist aber noch komplexer. An welchem Zielmaßstab wird welcher Konferenzteilnehmer von der Unternehmensleitung gemessen? Die Sache liegt auf dem Tisch; sie ist nur einmal da. Auf die Sachentscheidung wirken Einstellung und Verhalten aller Konferenzteilnehmer und »aus der Ferne« das Beurteilungsverhalten der Unternehmensleitung. Vernetztes Denken und Handeln ist erforderlich.

Controller wollen ihr Informationsangebot verbessern. Die Ingenieure sagen ihm ihre Unterstützung zu; sie wollen in Zukunft die Kontierung der Stunden detaillierter und sorgfältiger vornehmen. Als Kriterium für eine selektive Auftragseingangsplanung im Problemlösungs-Mix der Projekt GmbH wollen sie den Deckungsbeitrag je Projektierungsstunde liefern und dessen Anwendung trainieren. Nach den Planzahlen für das Projekt Norge-Austria liegt er bei 96 Euro je Stunde (288.000 Euro : 3.000 h); nach der Erwartungsrechnung ist er allerdings auf etwa 69 Euro je Stunde (230.000 Euro : 3.350 h) gesunken.

6
Ganzheitliches Denken und Handeln im Controlling

6.1 Das Unternehmen als soziotechnisches System

Das Unternehmen ist ein Soziotechnisches System. Das gilt auch für die Volks- und Weltwirtschaft, die ja wiederum aus Betriebswirtschaften, gewinn- und nicht-gewinnorientierten Unternehmen, aber auch Behörden und anderen Organisationen bestehen. Menschen (dafür steht *sozio*) kommen zusammen, um mithilfe von Sachen wie Gebäuden, Maschinen, Computern (dafür steht *technisch*) Produkte und Dienstleistungen zu produzieren und zu verkaufen. Im Ordnungsbild für die Managementfunktion (Abbildung 1.3, Seite 21) ist die personen- und sachorientierte Seite des Managements und deren Vernetzung dargestellt. Dieser Zusammenhang von Sache und Mensch ist gedanklich nichts Neues, wird aber in der praktischen Arbeit immer wieder übersehen oder zu wenig beachtet.

Wenn wir die Sachseite aufteilen nach Methoden und Organisation und bei den Menschen nach Verhalten und Einstellung gliedern, ergibt sich aus den Anfangsbuchstaben dieser Komponenten eines soziotechnischen Systems das englische Wort MOVE. Wenn wir etwas bewegen (*to move*) wollen im Unternehmen, müssen wir Sache und Mensch als Ganzes und in ihrer Vernetzung sehen. Menschen wenden im Unternehmen Methoden (im Verkauf, in der Technik, im Controlling) innerhalb mehr oder weniger festgeschriebener Organisationen (Abläufe und Strukturen, Leit- und Richtlinien) an und dabei verhalten sie sich. Verhalten ist äußerlich, ist beobachtbar, drückt sich aus in Sprache und Kör-

Kapitel 6

persprache. Der Psychologe Paul Watzlawick sagt: Man kann sich nicht nicht-verhalten. Als Beobachter schließen wir aus dem Verhalten auf die Einstellung, aber wir können sie nicht sehen. Fehlinterpretationen sind möglich, weil das gezeigte Verhalten nicht mit der inneren Einstellung übereinstimmen muss. In der Operette »Das Land des Lächelns« von Franz Lehár heißt es »Immer nur lächeln... und wie's da drinnen aussieht, geht niemanden was an«. Andererseits ist es schwirig, sich dauerhaft anders zu verhalten, als es der Einstellung entspricht. Das merken wir spätestens dann, wenn jemandem »der Kragen platzt« oder »die Galle überläuft.« Dann sind Einstellung und Verhalten identisch und der Krach perfekt.

Ein Beispiel aus dem Arbeitsgebiet der Controller soll diese ganzheitliche, vernetzte Denkweise deutlich machen. In einem Unternehmen sollen die Manager und Mitarbeiter in den verschiedenen Werken durch eine Werks-Ergebnisrechnung (Methode) zu gewinnorientiertem Denken und Handeln (Verhalten) angeregt werden. Das nach funktionalen Ressorts gegliederte Unternehmen (Organisation) hat aus Gründen der Rationalisierung der Fertigung die Werke auf eine Spezialisierung nach Aggregaten (Organisation) ausgerichtet. In einem Produktionsverbund (Organisation) beliefern sich die Werke gegenseitig bis hin zur Endmontage. Um eine Werks-Ergebnisrechnung erstellen zu können, müssen Verrechnungspreise (Methode) festgelegt werden. Zunächst ist klar, dass die Höhe der Verrechnungspreise das Ergebnis unmittelbar beeinflusst. Welche Wechselwirkungen zwischen Methode (Werks-Ergebnisrechnung, Verrechnungspreis), Organisation (funktionale Organisation, Produktionsverbund) sowie Verhalten und Einstellung der betroffenen Manager und Mitarbeiter sind zu erwarten? Beurteilt sie der Vorstand nach dem Werksergebnis? Ist ihr Einkommen davon abhängig? Sind Erfolgsprämien für sie ganz oder zum Teil ergebnisabhängig? Wie viel macht das für das Gesamteinkommen aus? Ist für die Manager der Werke das Ausüben von Einfluss wichtiger als das »bisschen Geld« (Einstellung), das auf dem Spiel steht? Womit sollte der Werksleiter »schlafen gehen«: mit Rationalisierungsproblemen oder mit der Verhandlungstaktik über Verrechnungspreise?

Wie schon erwähnt, muss das gezeigte Verhalten nicht mit der Einstellung übereinstimmen. So sagt die Werksleitung vielleicht, dass es ihr auf das bisschen Geld nicht ankommt (jeder weiß ja, dass sie gut verdient); der Traum vom Ferienhaus würde aber durch dieses »bisschen« schneller realisierbar. Dieses Auseinanderfallen von Einstellung und Verhalten kann bewusst oder halb bewusst hervorgerufen werden. Die Zusammenarbeit im Unternehmen wäre viel einfacher, wenn die Einstellung immer der Motor für das beobachtbare Verhalten wäre.

Der Leser wird bemerkt haben, dass wir aus dem soziotechnischen System ein technisch-soziales gemacht haben, um zu MOVE zu kommen. Dieses Kunstwort führt zu einer weiteren Frage: Wie schnell lassen sich die Komponenten Methoden, Organisation, Verhalten und Einstellung ändern? Die praktische Erfahrung sagt uns, dass Methoden (z. B. eine Methode zur Investitionsrechnung, Formulare, Fertigungsverfahren) durch den Einsatz von Spezialisten meist sehr schnell geändert werden können. Unser Ausbildungssystem ist im Wesentlichen auf die Vermittlung von Methodenkenntnissen ausgerichtet. Veränderungen von Organisationen dauern in der Regel länger. Bei der Neugestaltung der Auftragsbearbeitung (Prozess) oder der Einführung einer Organisation nach Produkt- und Kundengruppen (Struktur) ist mit einem höheren Grad an Komplexität zu rechnen; nicht zuletzt wegen der größeren Anzahl von Menschen, die davon betroffen sind. Ein hohes Maß an Geduld und Ausdauer ist erforderlich, um Verhaltens- und Einstellungsänderungen herbeizuführen.

Die von den Methoden bis zur Einstellung abnehmende Änderungsgeschwindigkeit hängt auch mit dem Umfang des Wissens zusammen, das wir über die einzelnen Komponenten im MOVE haben. Wir sahen und sehen noch immer die Chancen für Veränderung v. a. im Sachbereich. Die Inhalte unserer Aus- und Weiterbildung pflastern diesen Weg, die Bequemlichkeit der relativ

Kapitel 6

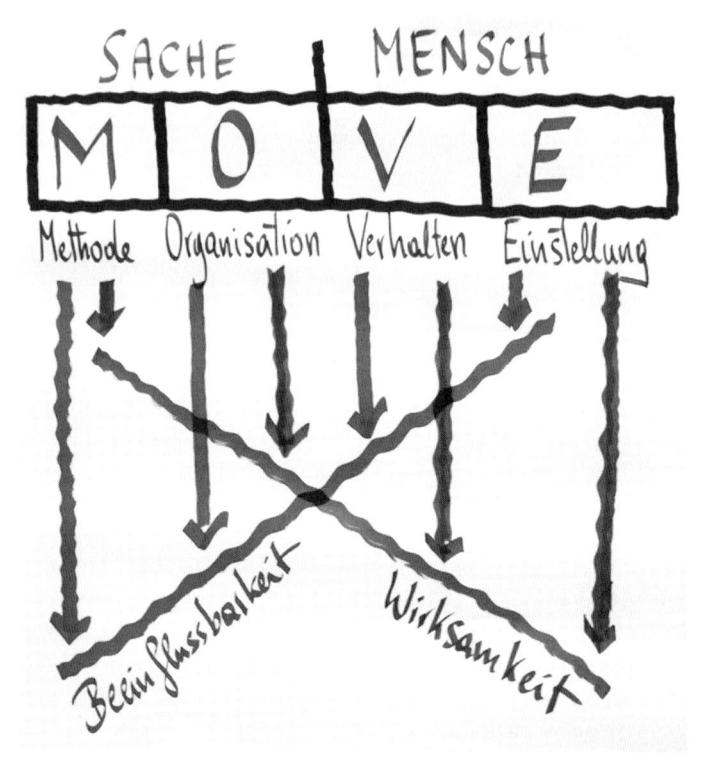

Abb. 6.1: MOVE für Veränderungen

schnellen Änderbarkeit führt uns dahin und wegen der Menschen und über ihr Verhalten und ihre Einstellung stolpern wir. Wir rappeln uns auf und ändern. Schnell muss es gehen, daher ... und schon stolpern wir wieder.

Wie kommen wir aus diesem Kreisel heraus? Als Veränderer oder Change Agents, z. B. die Controller im Beispiel der Werks-Ergebnisrechnung: Können wir uns mehr Wissen über Verhalten und Einstellung von Menschen aneignen und in uns selbst hineinhören, so schwer das auch sein mag? Der wichtigste Schritt aber wird sein, die betroffenen Menschen an den Änderungen zu beteilen, und zwar schon im Stadium der Planung. Man muss es ertragen, die einfache Lösung nicht in der Tasche zu haben! Der Physiker und Philosoph Carl Friedrich von Weizsäcker sagt, dass Bewusstseinsänderung nur gemeinsam geht etwa über die Frage: »Du willst die Gesellschaft verändern. Bist du bereit, mit mir die Frage zu diskutieren, ob dein Verhalten dies nicht verhindert?« Controller wollen gewinnorientiertes Denken und Handeln (vom reinen Qualitätsbewusstsein zum Kosten- und Ergebnisbewusstsein) durch eine Werks-Ergebnisrechnung fördern. Ein »besserwisserisches« Verhalten könnte im Wege stehen. Vereinfacher behaupten, es gut zu meinen: Politiker mit dem Volk, Chefs mit den Mitarbeitern, der Mann mit der Frau und umgekehrt, die Eltern mit den Kindern und eben auch Controller mit den betriebswirtschaftlich »unbedarften« Managern. Da die Zeit drängt (Wer drängt eigentlich? Die Zeit selbst ja nicht), die Fakten ohnehin in eine Richtung zeigen, wird oft ohne die Beteiligung der Betroffenen gehandelt. Von Karl Jaspers stammt der Satz: »Die Wahrheit beginnt zu zweit.« Bei dieser Auffassung von Dialog öffnet sich jeder der Wahrheit des anderen, ohne sich auf sie beschränken zu müssen.

6.2 Kooperation und Wettbewerb

Das »und« in der Überschrift ist wichtig. Kooperation ist das stabilisierende, Wettbewerb das leistungsauslösende Element. Das gilt z. B. in der Beziehung zwischen einem Automobilhersteller und den Lieferanten. Das spezielle Know-how des Zulieferers und die Auslastung seiner Kapazitäten durch die Aufträge des Autoherstellers sind das Stabilisierende in dieser Beziehung. Dabei muss der Preis »stimmen«; das ist der Sensor für das leistungsauslösende Element im Wettbewerb mit anderen potenziellen Zulieferern. Hohe Entwicklungskosten können in Teilbereichen, z. B. für umweltfreundliche Motoren, zu Kooperationen führen. Der Wettbewerb um die Kunden wird dann über die unterschiedlichen Leistungsangebote in Design und Komfort ausgetragen.

Diese Denkweise führt auch zu neuen Spielregeln für die Arbeit im Unternehmen. Sparten, Werke, Niederlassungen kooperieren gegenüber Kunden und Lieferanten. Sie stehen aber auch in Wettbewerb untereinander, wenn es um die Zuordnung finanzieller Mittel für Investitionsvorhaben geht. Nach welchen Kriterien erfolgt die Zuteilung der Mittel durch eine übergeordnete Instanz? Ist es die absolute Zahl, die in der Werks-Ergebnisrechnung unter dem Strich herauskommt? In diesem Fall wird der Verrechnungspreis zwischen den Werken zur »strategischen« Größe; erst recht wenn daran auch die Erfolgsbeteiligung geknüpft ist. Oder gibt es eine strategische Planung, deren Machbarkeit in der operativen Mehrjahresplanung (Businessplanung) auch zahlenmäßig abgesichert ist und aus der Ziele in Zahlen für die einzelnen organisatorischen Einheiten abgeleitet wurden? Ist für ein Werk auf diese Weise ein Verlust von 50 Millionen Euro, für ein anderes Kostendeckung und für ein weiteres 20 Millionen Euro Überdeckung eingeplant, dann sind alle gleich gut, falls sie diese Ziele erreichen und die der Planung zugrunde liegenden strukturellen Annahmen und Daten sich nicht geändert haben. Zu diesen strukturellen Daten gehört auch der Verrechnungspreis.

MOVE – was bewegt die Menschen im Unternehmen? Und nur Menschen bewegen etwas; die Sachen tun das nicht von selber. Ein Beispiel aus dem Sport zeigt, dass es nicht einfach ist, Kooperation und Wettbewerb zu verbinden. Als Fußballspieler habe ich über mehrere Jahre die Methode »Zuckerbrot und Peitsche« erlebt. Der Ausdruck »Spielermaterial« verrät eine nicht seltene Einstellung von Trainern und anderen Verantwortlichen.

Die Peitsche ist vielseitig: Konkurrenzdruck, Prämiendruck, sozialer Druck (viele Spieler haben keine Berufsausbildung). Mir klingt noch das Wort im Ohr: Ihr müsst härter werden. Das bedeutete: härter gegen sich, damit man härter gegen andere sein konnte, gegen die Spieler der gegnerischen Mannschaft und gegen die Mitspieler im Training. Dieses Verhalten führte gelegentlich dazu, dass man andere für einige Zeit zum »Krankengut« (ein geläufiger Ausdruck in Krankenhäusern) machte oder selber dazu wurde.

Die Chancen-Elemente eines gut eingespielten Fußballteams für den Erfolg sind übertragbar auf die berufliche Arbeit. Das Gesamtziel ist der Gewinn des Spiels oder ein Unentschieden oder ein Verlust in Grenzen; ein Teilziel ist das Erzielen eines Tors (*goal*). Maßnahmen sind, den Gegner decken, sich freilaufen, einen Pass spielen: gegenseitiges Verstehen und aufeinander Eingehen ist wichtig für den Erfolg der Maßnahmen. Maßnahmen außerhalb der Spielregeln sind unfair, foul. Vor dem Match gibt es mit dem Trainer eine taktische Besprechung. Alternativen werden durchgespielt, wenn nötig visualisiert auf einer Tafel und schließlich wird ein Plan aufgestellt aufgrund der Kenntnis der eigenen Stärken und Schwächen und der des Gegners. Im Match ist dann elastisch auf unvorhergesehene Spielvarianten des Gegners zu reagieren. Der Trainer kann während des Spiels durch Zurufe und ausführliche Erläuterungen in der Pause beraten. Jetzt bewährt sich ein gut eingespieltes Team durch Mitdenken, Mitlaufen und Fehler-Ausbessern.

Kooperation und Wettbewerb – wir brauchen beides. Ein Wort dafür ist schon geschaffen: Co-opetition, zusammengesetzt aus Co-operation und Competition. Damit ist das Miteinander von Unternehmen gemeint, wie im Eingangsbeispiel zu diesem Thema dargestellt. Was habe ich als Spieler einer Fußballmannschaft davon, wenn ich mich für die Mitspieler einsetze und deren Fehler ausbessere? Den Erfolg über den Gegner, den Beifall der Zuschauer (Kunden) und deren Wiederkommen für ein gutes Spiel, die Prämie, die Freude am Spiel. Training und Spiel heißt bei den Profis Arbeit; das ist auch mit Anstrengung verbunden, manchmal mit Schmerzen. Der Wettbewerb entscheidet darüber, wer spielt, wer auf der Bank sitzt und wer auf der Tribüne.

Im Unternehmen ist das ähnlich. Es geht um das Bestehen auf dem Markt. Manche spielen in der Weltliga, manche in der Europaliga, die meisten in der Nationalliga. Auch von Auf- und Abstieg wird in der Wirtschaft gesprochen. Das gilt auch für Volkswirtschaften; die höchste Liga heißt derzeit G 8. Innerhalb der Unternehmen gibt es den Wettbewerb zwischen den Mitarbeitern: Wer steigt auf, wer wird Leiter von interessanten und wichtigen Projekten? Andererseits müssen alle an einem Strick ziehen, um ein Projekt erfolgreich abzuschließen oder in der Weltliga bestehen zu können. Wie kann in der Leistungsbeurteilung die individuelle Leistung und der Beitrag zum Gesamterfolg ausgewogen beurteilt werden? Ist das Team der Star oder gibt es doch Stars und Wasserträger? Welchen Stellenwert hat die Weitergabe von Wissen und wird diese Weitergabe belohnt? Oder wird nach der Devise »Wissen ist Macht« mit Wissen und Informationen »gespielt«? Kann dem Knowledge Worker überzeugend klargemacht werden, dass die Weitergabe und der Austausch von Wissen Grundlagen für die Fähigkeit sind, schneller zu lernen als der Wettbewerb und dass so nachhaltig ein Wettbewerbsvorteil geschaffen werden kann? Und wie sie von diesem Wettbewerbsvorteil profitieren werden?

6.3 MOVE im Berichtswesen

Die Abbildung 6.2 ist ein Merkbild zum ganzheitlichen Verständnis des Controllerberichtswesens. Es kann auch als »Schrittmacher« für die Gestaltung des Berichtswesens hergenommen werden. Wenn wir das Self-Controlling forcieren wollen, ist das Berichtswesen ein wichtiger Ansatzpunkt. Die Denkweise in MOVE soll uns dabei helfen. Controller sind oft auf die Sache fixiert, auf Methoden und Organisation des Berichtswesens. Das haben sie gelernt, das können sie, aber über mangelndes Verhaltenswissen und -können stolpern sie auch immer wieder. Besonders kritisch ist die Frage »Warum?« im Gespräch über Abweichungen. Wir sind jetzt in der Spalte Verhalten unseres Merkbildes. Manager (M) und Controller (C) sitzen sich gegenüber. Auf dem Tisch liegt der Soll-Ist-Vergleich (SIV), die Sache. Sie ist einmal da. Sie wird aber von zwei Menschen (oder mehreren) gesehen, bewertet, interpretiert mit ihren Einstellungen, die geprägt sind von Denkmustern, Ausbildungen, Erfahrungen und Interessen. Daraus resultieren Verhaltensweisen, die zu Missver-

Ganzheitliches Denken und Handeln im Controlling

ständnissen, Streit und Verletzungen von Selbstwertgefühl und Geltungsstreben führen können. Der »Faktor« Mensch fällt viel stärker ins Gewicht, als wir vordergründig meinen.

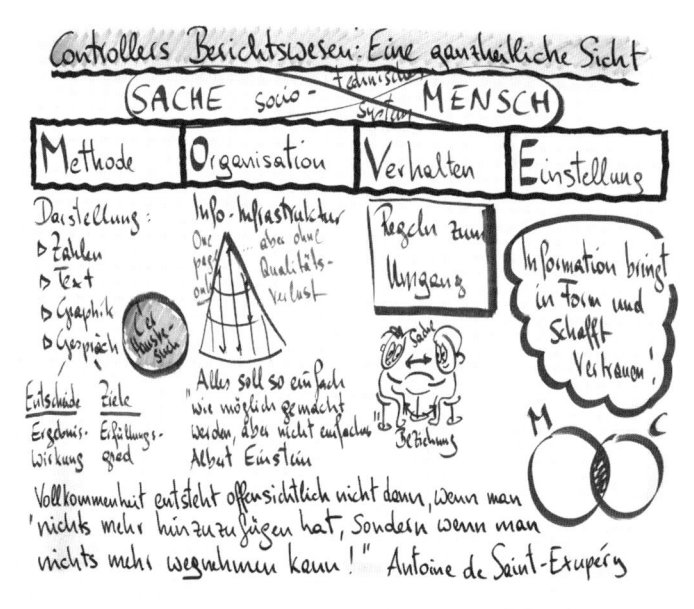

Abb. 6.2: Merkbild zum ganzheitlichen Verständnis des Controllerberichtswesens

Was ist so kritisch an dieser Frage? Das ist in das Bild hineingeschrieben. Der Controller fragt, warum eine Abweichung entstanden ist. Es mag ihm oder ihr darum gehen, die vom Manager geplanten Maßnahmen zu verstehen, die wieder auf Plankurs zurückführen sollen. Vielleicht sucht er auch nach Ursachen und Formulierungshilfen dafür, weil er einen Bericht an den gemeinsamen Vorgesetzten schreiben muss. Also ganz sachliche Gründe für die Frage »Warum?«. Doch oft wird bei dieser Frage kein Fragezeichen, sondern ein Ausrufezeichen verstanden (oft genug auch so gemeint); es wird also ein Vorwurf mit dieser Frage verbunden. Ob rein (ehrlich) sachlich oder vorwurfsvoll gemeint:

Kapitel 6

Fast zwangsläufig werden Manager in die Position des Sich-rechtfertigen-Müssens gedrängt. Das ist für die Gesprächsatmosphäre ungünstig und für die Sache wenig hilfreich. Die Frage »Warum?« führt inhaltlich in die Vergangenheit. Da ist nichts mehr zu ändern. Außerdem haben sich Manager die Analysefrage »Warum?« spätestens bei der Vorbereitung auf das Gespräch gestellt, meist aber schon vorher. Bevor Manager die Ereignisse eines abgelaufenen Zeitraums schwarz auf weiß in Zahlen dargestellt sehen, weiß er oder sie aus eigenem Erleben, aus Gesprächen mit Mitarbeitern und aus anderen Informationen, dass etwas nicht so gelaufen ist wie es geplant war. Besser in jeder Hinsicht ist es, den Blick in die Zukunft zu richten: Schaffen wir unser geplantes Ziel? Was braucht es, um unser Ziel noch zu erreichen? Die Begründungen für Abweichungen fallen beim Gespräch über die Erwartungen für das nächste Quartal fast zwangsläufig an. Schließlich hat der Manager seine korrektiven Maßnahmen auf der Analyse und Diagnose des bisherigen Geschäftsverlaufs aufgebaut. Und natürlich gilt, dass wir nur zukünftige Handlungen ändern können.

Es ist schwierig, über Einstellung zu schreiben. Die Formulierung »Information bringt in Form und schafft Vertrauen« entstand in einem Workshop mit Industriemeistern und Fertigungsplanern. Könnte dieser Satz nicht auch Leitlinie sein für das Controllerberichtswesen? Wenn wir in das Herz eines so eingestellten Controllers schauen könnten, würden wir vielleicht die Frage lesen: Wie bringe ich meine Kunden, die Manager, in Form, damit sie in ihre Entscheidungen auch die Ergebniswirkung einbeziehen können? In diesem Sinne bringen Informationen des Controllers in Form. Die Verlässlichkeit der Zahlen, die Aktualität, die persönliche Interpretation der Controllers, die bei Managern Verständnis schafft, sind Baustein für die Schaffung eines vertrauensvollen Miteinanders.

Als Anleitung zum Umsetzen dieser Einstellung in praktisches Verhalten sind bei der Controller Akademie zehn Regeln zur Präsentation von Controllerberichten formuliert worden. Sie sind dargestellt und kommentiert in Deyhle/Radinger, Controller-»Handbuch Band 1«, Stichwort: Controller – der/die das Controlling managt. Für die Empfängerorientierung der Controller empfehlen wir: die Sprache der Empfänger schreiben und sprechen; Formulare und Berichtsaufbau nicht dauernd ändern; nicht Beweise sammeln für das, was geschehen ist, sondern Informationen bieten als Einstieg, wie es besser gemacht werden kann. Statt unserem traditionellen Wort *Empfängerorientierung* könnte man auch *Kundenorientierung* sagen.

Abb. 6.3: Das Zusammenspiel zwischen Manager und Controller

Kapitel 6

Controllerkommunikation ist eine Aktivität, bei der mit Managern Informationen und Meinungen ausgetauscht werden, um die Überlebensfähigkeit des Unternehmens auch wirtschaftlich zu sichern. Symbol dieser Kommunikation ist die Schnittmenge in Abbildung 6.3, das gemeinsame Controlling, der Controllingdialog. Controller präsentieren ihre Informationen in Zahlen, kommentieren sie mit Texten, versuchen mit Grafiken ihre Kunden ins Bild zu setzen und im persönlichen Gespräch Ergebnis- und Finanzwirkungen in geplanten oder bereits durchgeführten Entscheidungen zu erläutern. Damit ist die Darstellung von Informationen im Merkbild zum Controllerberichtswesen angesprochen. Ich habe die Beschreibung dieses Bildes mit Einstellung und Verhalten begonnen; jetzt sind wir auf der Sachenseite bei den Methoden. Die Scheibe mit der Aufschrift »Controller's Hausbesuch« gehört zum Gespräch. Das Zitat von Goethe in der Abbildung 6.3 mag dieser Empfehlung noch zusätzliche Akzeptanz verleihen. Die Zahlen sprechen meist nicht für sich, auch wenn man diese Formulierung immer wieder hört. Sich kurz und präzise auszudrücken, ist schwierig. »One page only!« heißt die Forderung in der Spalte Organisation des Merkbildes. Der Spruch »Ein Bild sagt mehr als tausend Worte« ist das »Passwort« für den Einsatz der Grafik im Controllerberichtswesen. Zahlen, Text und Grafik liefert der Computer. Die Kunst der Interpretation im persönlichen Gespräch, das Eingehen auf den Kunden, z.B. den Manager, auf seine direkten und indirekten (»durch die Blume«) Fragen, auf seine Körpersprache (Mimik und Gestik), bleibt die Domäne des Menschen in der Rolle des Controllers.

Die im Merkbild unter Methoden aufgeschriebene Prüffrage »Sind die Infos geeignet für Entscheide (zur Beurteilung der Ergebniswirkung) und/oder für Ziele (zur Beurteilung der Zielerfüllung)?« hilft dem Controller, zusammen mit seinen Kunden Informationsmanagement zu betreiben. Informationsbedarf und Informationsversorgung sind in Einklang zu bringen. Ein Kegel ließe sich denken als Symbol für eine gezielte, empfängerorientierte Informationsversorgung, die der jeweiligen Führungs- bzw. Verantwortungsebene entspricht. Die Balance zwischen Bedarf und Versorgung wird normalerweise vom »Faktor« Mensch gestört. Ein Informationsschub von unten nach oben wird ausgelöst durch Einstellungen wie »Ich will alles recht machen«, »Ich habe Wichtiges zu sagen«, »Die Chefs haben nicht gesagt, was sie brauchen«, »Ich will mir nicht nachsagen lassen, dass ...; also liefere ich alles« oder »Ich bin auch noch da«. Das Bedürfnis nach Absicherung oder Anerkennung löst Verhaltensweisen aus, die bis zur hemmungslosen Vollinformation führen können. Dann folgt die Klage über die Informationsflut. Diese Flut wird auch durch einen Informationssog von oben her ausgelöst. Unsicherheit und Misstrauen sind der »Treibstoff« für diesen Sog. Wenn Manager über den »Zahlenfriedhof« oder »Bilderfriedhof« auf ihrem Schreibtisch klagen, sind die gelieferten Daten für sie keine Information. Das kann an den Lieferanten der Daten liegen, die absenderorientiert statt empfängerorientiert berichten. Es kann aber auch an der mangelnden Fähigkeit der Empfänger liegen, die Daten zu verstehen und richtig zu interpretieren, sodass sie für sie nicht zu Informationen werden. Hier ist das Erklärungskönnen der Controller gefordert. Die Not mit der Informationsflut ist allgegenwärtig. Sowohl der Postkorb – traditionell oder elektronisch – im Büro als auch der Postkasten zu Hause sind überfüllt.

Die Forderung »One page only« kommt aus der Not, die Informationsflut nicht mehr verarbeiten zu können. Auf dieser einen Seite sollen die Highlights, die Schlüsselgrößen stehen, z. B. Informationen über Marktanteile, Zuwachsraten, Return on Investment, Cash flow, Working Capital. Abweichungen zu den genannten Größen sind starke Signale. Korrektive Maßnahmen jetzt einleiten heißt, mit Verspätung zu reagieren. Müssten nicht gerade die obersten Führungskräfte, das Topmanagement, das zuständig ist für strategische Weichenstellungen, schwache Signale empfangen und interpretieren, weil zu diesem Zeitpunkt die Reaktionszeit noch länger ist? Das »One page only« entspricht dem Prinzip der Verdichtung. Ist das mit der Forderung ohne Qualitätsverlust vereinbar und entspricht das dem Prinzip Verantwortung? Die schwachen Signale sind im standardisierten Berichtswesen nicht zu finden. Sie sind auch schwer organisierbar. Sie erscheinen z. B. auf dem Bildschirm einer Mitarbeiterin in der Auftragsbearbeitung. Ihr fällt auf, dass bei bestimmten Produkten von Kunden eines abgegrenzten Marktsegments in der letzten Zeit auffallend viele Storni kommen. Nehmen wir an, diese Mitarbeiterin weiß, an wen sie sich mit diesem »Verdacht« wenden kann. Findet sie auch Gehör? Oder lässt der Vorgesetzte mehr oder weniger deutlich merken, dass sie das Engagement der Mitarbeiterin als Wichtigtuerei oder als Störung empfindet? Mehrere solche Erfahrungen lassen die Initiative von Mitarbeitern erlahmen und können im Extremfall zur »inneren Kündigung« führen.

Der Umgang mit schwachen Signalen braucht eine gute Unternehmenskultur. Diese zu pflegen heißt, den Boden anreichern, auf dem das Wissen und Können der Mitarbeiter wachsen und zum Vorteil des ganzen Unternehmens genutzt werden kann. Die Unternehmenskultur ist ein weicher Faktor im Knowledge Management. Controller liefern meist starke Signale auf allen Ebenen, z. B. in Form von Abweichungen von Kosten der Kostenstellen in monatlichen Soll-Ist-Vergleichen. In einer Kostenstelle werden auch Leistungen erbracht und nicht nur Kosten »verbraten«. Leistung und Kosten gehören zusammen, sind im Verbund zu sehen und zu analysieren; wie die Stornierung von Aufträgen, was an der mangelnden Produktqualität oder an schlechter Kundenbetreuung liegen mag und was vordergründig zu Umsatzeinbußen führt. Um für solche Zusammenhänge ein Gespür zu bekommen, müssen Manager und Controller öfter vor Ort sein. Was man sehen kann, ist auch leichter einzusehen und zu durchschauen. »Managing by wandering around« heißt das im Buch »Auf der Suche nach Spitzenleistungen« von Peters and Waterman.

Sich Durchblick zu verschaffen, braucht Zeit. In One page only steckt die Gefahr des Werbesports. Er richtet sich an die psychologischen Bedürfnisse des Betrachters. Bieten wir im Berichtswesen, was die Empfänger wollen oder was Not tut? Werbespots haben den Vorteil anschaulicher, bildhafter Symbole, mit deren

Hilfe wir die Lehren, die uns erteilt werden, leicht aufnehmen können. Diese Lehren besagen unter anderem, dass kurze, einfache Botschaften langen und komplexen vorzuziehen sind. Der Werbespot verschmäht die Erörterung, denn sie erfordert Zeit und fordert Einwände heraus. Ist dieser Vergleich zwischen der Forderung nach One page only und einem Werbespot zu gewagt?

Verdichtung ohne Qualitätsverlust ist die Forderung für den Aufbau einer Informationsinfrastruktur. Sie soll der Gefahr des Werbespots entgegenwirken. Ein einfaches Beispiel soll dies verdeutlichen. Der ROI besteht aus den Komponenten Umsatzrendite und Kapitalumschlag. Nehmen wir an, dass als Zielgröße für den ROI 14 Prozent vereinbart wurden. Auf der Ebene darunter bedeutet das z. B. eine Umsatzrendite von 7 Prozent und einen Kapitalumschlag von 2. In der Berichterstattung über das erste Quartal steht ein ROI von 14 Prozent; also keine Abweichung. Tatsächlich ist bei einem bestimmten Produkt für eine bestimmte Zielgruppe in einer bestimmten Region der Absatz »eingebrochen«. Für das Gesamtunternehmen wirkt sich das in einem Rückgang der Umsatzrendite auf 6 Prozent aus. Dieser Rückgang wurde hier aber kompensiert durch ein verbessertes Vorrats- und Forderungsmanagement, das den Faktor für den Kapitalumschlag auf gute 2,3 steigen ließ. Das darf nicht unkommentiert bleiben. Controller sind dafür verantwortlich. Am besten wäre eine persönliche Interpretation des Zusammenhangs z. B. vor dem Computer sitzend gemeinsam unter die Oberfläche tauchend (drill down).

Aber: Der Chef hat keine Zeit. Ein schriftlicher Kommentar? Wird nicht gelesen; keine Zeit. Ein Dilemma. Den Bericht nicht liefern, bis die Zeit für die Interpretation erzwungen wird? Sehr mutig oder gar übermütig. Als Trost, aber auch als Ansporn und Argument mögen dem Controller die Zitate von Antoine de Saint-Exupéry und von Albert Einstein im Merkbild dienen. Das von Einstein heißt: »Alles soll so einfach wie möglich gemacht werden, aber nicht einfacher.« Denn dann wird's banal, nicht aussagefähig oder gar gefährlich, weil Wichtiges unter dem einfachsten gemeinsamen Nenner verschwindet. Was sagt uns Saint-Exupéry mit seinen Worten? »Vollkommenheit entsteht offensichtlich nicht dann, wenn man nichts mehr hinzuzufügen hat, sondern wenn man nichts mehr wegnehmen kann.« Weniger ist oft mehr. Nur sagt er's viel schöner.

Im Schnittmengenbild ist als Sinn des Controllingdialogs angegeben: gegenseitiges Verständnis verbessern; das geht über das Gehirn. Gegenseitiges Vertrauen schaffen; das geht über das Herz. Wenn zwei sich verlieben, gelingt der Einstieg ins Vertrauen übers Herz. Im normalen Geschäftsleben erfolgt der Einstieg ins Vertrauen über den Verstand und festigt sich durch die Erfahrungen, die wir miteinander machen.

7
Das Performance-Managementsystem Balanced Scorecard

In der Mitte der 90er-Jahre wurde das von Kaplan/Norton in den USA entwickelte Managementsystem Balanced Scorecard (BSC) auch in Europa bekannt und verbreitete sich rasch. Noch heute ist die Balanced Scorecard eines der wichtigsten Instrumente zur Strategieumsetzung. Die wesentliche Zielsetzung, die Kaplan und Norton bei der Entwicklung der Balanced Scorecard verfolgten, besteht in der Verankerung der Unternehmensstrategie im operativen Tagesgeschäft. Durch die Verankerung entsteht eine Verbindung zwischen den Fachbereichen des Unternehmens mit den darin handelnden Personen einerseits und der Unternehmensführung mit ihren strategischen Zielen auf der anderen Seite. Diese Verbindung wiederum schafft Orientierung für das Handeln im Tagesgeschäft. Sie hilft Antworten zu finden auf die Frage, was wichtig ist zu tun, um die Unternehmensstrategie erfolgreich umzusetzen. Über Kennzahlen wird dann der Umsetzungsfortschritt von strategischen Aktionen und Projekten erfasst und gesteuert.

Dabei wird nicht nur der finanziellen Entwicklung des Unternehmens Rechnung getragen. Die Erreichung der Ziele der Finanzperspektive ist maßgeblich vom Umsatz abhängig. Den erzielen wir mit unseren Kunden. Die Frage, mit welchen Kunden wir in Zukunft in welchen Märkten unsere Umsätze generieren wollen und was wir heute dafür tun müssen, ist also ganz zentral für die Erreichung der Finanzziele. Stellen wir uns eine Waage vor. Jetzt legen wir die Ziele der Finanzperspektive in die eine Waagschale und die Ziele der Kundenperspektive in die andere – beide würden sich die Waage halten, also gleich wichtig für den Erfolg sein.

Ähnlich verhält es sich mit den Prozessen im Unternehmen. Die Kunden sind nur dann zufrieden und geben uns für unsere Produkte und Dienstleistungen Geld, wenn unsere Prozesse die gewünschte Qualität aufweisen. Damit ist die Prozessperspektive gleich wichtig wie die Kundenperspektive und die Finanzperspektive. Schließlich wird jeder Prozess erst durch Mitarbeiter, die gut qualifiziert und motiviert an die Arbeit gehen, zum Leben erweckt. Eine bestimmte Mindestperformance der Mitarbeiter bedingt somit die Prozessqualität. Die Mitarbeiterperspektive wird damit gleichbedeutend mit der Prozess-, Kunden- und Finanzperspektive. Die vier Perspektiven sind »balanced«.

7.1 Warum viele BSC-Projekte nicht erfolgreich waren

Bei der Lektüre des Erstlingswerkes zur Balanced Scorecard von Kaplan und Norton[1] wird schon nach wenigen Seiten klar, dass offensichtlich die vier erwähnten Perspektiven in Hinblick auf die Strategieumsetzung relevant sind. Am Anfang des Buches findet sich der Satz: »Twenty is plenty«. Dieser bezieht sich auf die ungefähre Anzahl von strategischen Kennzahlen, die am Ende zur Steuerung im Kennzahlensystem der Balanced Scorecard genutzt werden. Wer an dieser Stelle nicht weiterliest, läuft Gefahr, zur Schlussfolgerung zu kommen, dass eine Balanced Scorecard nicht mehr ist als ein Kennzahlensystem mit höchstens 20 Kennzahlen, die in vier Perspektiven aufgeteilt sind. In nicht wenigen Unternehmen erfolgte genau diese Interpretation und man ordnete bereits vorhandene Kennzahlen den vier Perspektiven zu. Fehlten noch Kennzahlen, so ergänzte man diese kurzerhand, z. B. aus der Literatur heraus. Es hat jedoch wenig Sinn, willkürlich Kennzahlen auszuwählen und zu berichten, ohne dass diese einen konkreten Bezug zu den Unternehmenszielen haben. Auf diese Art und Weise wird der wesentliche Mehrwert der Balanced Scorecard verfehlt und die Resultate sind un-

---

1 Vgl.: Balanced Scorecard: Strategien erfolgreich umsetzen, Schäffer-Poeschel 1997

Das Performance-Managementsystem Balanced Scorecard

befriedigend. Balanced Scorecard **ist** kein Kennzahlensystem, sondern eine Balanced Scorecard **hat** ein Kennzahlensystem.

7.2 Der Prozess der Erarbeitung einer BSC

Die Operationalisierung der Unternehmensstrategie erfolgt in Workshops und orientiert sich an einer Schrittliste (vgl. Abbildung 7.1).

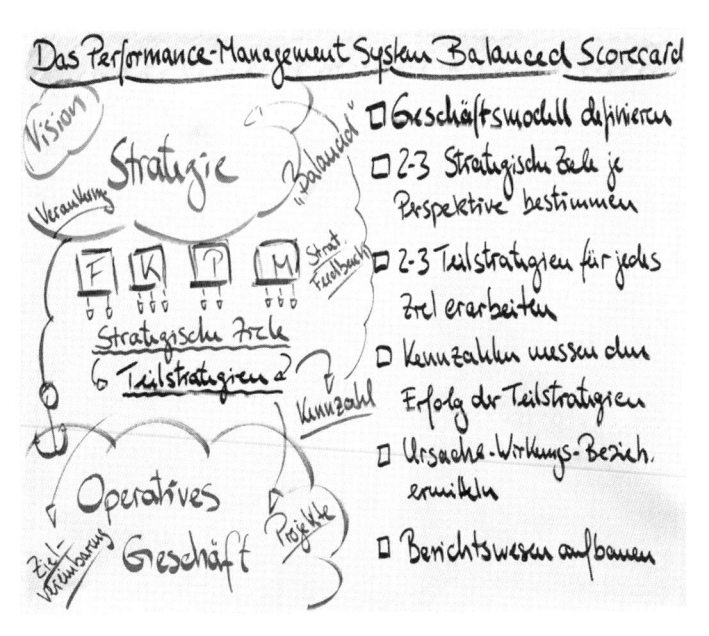

Abb. 7.1: Der Balanced-Scorecard-Prozess

Vor dem Start ist es erforderlich sicherzustellen, dass als Basis für den Balanced-Scorecard-Prozess eine konkrete Unternehmensstrategie vorliegt. Es ist nicht hinreichend, wenn die Geschäftsführung die Strategie »im Prinzip im Kopf hat«, diese aber den Führungskräften und Mitarbeitern nicht kommunizieren kann.

Ist diese Bedingung nicht erfüllt, muss zunächst ein Prozess der Strategieerarbeitung vorgeschaltet werden.

Zunächst gilt es, die Flughöhe der Erarbeitung der Balanced Scorecard zu definieren. Als Top-down-Instrument wird eine BSC entweder für das Gesamtunternehmen mit dem Vorstand bzw. der Geschäftsführung und dem weiteren Führungskreis erarbeitet und dann bei Bedarf über mehrere Hierarchieebenen heruntergebrochen. Andererseits kann eine BSC aber auch nur für einzelne Abteilungen erarbeitet werden. Dafür ist es notwendig, zunächst eine Abteilungsstrategie zu erarbeiten, die zur Unternehmensstrategie passt. Anschließend wird mit der Abteilungsleitung und Führungskäften + MA der Abteilung die BSC erarbeitet. In beiden Fällen erfolgt die Erarbeitung der BSC in mehreren zwei- bis dreitägigen Workshops.

Im ersten Erarbeitungsschritt gilt es, die Perspektiven vor dem Hintergrund des zugrunde liegenden Geschäftsmodells zu verifizieren. In den meisten Fällen wird die Verwendung der vier klassischen Perspektiven Finanzen, Kunde, Prozesse und Mitarbeiter passend sein. In der Praxis gibt es aber immer wieder Beispiele für eine Anpassung oder Ergänzung der Perspektiven. Eine Raffinerie hatte im Rahmen der Strategieerarbeitung erkannt, dass das Image des Unternehmens in der Öffentlichkeit eine hohe Bedeutung hat. Die vier klassischen Perspektiven wurden um die Perspektive HSE (Health, Security und Environment) erweitert, weil diese als gleich wichtig wie die anderen vier eingestuft wurde. In der Automobilindustrie beispielsweise fügen viele Unternehmen die Lieferantenperspektive hinzu. Das ist immer dann sinnvoll, wenn enge Kooperationen mit wenigen Systemlieferanten gepflegt werden. Hier übernehmen die Lieferanten große Fertigungsumfänge für den Automobilhersteller. Damit gewinnt der Prozess des Lieferanten eine hohe Bedeutung. Er wird ebenso wichtig wie die Prozessperspektive des Herstellers selbst. Um wieder »balanced« zu werden, muss somit die Lieferantenperspektive ergänzt werden.

Das Performance-Managementsystem Balanced Scorecard

Im zweiten Schritt werden je Perspektive zwei bis drei strategische Ziele bestimmt. Dazu werden im Workshop, z. B. über Brainstorming, Ideen für strategische Ziele gesammelt und bewertet.

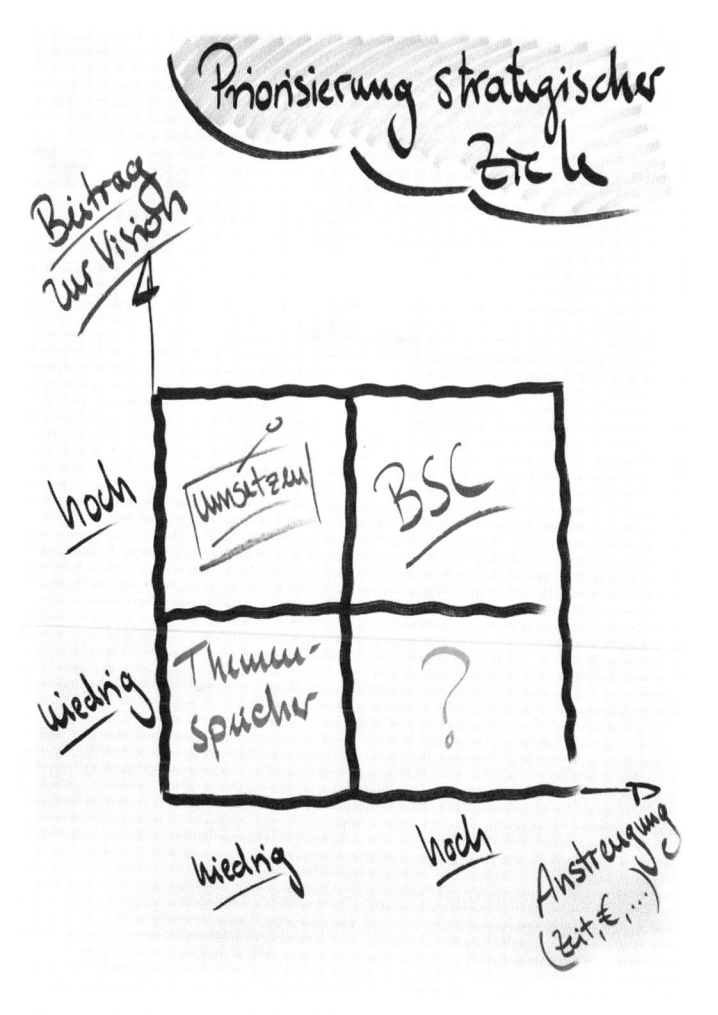

Abb. 7.2: Priorisierung strategischer Ziele

Für die Priorisierung bietet es sich an, die gesammelten Ideen auf Moderationskarten nach zwei Kriterien zu ordnen: zum einen nach der Höhe des Beitrags des formulierten Zieles zur Erreichung der der Strategie zugrunde liegenden Vision, zum anderen nach der Anstrengung, die erforderlich ist, um das Ziel umzusetzen (vgl. Abbildung 7.2). Anstrengung könnte ausgedrückt werden in Geldeinheiten, Zeiteinheiten oder zu erwartenden Widerständen.

Beide Kriterien sollten qualitativ mit »eher hoch« bzw. »eher niedrig« eingeschätzt werden. Nach der Einordnung der Karten in jeweils einen Quadranten ist es offensichtlich, dass sich die Ideen als strategische Ziele anbieten, die einen eher hohen Beitrag zur Vision leisten. Jetzt ist es nicht empfehlenswert, die strategischen Ziele in die BSC zu übernehmen, die einer niedrigen Anstrengung zur Umsetzung bedürfen. Diese Karten ordnen wir verantwortlichen Personen zu und geben diese direkt in die Umsetzung, da die Anstrengung ja niedrig ist. Die Ideen mit einem hohen Beitrag zur Vision und einer hohen Anstrengung sind jetzt diejenigen, die im BSC-Prozess weiter betrachtet werden. Die Karten im Quadranten links unten (Beitrag zur Vision niedrig, Anstrengung niedrig) kommen in den Themenspeicher, die Karten rechts unten (Beitrag zur Vision niedrig, Anstrengung hoch) werden verworfen. Auf diese Art und Weise kann priorisiert werden, bis etwa acht bis zwölf strategische Ziele (zwei bis drei je Perspektive) verbleiben. Wichtig ist dabei, die Balance nicht zu zerstören, also wirklich alle Perspektiven repräsentiert zu haben.

Im dritten Schritt werden für jedes strategische Ziel zwei bis drei sogenannte Teilstrategien erarbeitet. Auch hier wird empfohlen, mit Moderationskarten zu arbeiten. Die Workshopteilnehmer beantworten zu jedem Ziel die Frage «Was müssten wir heute beginnen zu tun, um morgen unser strategisches Ziel zu erreichen?». Dabei entstehen nicht selten über 100 Moderationskarten. Diese werden gesichtet und um Mehrfachnennungen bereinigt. Durch Zusammenfassen erhält man erfahrungsgemäß insgesamt über alle vier Perspektiven etwa 25 bis 50 verbleibende Karten. Diese bilden jetzt das Potenzial für unsere Teilstrategien. Durch die Teilstrategien werden die strategischen Ziele »näher bestimmt«. Teilstrategien haben zudem eine bedeutende Rolle, weil auf deren Basis die Ursache-Wirkungs-Beziehungen aufgebaut werden (vgl. Abbildung 7.3). Mit Teilstrategien gelingt es uns, das Verhalten des Managements und der Mitarbeiter in eine bestimmte Richtung zu lenken. Wir formulieren Teilstrategien handlungsorientiert (etwas tun). Sie bilden die Basis für Zielvereinbarungen oder Projekte.

Im vierten Schritt wird zu jeder Teilstrategie mindestens eine Kennzahl als Messgröße formuliert und mit einem Ziel belegt. Damit drücken wir aus, was genau erreicht werden muss und wie wir den Fortschritt bei der Umsetzung einer Teilstrategie messen können. Wenn sich so eine Kennzahl schlecht entwickelt, heißt das, dass wir bei der Umsetzung unserer Teilstrategie nicht erfolgreich sind und demnach unsere Ziele von morgen nicht erreichen werden. Wir erhalten über die Kennzahlen sogenanntes strategisches Feedback. Bei der Definition der Kennzahl ist besonders darauf zu achten, dass die Kennzahl so gut wie möglich den Erfolg der Teilstrategie messbar macht. Hier entsteht die Qualität unseres Kennzahlensystems.

Im fünften Schritt werden die Ursache-Wirkungs-Beziehungen (UWB) (vgl. Abbildung 7.3) ermittelt. Sie machen unsere BSC erst zu einem Managementsystem. Dabei beschränken wir uns auf starke Wirkungsbeziehungen zwischen den Teilstrategien der vier BSC-Perspektiven. UWB verdeutlichen die Zusammenhänge und Abhängigkeiten zwischen den strategischen Stoßrichtungen. Sie machen die gegenseitigen Wirkungen zur Zielerreichung klar. UWB helfen, bei unseren Mitarbeitern das Bewusstsein für die Wichtigkeit von Zielen zu erzeugen, und fördern somit das Strategieverständnis. Sie machen die Bedeutungen der Teilstrategien klar und ermöglichen frühzeitiges und zielgerichtetes Steuern. Zur Bestimmung von UWB empfehlen wir die Vorgehensweise nach dem Sensitivitätsmodell von Frederic Vester (siehe Kapitel 7.3).

Kapitel 7

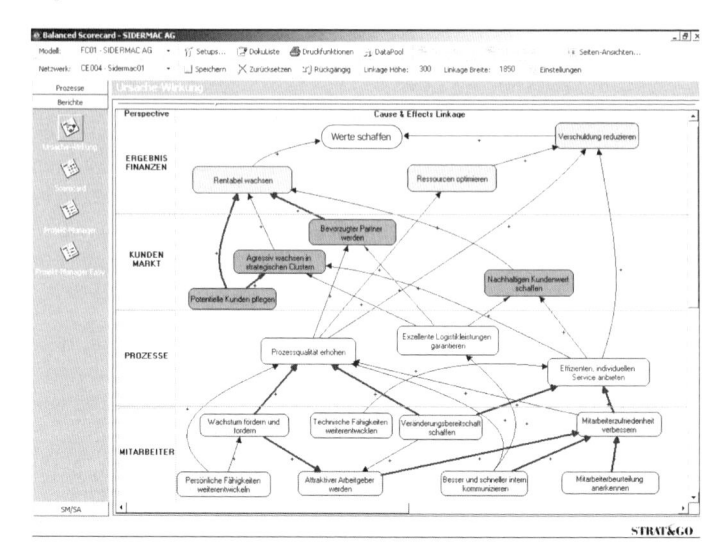

Abb. 7.3: Beispiel von Ursache-Wirkungs-Beziehungen

Im sechsten Schritt werden die Teilstrategien entweder über Projekte oder konkrete Zielvereinbarungen für einzelne Führungskräfte mit dem operativen Geschäft verbunden. Für Projekte eignen sich Teilstrategien, die nicht von einzelnen Bereichen oder Abteilungen allein umgesetzt werden können, sondern nur abteilungsübergreifend. Die den Teilstrategien zugeordneten Kennzahlen werden in die Zielvereinbarungen der Führungskräfte oder Projektleiter übernommen. Die verantwortlichen Personen werden jetzt versuchen, ihre Ziele zu erreichen, und Ressourcen einsetzen, um die Teilstrategien erfolgreich umzusetzen. Damit ist das Ziel der BSC erreicht. Die Strategie ist im operativen Geschäft verankert und die Menschen im Unternehmen arbeiten zielgerichtet an der Umsetzung der Strategie.

Im letzten Schritt gilt es noch ein Berichtswesen zu erstellen. Hier geht es nicht mehr darum, welche Kennzahlen berichtet werden, sondern darum, wie visualisiert werden soll. Die Qualität der Kennzahlen ist bereits im BSC-Prozess erzeugt worden. Mit dem

Berichtswesen sorgen wir jetzt durch die äußere Form für die Akzeptanz bei den Führungskräften und Berichtsempfängern.

An dieser Stelle wird sehr deutlich, dass eine BSC eben weit mehr ist als eine bloße Ordnung von 20 willkürlichen Kennzahlen in vier Perspektiven. Richtig eingesetzt ist die BSC ein sehr effektives Instrument.

7.3 Ermittlung der Ursache-Wirkungs-Beziehungen mithilfe des Sensitivitätsmodells nach Frederic Vester

Der Sinn von Ursache-Wirkungs-Beziehungen

In einer Balanced Scorecard bilden Ursache-Wirkungs-Beziehungen zwischen der finanziellen und den nicht-finanziellen Perspektiven das zentrale Element. Sie sind es, die eine BSC zu einem Managementsystem machen.

In diesem Sinne, und im Sinne von Prof. Kaplan, ist eine Strategie also ein Bündel von Hypothesen über Ursache und Wirkung. In der Strategic Map (Visualisierung dieser Ursache-Wirkungs-Verflechtung) muss die Beziehung zwischen den in der Balanced Scorecard definierten strategischen Zielen in den unterschiedlichen Perspektiven deutlich gemacht werden. So wird frühzeitiges Steuern im Sinne der strategischen Zielerreichung möglich – strategisches Feedback wird damit ausgelöst.

Ursache-Wirkungs-Beziehungen

- verdeutlichen die Zusammenhänge und Abhängigkeiten zwischen den strategischen Zielen;
- machen die wechselseitigen Wirkungen zur Zielerreichung klar;
- schaffen bei Managern das Bewusstsein für die Wichtigkeit der Ziele, sie fördern somit das Strategieverständnis;

- unterstützen ganzheitliches Denken und fördern dabei das Erkennen der Sensitivitäten innerhalb der Zielverkettung;
- machen die Bedeutung der Vorsteuergrößen (Frühindikatoren) klar;
- ermöglichen das strategische Feedback und die frühzeitige Steuerung;
- fördern die interfunktionale Zusammenarbeit, um gemeinsam die strategischen Ziele zu erreichen;
- verdeutlichen, inwieweit Leistungsverbesserungen in den einzelnen Perspektiven mit Verbesserungen der finanziellen Leistung (kausal) verknüpft sind.

Die Formulierung der Ursache-Wirkungs-Beziehungen gehört zu den schwierigsten Aufgaben einer Balanced Scorecard; daher verzichtet man oft auf diesen Projektschritt in einer BSC-Implementierung. **Ohne eine Strategic Map ist eine Balanced Scorecard keine Balanced Scorecard.** Es ist, als würde man bei einem Orchester auf die Instrumente verzichten: wir haben ein Konzertprogramm, Noten haben wir auch, die Musiker sind alle versammelt, der Dirigent steht aufgeregt am Pult, alles perfekt ... nur die Instrumente, die lassen wir weg, weil es sehr schwierig ist, eine »ganzheitliche Klangwolke« zu entwickeln.

Neben einem tiefen Wissen über das Unternehmen ist v. a. ein einheitliches Strategieverständnis die Voraussetzung für die Entwicklung der Ursache-Wirkungs-Beziehungen; außerdem ist eine gekonnte Moderation des Prozesses ein wichtiger Erfolgsfaktor. Trotz explizitem Wissen der an der Bildung der Ursache-Wirkungs-Beziehungen beteiligten Manager, trotz ausgezeichneter Moderation reicht es nicht aus, sich auf die »Formulierung von Hypothesen« zu beschränken. Erinnern wir uns daran: Wir leiten aus den Ursache-Wirkungs-Beziehungen das strategische Feedback ab! Wir geben den Managern, die für die Realisierung der Strategien verantwortlich zeichnen, Steuerungsimpulse, Korrekturvorschläge, eben Feedback!

Seit Anfang der 1980er Jahre verwenden wir in den Ausbildungsprogrammen der Controller Akademie das Sensitivitätsmodell® von Prof. Frederic Vester. In einer Vielzahl von Projekten haben wir Vesters Ansatz erfolgreich im Zuge der strategischen Planung und Operationalisierung eingesetzt. Teile aus seinem Ansatz stellen einen wertvollen Beitrag zum Thema Ursache-Wirkungs-Beziehungen dar.

Auf den folgenden Seiten beschreiben wir das Sensitivitätsmodell®, wie es von uns in einer Balanced Scorecard eingesetzt werden kann. Mehr dazu im Buch von Prof. Frederic Vester »Die Kunst vernetzt zu denken«, erschienen im DVA-Verlag (ISBN 3-421-05308-1), oder unter www.Frederic-Vester.de.

Kapitel 7

Das von Prof. Frederic Vester entwickelte Verfahren

Mithilfe einer einfachen Einflussmatrix, die Vester als »Papiercomputer« bezeichnet, kann die Rolle der Komponenten eines Systems (von Variablen) unter dem Aspekt ihrer Dominanz bzw. Beeinflussbarkeit wie auch ihrer Beteiligung am Geschehen abgeschätzt werden.

Schon in kleinen Systemen, wie z. B. einer Familie oder einem einzelnen Menschen, ergibt sich die kybernetische Rolle einer Systemkomponente niemals aus sich selbst, auch wenn man sie noch so genau studiert, befragt, misst oder analysiert, sondern ausschließlich aus ihren Wechselwirkungen (Interdependenzen) mit den übrigen Komponenten.

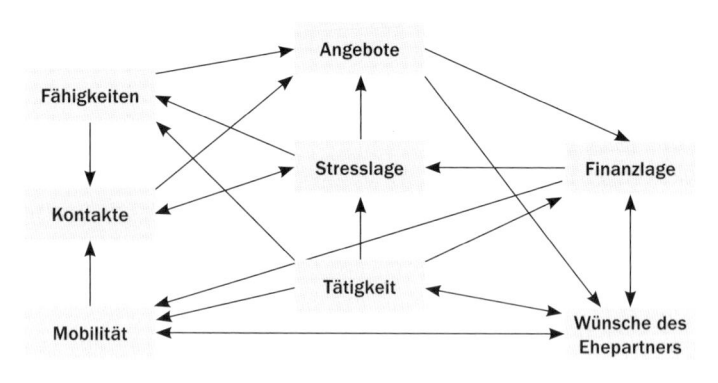

Abb. 7.4: Beispiel von Ursache-Wirkungs-Beziehungen

Der erste Schritt zu ihrer sinnvollen Beschreibung ist also eine Abschätzung der Einflüsse jeder Komponente auf jede andere, wie hier am Beispiel des Systems »Mein Beruf« gezeigt. So wird jede der Komponenten des abgebildeten Systems mehr oder weniger stark von den anderen beeinflusst und übt wieder einen Einfluss auf sie aus. Die obige schematische Betrachtung in Form eines kleinen Wirkungsgefüges gibt zwar einen Eindruck von der Vernetzung der Komponenten im Systemzusammenhang, sie sagt aber noch nichts aus über die Stärke der gegenseitigen Beeinflussung. Sie kann uns daher auch Folgendes noch nicht verlässlich beantworten:

- Welches Element beeinflusst alle anderen am stärksten, wird aber von ihnen am schwächsten beeinflusst (aktive Elemente)?
- Welches Element beeinflusst die übrigen am schwächsten, wird aber selbst am stärksten beeinflusst (reaktive Elemente)?
- Welches Element beeinflusst die übrigen am stärksten und wird gleichzeitig von ihnen am stärksten beeinflusst (kritische Elemente)?
- Welches Element beeinflusst die übrigen am schwächsten und wird von ihnen am schwächsten beeinflusst (puffernde Elemente)?

In unserem Papiercomputer erfolgt daher das Abfragen der Wirkung jeder Variablen auf jede andere in der Art einer »Cross-Impact-Analysis«. Dadurch wird die Systemkenntnis auf mehrere Weisen gefördert: So wird man z. B. feststellen, dass sich erst beim Arbeiten mit der Matrix und durch das lückenlose Abfragen jeder überhaupt möglichen Beziehung viele Fragen stellen, auf die selbst der Insider sonst nie gekommen wäre bzw. die er bis dahin verdrängt hat.

Wie können wir vorgehen?

Im Schema unseres »Papiercomputers« sind die Komponenten unseres kleinen Beispiels von oben nach unten (Wirkungen von …) sowie von links nach rechts (Wirkungen auf …) angeordnet. Die Reihenfolge, wie die Kriterien geordnet werden, spielt dabei keine Rolle. Da sich die Komponenten selber nicht beeinflussen können, sind alle Kästchen, in denen jedes Element auf sich selbst trifft, durch ein »X« blockiert. Wir können sofort mit der Bewertung der einzelnen Wechselwirkungen anfangen, indem wir in die Kästchen, so wie im Beispiel, die Zahlen von 0 bis 3 eintragen.

0 = keine Wirkung
1 = schwache Wirkung (unterproportional)
2 = mittlere Wirkung (proportional)
3 = starke Wirkung (überproportional)

Diese Eintragungen nehmen wir einfach so vor, wie wir nach einigem Nachdenken die relativen Wirkungen einschätzen. Natürlich können verschiedene Personen unterschiedliche Wertungen eintragen und so zu unterschiedlichen Ergebnissen kommen. (Dazu siehe auch die ergänzenden »speziellen Hinweise für ein professionelles Arbeiten« weiter unten).

Der ausgefüllte Papiercomputer

Wenn wir nun festgelegt haben, wie stark jede Komponente jede andere beeinflusst und von jeder anderen beeinflusst wird – also alle Kästchen ausgefüllt haben – ergibt sich mathematisch die Rolle der Systemkomponenten. Die Rollen können »kritisch«, »puffernd«, »aktiv« oder »reaktiv« sein. Damit ergibt sich eine erste Möglichkeit, die Komplexität eines Systems zu durchleuchten und die eine oder andere entscheidende Systemeigenschaft zu erkennen.

- So ergeben alle von links nach rechts addierten Zahlen einer Zeile die sogenannte Aktivsumme (AS) dieser Komponente. Diejenige Komponente, die die anderen am stärksten beeinflusst, also am stärksten agiert (ganz abgesehen davon, wie sie selber beeinflusst wird), hat die höchste Aktivsumme. Im Beispiel die Variable »Vorhandene Angebote«.
- Die von oben nach unten addierten Zahlen einer Spalte ergeben die sogenannte Passivsumme (PS) dieser Komponente. Die Komponente, die am meisten beeinflusst wird, also am stärksten reagiert, hat die höchste Passivsumme. Im Beispiel die Variablen »Kontakte & Verbindungen« und »Derzeit ausgeführte Tätigkeit«.

Das Performance-Managementsystem Balanced Scorecard

Wollen wir nun die vier besonderen Elemente – aktiv, passiv, kritisch und puffernd – herausfinden, so geschieht das folgendermaßen:

- Wir teilen die Aktivsumme jeder Komponente durch ihre Passivsumme (AS : PS = Quotient Q). Die Komponente mit der höchsten Q-Zahl ist dann das aktive Element, die mit der niedrigsten Q-Zahl das reaktive Element des betrachteten Systems.
- Im nächsten Schritt multiplizieren wir die Aktivsumme einer jeden Komponente mit ihrer Passivsumme (AS x PS = Produkt P). Die Komponente mit der höchsten P-Zahl ist dann das kritische Element und die mit der niedrigsten P-Zahl das puffernde Element des betrachteten Systems.

Wirkung von ▼ auf →	A	B	C	D	E	F	G	H	AS
A Fähigkeiten & Kenntnisse	X	2	0	2	1	2	2	2	11
B Kontakte & Verbindungen	0	X	1	1	0	3	1	3	9
C Eigene Finanzlage	1	1	X	2	2	0	2	2	10
D Stresslage	3	3	0	X	1	0	2	2	11
E Eigene Mobilität	0	3	0	1	X	1	1	1	7
F Vorhandene Angebote	1	2	2	3	1	X	2	3	14
G Wünsche des Ehepartners	1	1	0	3	0	0	X	2	7
H Derzeit ausgeführte Tätigkeit	2	3	3	3	1	2	2	X	16
PS	8	15	6	15	6	8	12	15	
AS/PS x 10 Q	14	6	17	7	12	18	6	11	
AS x PS P	88	135	60	165	42	112	84	240	

Abb. 7.5: Der ausgefüllte Papiercomputer

Kapitel 7

Wie können wir die Variablen zuordnen?

Für die in unserem Beispiel benutzten acht Komponenten wurde mit den im Muster angegebenen Wirkungszahlen folgende Bewertung gefunden:

Aktives Element:	(höchste Q-Zahl) F = Angebote
Reaktives Element:	(niedrigste Q-Zahl) G = Wünsche des Partners
Kritisches Element:	(höchste P-Zahl) H = derzeitige ausgeübte Tätigkeit
Pufferndes Element:	(niedrigste P-Zahl) E = Mobilität

Die Interpretation dieser Zuordnung verlangt natürlich einiges weitere Nachdenken, ergibt dann aber oft überraschende Hinweise. So z. B. im Hinblick auf die Chancen und Risiken des Systems (kritische Elemente), auf geeignete Hebel zur Änderung der Situation (aktive Elemente), auf die Nutzung bestimmter Komponenten als Indikator (reaktive Elemente) und auf Bereiche, die ein Experimentieren erlauben, aber auch trügerisch sein können (puffernde Elemente).

Die Denkhilfe »Papiercomputer« eröffnet ein wichtiges Verständnis: die Einfühlung in die fluktuierenden Zusammenhänge und in das empfindliche Wechselspiel eines kybernetischen Systems, wie es in diesem Fall unser berufliches Umfeld darstellt. Für das einfache Beispiel wurden bewusst nur wenige Komponenten ausgewählt. Das Resultat war zum Teil vorherzusehen. Aufschlussreicher könnte das Ergebnis werden, wenn noch weitere einschlägige Komponenten berücksichtigt würden, z. B.: Wohnort, Weiterbildung, Interessenlage, Sinnerfüllung, Ernährung, Arbeitskollegen, Familienbindung, Stressfaktoren etc.

Spezielle Hinweise für professionelles Arbeiten

Hier seien einige wichtige Hinweise gegeben, sozusagen »zehn Gebote« aus unserer Erfahrung, für diejenigen, die diese Methode professionell nachvollziehen oder für einen speziellen Fall einen eigenen Papiercomputer entwickeln wollen.

1. Was soll bewertet werden?

Voraussetzung für eine systemrelevante Aussage der Einflussmatrix ist die Verwendung eines Variablensatzes, der vorher mit der Kriterienmatrix auf seine Systemrelevanz überprüft wurde. Ein »Papiercomputer«, der nur Teilaspekte eines Systems berücksichtigt, ist zwar eine große Denkhilfe für tieferes Eindringen in gewisse Systemstrukturen. Die Interpretation der aktiven, reaktiven, kritischen und puffernden Elemente wird bei einem Variablensatz, der das System nicht als Ganzes repräsentiert, nicht stichhaltig sein. Er sollte jedenfalls nur als Denkanregung verstanden werden, da deren Rolle nur für den – in seiner Einseitigkeit ja nicht realen – Systemteil oder Teilaspekt gilt und im Gesamtsystem völlig anders aussehen mag.

2. Wie wird die Wirkung hinterfragt?

Die Frage sollte immer lauten: Wenn ich Element A verändere, wie stark verändert sich dann durch direkte Einwirkung von A das Element B? Wenn ich A nur wenig verändere und B verändert sich daraufhin stark, so ist eine 3 angebracht. Muss ich A stark verändern, um bei B eine starke Veränderung zu erzielen, ist höchstens eine 2 angebracht. Man sollte auch nicht zögern, bei sehr schwachen oder mit großer Zeitverzögerung zustande kommenden Wirkungen eine 0 zu geben.

3. Wie fein soll bewertet werden?

Es empfiehlt sich in der Tat, nur die hier von uns angewandte Grobeinteilung der Einflussstärke in vier Kategorien vorzunehmen:

>   0 = keine oder nur sehr schwache Wirkung;
>   1 = schwache (oder erst nach längerer Zeit eintretende) Wirkung (unterproportional);
>   2 = mittelstarke Wirkung (proportional);
>   3 = sehr starke Wirkung (überproportional).

Eine differenziertere Bewertung, z.B. von 0 bis 5 oder 0 bis 10 scheint zunächst die Entscheidung zu erleichtern, sie verwischt jedoch das Bild und lässt zu viele schwache und schwächste Wirkungen zu.

4. Wie vermeide ich Doppelbewertungen?

Es ist jedes Mal zu prüfen, ob es sich wirklich um eine direkte Wirkung handelt und nicht um eine solche, die erst über eine andere Komponente des betrachteten Systems, also indirekt, zustande kommt. Solche versehentlichen Doppelbewertungen verfälschen häufig das Resultat. Selbstverständlich gibt es auch echte Doppelbewertungen, d.h. Komponente A kann sowohl direkt auf B als auch indirekt, z.B. über C auf B wirken.

5. Vorsicht bei entgegengerichteter Wirkung!

Ein anderer Fehler schleicht sich durch die Verwechslung von »Wirkung auf« mit »Wirkung von« ein. Man weiß sofort, zwischen den beiden Komponenten A und B ist eine starke Beziehung, und trägt dann von A auf B eine 2 oder gar eine 3 ein. In Wirklichkeit besteht aber vielleicht nur eine Wirkung von B auf A, die daher auch nur dort einzutragen ist.

6. Die Eintragung in die Matrix

Um dem oben genannten Fehler zu entgehen, sollte man grundsätzlich alle Eintragungen durchgehend für eine waagrechte Reihe vornehmen, dann für die nächste Reihe usw., bis die Einflussmatrix ausgefüllt ist. Zur Kontrolle kann man dann den umgekehrten Weg gehen und die Reaktionen einer Komponente auf alle anderen Komponenten durchgehend in einer senkrechten Spalte überprüfen.

7. Teamarbeit ist von Vorteil!

Um die Fehler unter Punkt 4 und 5 möglichst gleich zu vermeiden, empfiehlt es sich, mit einem Partner zusammen die Eintragungen vorzunehmen. Was der eine nicht merkt, sieht der andere. Dabei werden sich auch bereits die ersten Klärungen zu einer genaueren Definition der Variablen ergeben.

8. Die Notwendigkeit mehrerer getrennt arbeitender Gruppen!

Da sich dennoch starke Unterschiede in der individuellen Interpretation der Variablen (nicht zuletzt durch das jeweilige Engagement, den Kenntnisstand usw. des Einzelnen) ergeben, ist es zweckmäßig, dass die Matrix z. B. von drei verschiedenen Zweiergruppen ausgefüllt wird. Diese drei Gruppen sollten während des Ausfüllens nicht miteinander kommunizieren, sondern ihre eigene Interpretation bis zum Ende durchziehen. Beim Vergleich der drei ausgefüllten Einflussmatrizen – es entsteht dabei die sogenannte Konsensmatrix – werden sich dann neben vielen Übereinstimmungen auch eine Reihe von größeren Abweichungen mit zwei oder drei Wertepunkten Unterschied ergeben. Diese sind nun gemeinsam zu hinterfragen.

9. Die Definition ist von großem Nutzen!

Man wird feststellen, dass sich praktisch nie eine Diskrepanz in der Bewertung einer definierten Wirkung ergibt, sondern immer nur in der Interpretation der beteiligten Variablen. Dieser Umstand macht dann eine genauere Definition der Variablen erforderlich. Diese Redefinition ist ein äußerst wichtiger Schritt, der den Beteiligten oft zu ihrer Überraschung zur Kenntnis bringt, wie sehr man sich doch, obgleich in derselben Firma, in seinen Vorstellungen über alltäglich vorkommende Begriffe unterscheidet. Hat man sich jedoch auf eine genaue Definition geeinigt, also darauf, was man genau unter jener Variablen versteht, dann wird man sich auch sehr rasch über die Stärke des Einflusses einig sein.

10. Wie die Variablen ausrichten?

Bei dieser Gelegenheit kann man bereits im Hinblick auf die später anzufertigenden Teilszenarien Wert darauf legen, »gerichtete« statt »neutrale« Variablen zu definieren. Z. B. kann anstelle der Variablen »Ernährungsweise« die bereits in eine bestimmte Richtung weisende Variable »gesunde Ernährungsweise« oder auch der umgekehrte Begriff »unausgewogene Ernährungsweise« gewählt werden. Dadurch wird es später leichter, die entsprechenden Wirkungspfeile (gegenläufig bzw. gleichgerichtet) zwischen den einzelnen Variablen richtig einzuzeichnen.

Die Skala der Einflussindizes

Die Berechnung erfolgt anhand der am rechten Rand der Matrix zusammengezählten Aktivsummen bzw. der unten zusammengezählten Passivsummen.

Die Einzeichnung einer Trennungslinie zwischen aktiv und reaktiv bzw. zwischen kritisch und puffernd ist eine gewisse Hilfe und kann wie folgt vorgenommen werden: Zwischen aktiv und reaktiv ist die Sache einfach – die Trennlinie liegt beim Quotienten 1,00. Alle darüberliegenden Elemente sind mehr aktiv als reaktiv, alle darunterliegenden mehr reaktiv als aktiv. Bei den Produkten liegt die Mitte zwischen puffernd und kritisch bei einem Erfahrungswert (von Vester) von $(n-1)^2$, wobei n die Anzahl der Variablen des jeweiligen Teilmodells ist. Die nach Berechnung der Q- und P-Werte in der Skala erfolgte Einteilung der Variablen in weitere Einflussgruppen ist rein empirisch, hat sich jedoch für die Interpretation ihrer Rolle im System, bei der es v. a. um einen relativen Vergleich geht, sehr bewährt (siehe dazu Abbildung 7.7).

| Unterteilung der Skala der Einflussindizes ||
Aktiv-Reaktiv	Q-Werte
Hochaktiv	über 2,25
Aktiv	1,61 – 2,24
Leicht aktiv	1,31 – 1,60
Neutral	0,76 – 1,30
Leicht reaktiv	0,63 – 0,75
Reaktiv	0,45 – 0,62
Stark reaktiv	unter 0,44
Neutrallinie	= 1,00

| Unterteilung der Skala der Einflussindizes ||
Kritisch-puffernd	P-Werte
Hochkritisch	über $2,50 * (n-1)^2$
Kritisch	$1,71 – 2,49 * (n-1)^2$
Leicht kritisch	$1,21 – 1,70 * (n-1)^2$
Neutral	$0,81 – 1,20 * (n-1)^2$
Leicht puffernd	$0,51 – 0,80 * (n-1)^2$
Puffernd	$0,16 – 0,50 * (n-1)^2$
Stark puffernd	unter $0,15 * (n-1)^2$
Neutrallinie	$= (n-1)^2$

Abb. 7.6: Interpretation von Q- und P-Werten

Die Interpretation der Schlüsselelemente

Die aktiven Elemente

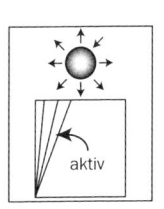

Von den aktiven Elementen gehen sehr viele Wirkungen auf das übrige Systemverhalten aus; sie selbst werden allerdings gleichzeitig kaum von anderen Größen aus dem System beeinflusst und haben daher eine gewisse stabilisierende Wirkung. Aktive Variablen sind nicht leicht aus dem System selbst heraus als Hebel zu benutzen. Wenn sie sich jedoch (gewollt oder ungewollt) einmal verändern, insbesondere durch Eingriffe von außen, haben sie nachhaltige Auswirkungen auf das Verhalten des betrachteten Systems.

Die reaktiven Elemente

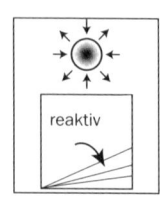

Sie gehören zu den Komponenten, die das betrachtete System sehr schwach beeinflussen, von diesem aber sehr stark beeinflusst werden. Veränderungen im System wirken sich also vornehmlich bei ihnen aus, ohne dass dies dann auf das übrige System verändernd zurückstrahlt. In vielen Fällen sind reaktive Elemente daher ausgezeichnete Indikatoren. Sie direkt durch Eingriffe zu verändern, gleicht daher einer Symptombehandlung, die für die Gesamtkonstellation des Systems nur selten Verbesserungen bringt. Auswirkungen auf die reaktiven Elemente zeigen sich manchmal allerdings erst mit großer Zeitverzögerung bzw. wenn bereits extreme Zustände eingetreten sind.

Die kritischen Elemente

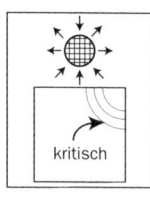

Die kritischen Elemente eines Systems sind besonders vielfältig in die Vernetzungen eingebunden. Sie wirken selber stark auf andere Variablen des Systems, sind aber auch von diesen leicht beeinflussbar. Sie können daher einerseits als Hebel dienen, um bei festgefahrenen Situationen überhaupt Veränderungen in Gang zu bringen. Sie sind aber selbst dann möglichst mit Samthandschuhen und nach gründlicher Nebenwirkungsanalyse anzufassen, da sich sonst Entwicklungen leicht in unkontrollierbarer Weise aufschaukeln bzw. überschlagen.

Die puffernden Elemente

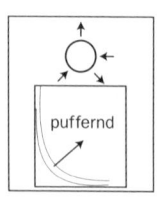

Die puffernden oder trägen Elemente eines Systems beeinflussen die übrigen Komponenten und das Gesamtsystem nur schwach und werden auch nur sehr schwach beeinflusst. Einwirkungen auf diese Größen wirken sich also im System nur wenig und oft mit großer Zeitverzögerung aus. Es sind diejenigen Elemente, die auch bei stärkeren Änderungen der Gesamtkonstellation relativ konstant bleiben. Sie können andererseits auch trügerisch sein, wenn ihre puffernde Wirkung auf Zeitverzögerung beruht oder bis zu einem gewissen Grenzwert Speicherfunktion besitzt. Eine Art »Wolf-im-Schafspelz«-Verhalten ist dann gegeben, wenn ein pufferndes Element mit insgesamt minimaler Auswirkung diese Wirkung z.B. gezielt und stark auf eine aktive oder kritische Größe ausübt.

Die Rolle der Variablen im System

Da sich alle Variablen irgendwo zwischen aktiv-reaktiv und puffernd-kritisch befinden, erlaubt erst eine zweidimensionale Darstellung der aus der Einflussmatrix entwickelten Einflussindizes einen umfassenden, wenn auch groben Gesamtüberblick über die unterschiedliche Rollenverteilung der Variablen. Die Interpretation muss selbstverständlich auch die verschiedenen Mischungen in der Rolle einer Variablen berücksichtigen (vgl. Abbildung 7.7).

So gibt es Systeme, wie z.B. den Verkehr, deren Einflussgrößen sich fast ausschließlich im puffernd-neutralen Bereich tummeln, während andere, wie etwa beim System Automobilindustrie, entlang der Diagonalen zwischen puffernd und kritisch auseinandergezogen sind und kaum rein aktive oder rein reaktive Eigenschaften aufweisen. Die Interpretation verlangt daher ein gründliches Durchdenken der mit den Aussagen der Matrix zusammenhängenden Kybernetik. Damit bietet das Sensitivitätsmodell® noch mal von einer weiteren Seite eine Möglichkeit der »Mustererkennung« an, um den makroskopischen Charakter eines Systems über möglichst viele Wahrnehmungen zu erfassen und eventuelle Ungereimtheiten zu kompensieren.

So macht es z.B. einen großen Unterschied, ob eine aktive Größe gleichzeitig zu den kritischen oder zu den puffernden Elementen zählt. Im ersten Fall kann ein Eingriff an dieser Variablen destabilisierend wirken, im zweiten Fall stabilisierend.

Kapitel 7

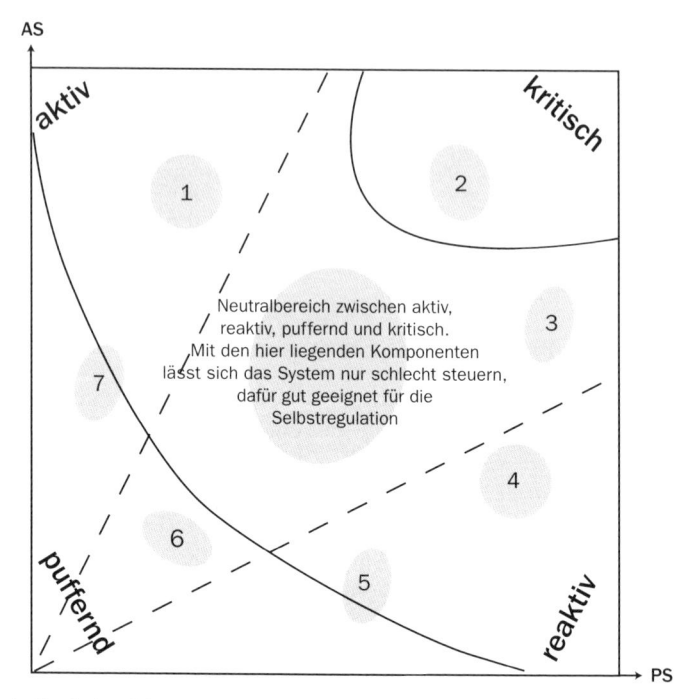

AS

aktiv — *kritisch* — *puffernd* — *reaktiv*

Bereiche: 1, 2, 3, 4, 5, 6, 7

Neutralbereich zwischen aktiv, reaktiv, puffernd und kritisch. Mit den hier liegenden Komponenten lässt sich das System nur schlecht steuern, dafür gut geeignet für die Selbstregulation

PS

1. Hier finden sich wirksame Schalthebel, die das System nach erfolgter Änderung erneut stabilisieren (plastische Stabilität).

2. Hier finden sich Beschleuniger und Katalysatoren, geeignet als Initialzündung, um Dinge überhaupt in Gang zu bringen. Unkontrolliertes Aufschaukeln und Umkippen ist dabei möglich, daher höchste Vorsicht (mit Samthandschuhen anfassen).

3. Besonders gefährlich ist es, wenn zusammenhängende Bündel von Variablen im kritisch-reaktiven Bereich liegen.

4. Hier steuernd einzugreifen, bringt nur Korrekturen kosmetischer Art (Symptombehandlung). Dafür eignen sich die hier liegenden Variablen sehr gut als Indikatoren.

5. Etwas träge Indikatoren, die sich aber auch zum Experimentieren eignen.

6. Bereich unnützer Eingriffe und Kontrollen. Aber auch »Wolf-im-Schafspelz-Verhalten« ist möglich, wenn man nicht aufpasst oder plötzlich Schwellen- und Grenzwerte überschreitet.

7. Hier liegen schwache Schalthebel mit wenig Nebenwirkungen.

Abb. 7.7: Die grafische Rollenverteilung der Variablen

Das Performance-Managementsystem Balanced Scorecard

Die Erstellung von Ursache-Wirkungs-Prinzipien

Bei den Schritten bisher war unsere Fragestellung diejenige nach dem »Gesicht«, nach der makroskopischen Charakteristik eines Systems, um zu erfahren, um was für eine Art System es sich bei »Mein Beruf« überhaupt handelt. Bei den Wirkungsgefügen geht es darum, die Systeme weiter aufzugliedern und zu öffnen, um der inneren Kybernetik näher auf den Leib zu rücken. Der Ausgangspunkt muss dazu ein ganz anderer sein. Er fragt weniger nach der Hierarchie und der Zugehörigkeit bestimmter Systemteile, sondern geht unmittelbar von den Problemen und Fragestellungen aus, die uns hier interessieren.

Wirkungsgefüge sollen nicht nur anregen, die Dinge selber näher anzuschauen, zu messen und ihre Veränderungen zu quantifizieren, sondern v. a. auch ihre Wechselwirkungen und Wirkungsketten mit anderen zu erkennen. Bei vernetzten Systemen ist es eben wichtig, nicht in Listen und Tabellen, sondern in Wirkungsnetzen zu denken. So erkennen wir beim Blick auf das Bild von Abraham Lincoln das Muster erst, wenn wir durch unscharfes Betrachten die Vernetzung zwischen den Quadraten zum Vorschein bringen.

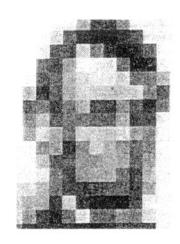

Schaut man sich die verschieden hellen Quadrate des Bildes an, dann lässt sich auf diese Weise nicht ohne Weiteres erkennen, dass es sich hier um einen menschlichen Kopf handelt. Doch selbst diese paar Vierecke geben ganz unverwechselbar die Gesichtszüge des amerikanischen Präsidenten Abraham Lincoln wieder, sobald man sie aus größerer Entfernung betrachtet oder wenn man ein wenig blinzelt oder seine Brille abnimmt. Wir haben hier den paradoxen Fall, dass die Aussage eines Bildes erst dann deutlich wird, wenn es unscharf ist. Wie kommt das?

Unser Gehirn hat sich vorher auf die Details konzentriert, auf die unterschiedlich hellen Quadrate und ihre waagerechten und senkrechten Trennlinien. Die Beziehungen zwischen den Quadraten wurden dadurch zurückgedrängt. Dann, mitzunehmender Verschwommenheit, traten die Quadrate zurück und ihre Trennlinien verschwanden. Nun erst konnten die Beziehungen zwischen ihnen erfasst werden: Kurven, Bögen, Proportionen, Übergänge. Unser Gehirn schaltete um auf andere Neuronengruppen, die vorher – durch das erzwungene Kästchendenken – keine Information erhielten.

Dieses Beispiel sagt uns dreierlei:

Zum Ersten, dass auch eine grobe Darstellung der Wirklichkeit das fragliche System schon anhand weniger Komponenten erkennen lässt, wenn man ihre Auswahl richtig trifft, sie miteinander vernetzt und die Beziehungen zwischen ihnen erfasst.

Zum Zweiten sagt das Experiment, dass andernfalls selbst eine noch so genaue Studie der einzelnen Vierecke unseres Lincoln-Fotos im Gegensatz zu dem groben Gesamtmuster zwar den genauen Grauwert, die Abmessungen der Kanten oder eine Tabelle der nach Helligkeit geordneten Vierecke bescheren kann – so entstehen ja bekanntlich die Doktorarbeiten –, dass uns dies jedoch nie erkennen lassen wird, dass es sich im Grunde um ein Porträt von Abraham Lincoln handelt. Es genügt einfach nicht, die Details der umgebenden Wirklichkeit so wie die Vierecke des Lincoln-Fotos zu analysieren – auch nicht mit noch so leistungsstarken Computern. Die übliche Datenverarbeitung ist eben für die Erfassung eines komplexen Systems die falsche wissenschaftliche Methode, die auch dadurch nicht richtiger wird, dass man sie nun mit besonderer Akribie betreibt.

Zum Dritten wird hier deutlich, dass es wichtiger ist, von jedem Teil des Gesichts-, der Augen-, Nasen-, Mundpartie usw. wenigstens ein paar repräsentative Komponenten zu haben als zehnmal so viele von lediglich einer Ecke des Kopfes. Dies betont noch einmal die Bedeutung der systemrelevanten Variablenauswahl und damit unserer Kriterienmatrix. Für die Mustererkennung in der planerischen Praxis bedeutet dies, dass zwei Dinge dazugehören: die Datenreduktion auf die wesentlichen Schlüsselkomponenten und die Vernetzung dieser Komponenten. Das gilt auch für die Erfassung größerer komplexer Systeme wie einer Fabrik, einer Unternehmung, einer Gemeinde oder eines Ökosystems. Denn auch bei größeren Systemen gibt es jeweils ein »Gesicht«. Und auch hier ist es prinzipiell möglich, dieses Gesicht zu erkennen, und zwar auch dann ohne Verfälschung, wenn die unübersehbare Zahl der beteiligten Komponenten lediglich durch wenige Schlüsselvariablen, sozusagen durch die Knotenpunkte des Systems, repräsentiert ist. Aus den Wirkungen zwischen den Variablen lässt sich dann das Systemverhalten interpretieren.

Untersuchungen in natürlichen Ökosystemen haben diese Aussage schon vor Jahren bestätigt. In dem Moment, in dem man die Beziehungen zwischen bereits wenigen Komponenten des Systems aufstellt, genügen in der Tat einige Quadrate, um den »Lincoln« zu erkennen. Die übrigen Faktoren, auch wenn sie nicht gemessen werden, sind sozusagen implizit miterfasst. **Wir sehen: das eine, die Datenreduktion, bedingt das andere, die Datenvernetzung, wenn etwas Vernünftiges dabei herauskommen soll.**

Die Variablen eines Systems immer weiter aufzusplittern und genauer zu quantifizieren, wäre, wie gesagt, die falsche wissenschaftliche Methode. Es geht vielmehr darum, ihre Rolle im System richtig zu bestimmen und damit ihr Verhältnis zueinander und das Muster ihrer Wirkungen aufeinander zu verstehen. Auf die dazu nötigen Bearbeitungsschritte, z. B. dass die Variablen zunächst »gerichtet« werden müssen, wurde bereits eingegangen. Erst dadurch wird es ja möglich, zwischen gleichgerichteten und gegenteiligen Wirkungen zu unterscheiden und auch ambivalente, umkippende Beziehungen mit Zeitverzögerung genauer zu definieren, was durch entsprechende Pfeile und Beschriftungen charakterisiert wird.

Kapitel 7

Zur Technik der Regelkreisdarstellung

Um ein vernetztes System darzustellen, werden folgende Symbole verwendet:

E Eigene Mobilität → **B** Kontakte & Verbindungen

Ein ausgezogener Pfeil ...
... steht für eine gleichgerichtete Wirkung (mehr Mobilität bewirkt mehr Kontakte, weniger bewirken weniger).

A Fähigkeiten & Kenntnisse ⇢ **D** Stresslage

Ein gestrichelter Pfeil ...
... steht für eine gegenteilige Wirkung (je höher die eigene Fähigkeit, umso geringer ist die Stresslage, je geringer, umso mehr Stress aufgrund von Unsicherheiten). Geht nun auch noch eine Wirkung in die andere Richtung, so sprechen wir von einer Rückkopplung. Handelt es sich dabei um zwei gleichartige Pfeile (beide ausgezogen oder beide gestrichelt), so haben wir eine positive Rückkopplung. Es gibt davon zwei Sorten.

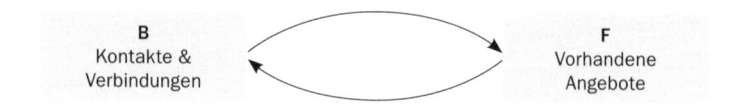

B Kontakte & Verbindungen ⇄ **F** Vorhandene Angebote

Im ersten Fall sind es zwei ausgezogene Pfeile.
Hier verstärken sich die beiden Variablen gegenseitig in der gleichen Richtung. Und zwar, je nach Ausgangslage, sowohl in der einen (beide schaukeln sich immer mehr auf) als auch in der anderen Richtung (beide schrumpfen); natürlich jeweils nur bis zu einem gewissen Grenzwert.

```
     D                                A
 Stresslage                    Fähigkeiten &
                                Kenntnisse
```

Im zweiten Fall sind zwei Beziehungen mit jeweils gegenteiliger Wirkung rückgekoppelt.

Auch hier entsteht eine instabile Beziehung, also eine sich selbst verstärkende positive Rückkopplung. Je nach Ausgangslage schaukelt sich dann die eine Variable auf Kosten der anderen auf. Die Beziehung führt also in unserem Fall entweder zu immer rascherer Erhöhung von D (auf Kosten von A) oder umgekehrt zu einer Zunahme von A unter Rückgang von D. A und D fliegen sozusagen auseinander.

```
X          Y         X          Y
```

In diesem Fall sind die beiden Wirkungen dagegen verschiedener Natur.

Es handelt sich um eine sogenannte negative Rückkopplung. Negative Rückkopplungen sind Regelkreise und von besonderem Interesse, da sie auf eine Selbstregulierung hinweisen. (Direkte negative Rückkopplungen der obigen Art finden sich allerdings keine in unserem Beispiel). In einem vernetzten System müssen negative Regelkreise über die positiven, sich aufschaukelnden Rückkopplungen dominieren, wenn das System gegenüber Störungen stabil bleiben will.

Außer direkten Rückkopplungen zwischen zwei Variablen gibt es auch indirekte, die über eine oder mehrere Zwischenstufen laufen, bevor sie wieder an ihren Ausgangsort zurückkommen. Verfolgt man dort die Wirkung Schritt für Schritt in der oben angegebenen Weise, so macht es keine Schwierigkeiten, auch komplizierte Rückkopplungskreise in ihrer kybernetischen Aussage richtig zu interpretieren.

Kapitel 7

Die folgende Grafik zeigt am Beispiel »Mein Beruf« die wichtigsten Beziehungen mit dazugehöriger Wirkungsrichtung.

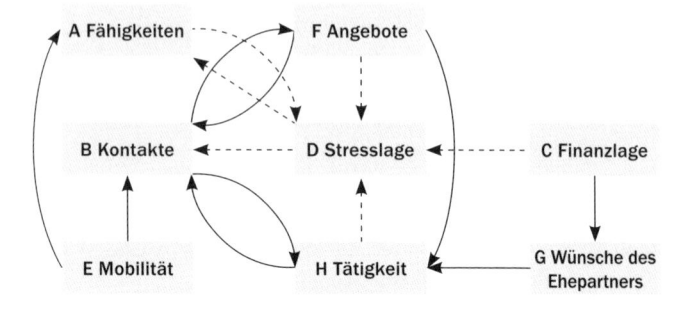

Abb. 7.8: Praxisbeispiel zur Mitarbeiterperspektive

7.4 Ein Workshop-Beispiel

Im Rahmen eines Seminars haben Teilnehmer strategische Ziele, Teilstrategien, Kennzahlen zur Messung des Erfolgs der Teilstrategien und erste operative Maßnahmen erarbeitet. Basis war ein Unternehmen, das international durch Unternehmenszukäufe wachsen will. Der Fokus in der Übung lag auf der Mitarbeiterperspektive.

Die erste intensive Diskussion, die in den Arbeitsgruppen häufig aufkommt, ist die Frage, wie denn jetzt ein Ziel von einer Teilstrategie zu differenzieren sei. Hier bietet es sich an, die Unterscheidung über verschiedene Formen der Formulierung zu unterstützen. Ein Ziel sollte »als in der Zukunft erreicht« formuliert sein. »Die Mitarbeiterzufriedenheit am Ende des Jahres 2013 beträgt 95 Prozent« wäre beispielsweise so eine Formulierung. »Mitarbeiterzufriedenheit steigern« ist keine Zielformulierung, sondern die Formulierung einer Handlung. Das wäre die geeignete Form für eine Teilstrategie oder Maßnahmen. Für den Fall, dass Sie unsicher sind, ob es sich bei einer Moderationskarte um ein Ziel oder eine Teilstrategie handelt, formulieren Sie den Sachverhalt zweimal. Betrachten Sie die zwei Alternativen und entscheiden Sie, ob Sie den beschriebenen Zustand erreichen wollen oder ob Sie das Beschriebene tun wollen, um etwas anderes zu erreichen, und treffen Sie auf dieser Basis die Entscheidung.

Häufig passiert es in Workshops, dass viele Kennzahlen, die gefunden werden, weniger den Erfolg der Teilstrategie messen als vielmehr die dahinterliegende Maßnahme. Für die Teilstrategie »Mitarbeiterqualifikation steigern« ist die Kennzahl »Anzahl Weiterbildungstage pro Mitarbeiter« nicht wirklich passend im Sinne einer Output-Messung. Hier wird hauptsächlich der Input gemessen. Wenn keine Weiterbildung gemacht wird (Input), kann sich die Qualifikation nicht erhöhen. Aber nur weil zehn Tage Weiterbildung durchgeführt wurden, muss sich die Qualifikation (Output) nicht zwingend verbessern. Die Frage muss jetzt also lauten: Mit welcher Kennzahl können wir tatsächlich die Verbesserung der Qualifikation messen? Zunächst müsste konkreter definiert werden, um welche Form von Qualifikation es genau geht. Sind es Sprachkenntnisse, so kann der Erfolg beispielsweise durch eine bestandene Prüfung gemessen werden. Das Finden von Output messenden Kennzahlen ist teilweise herausfordernd, verbessert aber die Qualität eines Kennzahlensystems enorm. Ein gutes Kennzahlensystem besteht jedoch aus einer guten Mischung von Input als auch Output messenden Kennzahlen. Für die Zielvereinbarungen von Führungskräften sind langfristig Output messende Kennzahlen geeigneter. Um schnell etwas anzustoßen und Aktivitäten zu forcieren, können jedoch kurzfristig auch Input messende Kennzahlen sinnvoll in Zielvereinbarungen eingesetzt werden. (vgl. Abbildung 7.9 auf der folgenden Seite).

Kapitel 7

Strategische Ziele	Teilstrategien	Messgrößen
Perspektive Mitarbeiter		
Alle Mitarbeiter gewährleisten unseren Erfolg. Sie werden dabei von hoher Führungsqualität und von exzellenten Führungssystemen unterstützt.	Das neue Mitarbeiterbeurteilungssystem wird von allen Mitarbeitern akzeptiert (Kurzform: Mitarbeiterbeurteilung anerkennen)	Akzeptanzgrad unserer Mitarbeiter (Akzeptanz in %)
	Individuelles, berufliches und persönliches Wachstum der Mitarbeiter wird unterstützt, betreut und von jedem verlangt (Kurzform: Wachstum fördern und fordern)	Anteil der Mitarbeiter in Potenzialprofildatei (% MA in PP-Datei)
		Qualitätsindex-Wachstum Mitarbeiter (Q-index in %)
	Die internen Kommunikationsprozesse werden effizienter und effektiver gestaltet (Kurzform: besser und schneller intern kommunizieren)	Anzahl der Mitarbeiterbeiträge im Intranet (Beiträge im Intranet)
		Zufriedenheitsgrad der Mitarbeiter (Ma-Zufriedenheit)
Wir brauchen engagierte, veränderungsbereite und loyale Mitarbeiter. Wir sind für die nach Wissen und Fähigkeiten qualifiziertesten Mitarbeiter ein attraktiver Arbeitgeber	Die Sidemac-Attraktivität wird nachhaltig gesteigert und am Markt sichtbar (Kurzform: Attraktiver Arbeitgeber werden)	Anzahl der genutzten Stage-Anfragen (Anzahl Stage)
		Anzahl Austritte von Key-Employees (Anzahl KE-Austritte)
	Mitarbeiter haben eine hohe Bereitschaft zur Veränderung und zur schnellen Anpassung (Kurzform: Veränderungsbereitschaft schaffen)	Anzahl der aus Italien besetzten internationalen Stellenausschreibungen (Anzahl int. Positionen)
		Zufriedenheitsgrad der Mitarbeiter (Ma-Zufriedenheit) Happy People Index (HPI-Punkte)
	Die individuelle Mitarbeiterzufriedenheit wird nachhaltig verbessert (Kurzform: Mitarbeiterzufriedenheit verbessern)	
Wir wachsen mit unseren Mitarbeitern: die Entwicklung der technischen Qualifikationen und der persönlichen Fähigkeiten aller Mitarbeiter, insbesondere im Vertrieb, hat Priorität	Die technischen Fähigkeiten der Mitarbeiter werden kontinuierlich weiterentwickelt (Kurzform: Technische Fähigkeiten weiterentwickeln)	Assessmentwerte (Assessmentindex)
	Die persönlichen Fähigkeiten der Mitarbeiter werden kontinuierlich weiterentwickelt (Kurzform: Persönliche Fähigkeiten weiterentwickeln)	Assessmentwerte (Assessmentindex)

Abb. 7.9: Beispiel aus einem Unternehmensworkshop

8
Operative Prozesse zielorientiert steuern

Die Seminarteilnehmer der Controller Akademie berichten häufig, dass sie von den Führungskräften ihres Unternehmens beauftragt werden, Kennzahlen zur Steuerung von operativen Prozessen bereitzustellen. Die Controller reagieren in dieser Situation manchmal unsicher und fragen ihrerseits das Management, welche Kennzahlen denn benötigt werden. Schließlich stellt sich heraus, dass es an einer methodischen Vorgehensweise mangelt, die zur Prozesssteuerung relevanten Kennzahlen zu identifizieren.

8.1 Der Controller als Prozessbegleiter

Betrachtet man das Controllerleitbild der International Group of Controlling, so ist dort von der Verantwortung der Controller für das Herstellen von Prozesstransparenz die Rede (vgl. Abb. 8.1).

Controller haben Aufgaben im Prozessmanagement

Controllerleitbild der International Group of Controlling (IGC):

Controller gestalten und begleiten den Managementprozess der Zielfindung, Planung und Steuerung und tragen damit Mitverantwortung für die Zielerreichung.

Das heißt:

- **Controller sorgen für** Strategie-, Ergebnis-, Finanz-, **Prozesstransparenz** und tragen somit zu höherer Wirtschaftlichkeit bei.

- **Controller koordinieren Teilziele und Teilpläne ganzheitlich** und organisieren unternehmensübergreifend das zukunftsorientierte Berichtswesen.

- ...

Abb. 8.1: Das Leitbild der IGC

Ergebnis-, Finanz- oder Strategietransparenz, das können sich viele vorstellen. Wie das aber mit der Prozesstransparenz genau gehen soll, ist meist nicht so klar. Ich antworte dann gerne mit dem Schnittmengenbild aus unserer Stufe I (vgl. Abbildung 8.2). Hier ist der Gedanke der Beraterfunktion des Controllers für das Management durch die Darstellung von sich überlappenden Tätigkeitsbereichen visualisiert. Der Controller bringt sein betriebswirtschaftliches Wissen und seine Methodenkompetenz mit in den gemeinsamen Dialog ein. Damit sich zwischen Manager und Controller ein gegenseitiges Vertrauen aufbauen kann, ist ein gemeinsames Verständnis der Sachlage erforderlich. Um dieses zu erreichen, müsste der Controller mehr von den operativen Abläufen der Manager erfahren und der Manager die Hintergründe der Zahlenwelt besser verstehen. Dadurch würde die Schnittmenge vergrößert werden. Im Seminar empfehlen wir dazu »Controllers Hausbesuch«. Dazu könnte der Controller in festen zeitlichen Intervallen (z. B. monatlich) den Manager »zu Hause« in seinem Arbeitsumfeld besuchen und die Schnittmenge zum Leben erwecken. Ein Controller also, der die Prozesse seines zu beratenden Managerkunden besser versteht, kann seine Dienstleistung besser erbringen als im anderen Fall. Prozesstransparenz ist dann hergestellt, wenn die im jeweiligen Bereich ablaufenden Prozesse dokumentiert, ihre Wechselwirkungen identifiziert und ihr Beitrag zum Unternehmensergebnisziel quantifiziert ist. Auf dieser Grundlage können dann geeignete Kennzahlen identifiziert werden.

Der Controllingprozess beinhaltet das Vereinbaren von Zielen, das Planen auf das Ziel hin und die Steuerung durch Plan-Ist-Vergleich und Maßnahmen zur Korrektur. Gleiches gilt für Unternehmensprozesse und deren Steuerung mithilfe von Kennzahlen. Zunächst braucht es eine Prozessdokumentation und eine klar beschriebene Zielsetzung für den zu betrachtenden Prozess. Je mehr Prozesskenntnis der Controller bereits jetzt besitzt, desto besser kann er sich hier einbringen und mitdiskutieren. In jedem Fall wird sich die Schnittmenge in Richtung »Prozesskenntnisse des Controllers« stark erweitern.

Operative Prozesse zielorientiert steuern

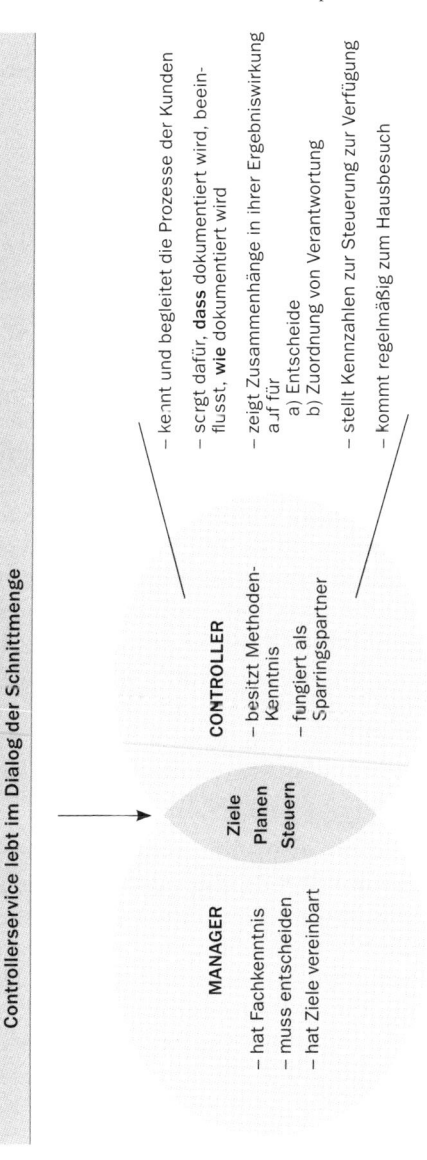

Controllerservice lebt im Dialog der Schnittmenge

MANAGER
- hat Fachkenntnis
- muss entscheiden
- hat Ziele vereinbart

Ziele
Planen
Steuern

CONTROLLER
- besitzt Methoden-Kenntnis
- fungiert als Sparringspartner

- kennt und begleitet die Prozesse der Kunden
- sorgt dafür, **dass** dokumentiert wird, beeinflusst, **wie** dokumentiert wird
- zeigt Zusammenhänge in ihrer Ergebniswirkung auf für
  a) Entscheide
  b) Zuordnung von Verantwortung
- stellt Kennzahlen zur Steuerung zur Verfügung
- kommt regelmäßig zum Hausbesuch

Gegenseitiges Vertrauen durch gemeinsames Verständnis

Abb. 8.2: Controller und Manager im Team

Kapitel 8

Neben der Steuerung einzelner Prozesse kommt dem Controller gerade bei Entscheidungen zur Prozessverbesserung eine ganzheitliche prozessübergreifende Rolle zu. Hier ein Erlebnis aus einem Logistikprozess.

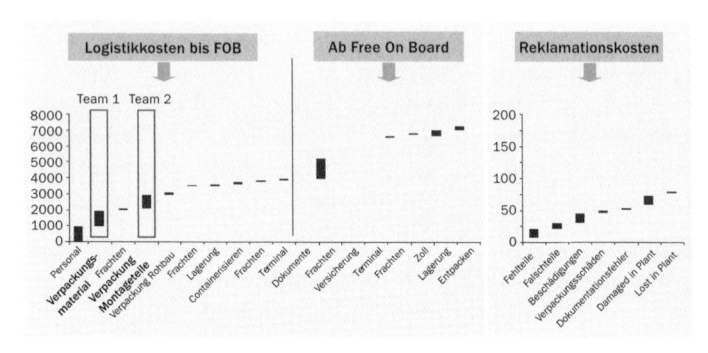

Abb. 8.3: Ganzheitliche (Kosten-)Sicht auf einen Logistikprozess

Nach erfolgter Prozessdokumentation ging es in die Prozessoptimierung. In Abbildung 8.3 sehen Sie das Team 1 und das Team 2. Team 1 ist zuständig für die Verpackungsentwicklung und Ladungsträgerfestlegung. Es handelt sich um Einwegladungsträger aus Holz und Kartonage, die in Containern nach Übersee transportiert werden. Team 2 führt die operative Verpackung der Teile in die Ladungsträger durch und containerisiert diese.

Im Rahmen der Prozessoptimierung veränderte Team 1 den Bestellprozess der Verpackungsmaterialien. Statt wie bisher täglich und bereits aufgerichtet, wurde die Verpackung wöchentlich und noch zusammengelegt angeliefert. Ebenfalls wurde das Verpackungskonzept verändert. Jetzt passten mehr Teile und weniger Luft in die Packstücke. Für die Kostenstelle Team 1 ergaben sich Einsparungen in Höhe von 12 Prozent des Gesamtbudgets. So weit, so gut.

Die Kommunikation über die eingeleiteten Maßnahmen zwischen den Teams war, historisch bedingt, nicht stark ausgeprägt. Team 2 erfuhr nur beiläufig von den Veränderungen, indem neue Arbeitsanweisungen zur Verpackung ins Haus kamen. Bei der ersten Umsetzung war das Erstaunen in Team 2 groß. Zwar war jetzt weniger Luft in den Ladungsträgern, dafür mussten die Mitarbeiter der Verpackung aus Team 2 sich regelrecht verrenken, um die Teile im Packstück zu platzieren. Die Zeiten für die Verpackung konnten nicht mehr eingehalten werden. Darüber hinaus wurde das Verpackungsmaterial angeliefert. So viel, dass es in der Halle gar nicht genug Platz hatte. Ganz davon abgesehen, dass Platz und Mitarbeiter fehlten, um die Verpackung aufzurichten und vorzubereiten.

Die Einsparungen, die Team 1 generiert hatte, wurden auf diese Weise von Team 2 mehr als kompensiert. Dass auch die Reklamationskosten gestiegen sind, sei nur am Rande erwähnt.

Das gibt's doch nicht!, schießt es einem da in den Sinn. Und doch gab es das. Ich könnte mir vorstellen, dass Episoden wie diese gar nicht so selten sind in unseren Unternehmen. Jeder Beteiligte versuchte eine Verbesserung zu erreichen. Durch mangelnde Kommunikation und Vernetzung wurde aber insgesamt eine Verschlechterung erreicht. Hier sind wir Controller gefordert, die ganzheitliche Sichtweise über den gesamten Prozess zu wahren und Transparenz und Verständnis bei den Menschen zu schaffen. Kennzahlen zur Prozesssteuerung sollten daher auch immer die Schnittstellen zu vor- und nachgelagerten Prozessen umfassen. Was also bei der Erarbeitung von Kennzahlen von uns Controllern neben einer Methodik verlangt wird, ist Prozesskenntnis, Kommunikations- und Moderationsfähigkeit!

Kapitel 8

8.2 Prozessdokumentation als Grundlage

Die Erfassung und Dokumentation der Unternehmensprozesse ist die unabdingbare Grundvoraussetzung für die Erarbeitung von Kennzahlen. Auf Basis der Dokumentation erfolgen die notwendigen Analysen. In vielen Unternehmen liegen bereits Beschreibungen der internen Abläufe vor. Dabei werden bei der Erstellung oft unterschiedlichste Zielsetzungen verfolgt, die sich auf die Art und Weise bzw. Detaillierungsgrad der Dokumentation auswirken. Beschreibt man z. B. Prozesse mit der Ab-

Controller gehen wenn nötig bis auf Ebene 4

Ebene

Zunehmende Detaillierung

1 — **Grobstruktur**
Wie ist die Struktur der Prozesse?
➡ Wertschöpfungsketten-
diagramm

2

3 — **Feinstruktur**
Wer ist wie vernetzt?
➡ Transparenz,
Zusammenhänge, Rollen

4

5 — **Detailstruktur**
Wie sieht die operative
Arbeit aus?
➡ Detaillierte Tätigkeits-
beschreibung

6

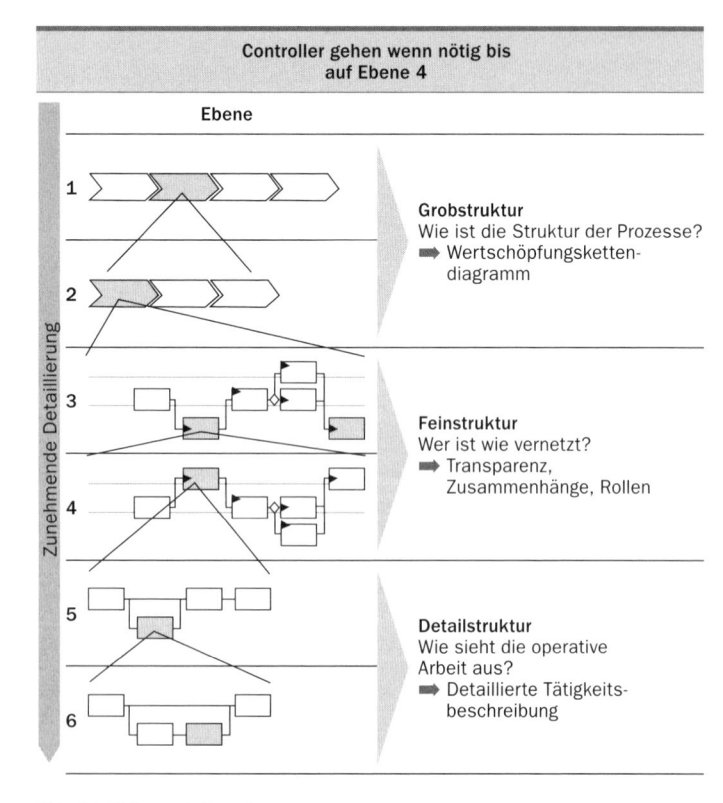

Abb. 8.4: Dokumentationsebenen

sicht, ein neues IT-System einzuführen, so wird ein sehr hoher Detaillierungsgrad die Folge sein.

Im Gegensatz dazu ist häufig festzustellen, dass Unternehmen zur Erlangung einer Zertifizierung nach DIN und ISO eine eher oberflächliche Prozessdokumentation erstellen. »So wenig wie möglich, so viel wie nötig« ist hier meist die Devise. Eine für die Kennzahlenerarbeitung geeignete Dokumentation liegt genau dazwischen. Die Kunst besteht darin, die richtige allgemeine »Flughöhe« zu finden, und dort, wo es nötig ist, mehr in die Tiefe zu gehen.

Zur Erarbeitung von Kennzahlen zur Prozesssteuerung hat sich erfahrungsgemäß ein Detaillierungsgrad der Ebenen 3 und 4 (Feinstruktur) als praktikabel herausgestellt. Es sind bereits Vernetzungen und mögliche Prozessschleifen zu erkennen, die in einer reinen Wertschöpfungskettendarstellung nicht sichtbar sind. Gleichzeitig ist die Informationsdichte noch überschaubar und verliert sich nicht im Detail.

Neben dem reinen Detaillierungsgrad der Visualisierung ist es jetzt noch wichtig, Bereichs- und Kostenstellengrenzen zu berücksichtigen. Um eine klare Zuordnung von Verantwortlichkeiten zu erreichen, bietet es sich an, die Dokumentation zunächst auf organisatorische Einheiten zu begrenzen und nur die Schnittstellen zu anderen Teams und Abteilungen zu betrachten. Ist ein Prozess aber schwer nur auf eine Organisationseinheit zu begrenzen, so ist es erforderlich, auch die Dokumentation auszuweiten.

Zur Dokumentation selbst gibt es zwei klassische Methoden. Die ereignisgesteuerte Prozesskette (EPK) bietet sich bei komplexeren Prozessen an, die viele Verschleifungen und Verzweigungen aufweisen.

Für Prozesse, die sich über mehrere Organisationseinheiten erstrecken und nicht sehr stark verzweigt sind, bietet sich das Swimlane-Prinzip als Dokumentationsmethode an. Der wesent-

Kapitel 8

Die ereignisgesteuerte Prozesskette eignet sich bei komplexen Prozessen

Prozess

- Ereignis 1
  - aktiviert
- Funktion 1
  - erzeugt
- Ereignis 2
  - wird ausgewertet
- Verknüpfungsoperator UND
  - aktiviert → Funktion 2 → erzeugt → Ereignis 3
  - aktiviert → Funktion 3 → erzeugt → Ereignis 4

Legende:
- Ereignis
- Funktion
- Organisationseinheit
- Informationssystem
- Prozessschnittstelle

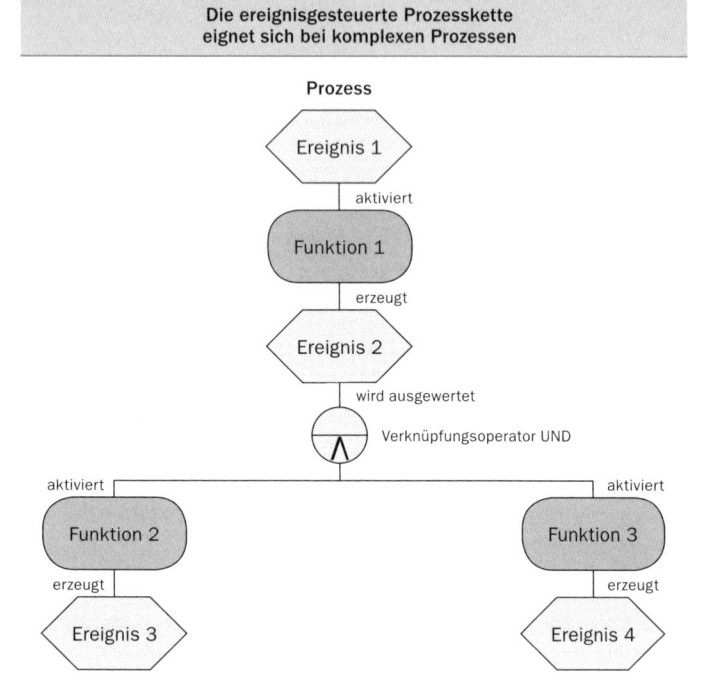

Abb. 8.5: Ereignisgesteuerte Prozesskette

liche Vorteil ist, dass wir viel Information übersichtlich anordnen können und v. a. sofort deutlich wird, wenn wir viele Überschreitungen von Organisationsgrenzen haben. Diese sind häufig mit Prozessstörungen verbunden.

Spendieren Sie der Frage nach dem Wie der Dokumentation genügend Zeit, bevor Sie mit den verantwortlichen Personen der Fachbereiche in einen Workshop zur Erarbeitung von Kennzah-

Das Swimlane-Prinzip zeigt Schnittstellenprobleme

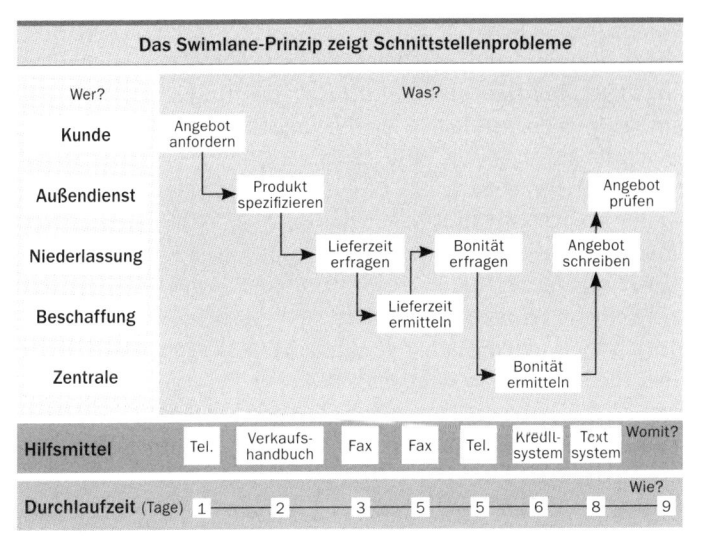

Wer?	Was?							
Kunde	Angebot anfordern							
Außendienst		Produkt spezifizieren					Angebot prüfen	
Niederlassung			Lieferzeit erfragen		Bonität erfragen		Angebot schreiben	
Beschaffung				Lieferzeit ermitteln				
Zentrale						Bonität ermitteln		
Hilfsmittel	Tel.	Verkaufs-handbuch	Fax	Fax	Tel.	Kredit-system	Text system	**Womit?**
Durchlaufzeit (Tage)	1	2	3	5	5	6	8	**Wie?** 9

Abb. 8.6: Das Swimlane Prinzip

len gehen. Die Zeit, die Sie sich im Vorfeld dafür nicht nehmen, kostet Sie später umso mehr Zeit. Ein Workshop zur Prozessdokumentation bietet auch eine gute Möglichkeit, bereits Anhaltspunkte für mögliche Prozessverbesserungen zu erhalten.

Hierzu ein Beispiel aus der Automobilindustrie: In einem Workshop für ein Auslandsmontagewerk eines deutschen Unternehmens wurde mit den verantwortlichen Führungskräften und Meistern eine riesige Prozesslandkarte entwickelt. Die Wände waren förmlich tapeziert mit Metaplan-Papier. Als es daranging, die jeweils verantwortlichen Personen zu den Prozessschritten zuzuordnen, machten wir die Erfahrung, dass es Prozesse gab, für die sich niemand verantwortlich fühlte. Andere Prozesse wiederum wurden von mehreren Personen beansprucht. Schnell wurde klar, dass es an den unterschiedlichen Auffassungen des jeweiligen Prozessbeginns bzw. Prozessendes lag. Aus Sicht der Disposition war der Wareneingang dann abgeschlossen, wenn der Lieferant das Lieferavis geschickt hatte. Der Meister aus dem

Wareneingang beharrte darauf, der Wareneingang sei erst dann abgeschlossen, wenn die Ware physisch vor Ort, also bei ihm, angeliefert sei. Der Qualitätsmanager meinte, das sei schön und gut, aber einen wirklichen Wareneingang hätten wir erst dann, wenn die angelieferten Teile durch die Qualitätsprüfung gegangen und freigegeben seien. Zu guter Letzt merkte der Lagerverwalter an, dass eigentlich nur die Teile »so richtig den Wareneingang hinter sich haben«, die bei ihm eingelagert und für den Abruf aus der Fertigung freigegeben sind. Jeder der vier hatte aus seiner Perspektive heraus recht. Über die Dokumentation der Prozesse und die damit verbundenen Fragestellungen wurde aber die kontroverse Sichtweise das erste Mal transparent. Störungen im Prozess »Wareneingang«, die aus dem unterschiedlichen Verständnis heraus immer wieder an den Schnittstellen zwischen verschiedenen Organisationsbereichen entstanden waren, konnten dadurch erkannt und behoben werden. Damit diese Transparenz entstehen kann, ist es hilfreich, zu jedem Prozess auch begleitend Informationen zu erfassen.

Zu jedem Prozessschritt benötigen wir Informationen

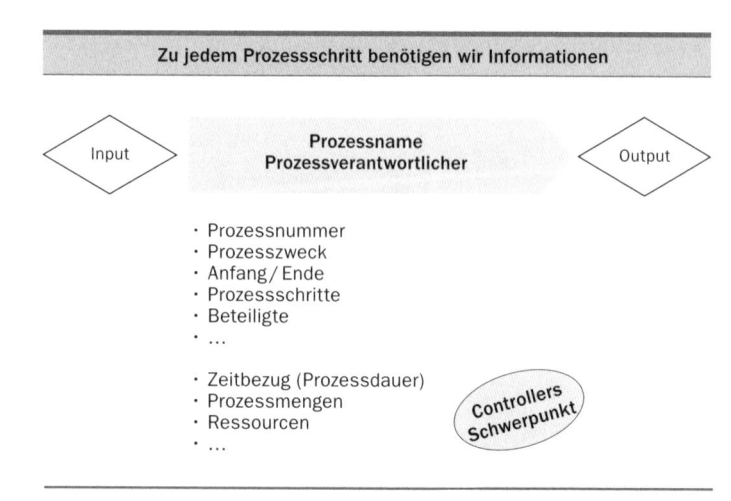

⟨ Input ⟩   **Prozessname**
           Prozessverantwortlicher   ⟨ Output ⟩

- Prozessnummer
- Prozesszweck
- Anfang / Ende
- Prozessschritte
- Beteiligte
- ...

- Zeitbezug (Prozessdauer)
- Prozessmengen
- Ressourcen
- ...

Controllers Schwerpunkt

Abb. 8.7: Prozessinformationen

8.3 Das Prozessziel definieren und mit einer Kennzahl belegen

Ist der zu untersuchende Bereich abgegrenzt, die Form der Dokumentation definiert und deren »Flughöhe« bestimmt, sollte die Prozessdokumentation unter Einbeziehung von Vertretern der beteiligten Fachbereiche in Form von Workshops erstellt werden. Um jetzt den nächsten Schritt zur Kennzahlenerarbeitung zu machen, benötigen wir ein konkret formuliertes Prozessziel. Dieser Schritt ist der Erfahrung nach ein sehr schwieriger. Als beispielsweise einer Gruppe von zehn Personen in einem Workshop die Aufgabe gegeben wurde, für den Prozess »Lieferantenrechnung bezahlen« das Prozessziel zu definieren, schien es der Gruppe zunächst verwunderlich, dass sie dafür mit 45 Minuten ein verhältnismäßig großes Zeitbudget bekommen hatte. Die Gruppe bestand ausnahmslos aus Personen, die den Prozess sehr gut kannten. Im Prinzip war allen Personen klar, was das Ziel ist. Jedoch fiel es sehr schwer, das auch aufzuschreiben. Die Diskussionen wurden immer heftiger und es dauerte schließlich 90 Minuten, bis das Prozessziel zur Zufriedenheit aller Beteiligten schriftlich niedergelegt war. Was war passiert? Es kamen immer wieder Diskussionen auf, wo der Prozess anfängt und wo er aufhört. Bedeutet z. B. »Lieferantenrechnung bezahlen«, dass das Geld auch beim Lieferanten eingegangen sein muss? Oder muss es nur von unserem Konto abgegangen sein? Oder müssen wir nur die Zahlungsanweisung an unsere Bank übermittelt haben? Das war alles »im Prinzip« klar. Es verbindlich aufzuschreiben, brauchte jedoch viel Zeit. Auch wurde viel darüber gesprochen, welche Ausprägungen das Ziel genau haben müsste. Ist nur die zeitliche Komponente bei der Rechnungszahlung wichtig oder auch die Qualität und die entstehenden Kosten? Alles Fragen, die »im Prinzip« klar waren, aber zu sehr viel Diskussion führten. Am Ende lautete das Prozessziel wie folgt: 95 Prozent der Zahlungsanweisungen von geprüften Lieferantenrechnungen werden von den dafür eingeplanten Mitarbeitern unter Einbehaltung von berechtigt abgezogenem Skonto zum spätmöglichsten Termin, aber zeitgerecht für die weitere Abwicklung, an unsere Hausbank übergeben.

Was ist in diesem Ziel alles beinhaltet?

- Qualität: Es werden nur geprüfte und für korrekt befundene Rechnungen bezahlt.
- Qualität: Es werden die richtigen Beträge bezahlt.
- Termin: Wir wollen nicht zu spät zahlen und unberechtigt Skonto ziehen.
- Termin: Wir wollen so spät wie möglich zahlen, um unsere Liquidität damit zu erhöhen.
- Kosten: Wir wollen den Prozess mit den dafür eingeplanten Mitarbeitern abwickeln.
- Menge: 95 Prozent der Rechnungen werden gemäß Zielsetzung abgewickelt.
- Durchlaufzeiten: Wie lange dauert der Durchlauf bei uns und bei unserer Hausbank?

All diese Punkte herauszuarbeiten und aufzuschreiben erforderte viel Zeit und Diskussion, schuf aber auch sehr viel Klarheit. Jetzt wurden überlegt, welche Kennzahlen notwendig sind, um die Ziele messbar zu machen. Schließlich wurden festgelegt:

- Prozent-Anteil termingerecht an die Bank übergebene Zahlungsanweisungen
- Prozent-Erfüllungsgrad Durchlaufzeit Hausbank
- Prozent-Anteil bezahlter Rechnungen mit falschem Rechnungsbetrag
- Anzahl Überstunden in der Kreditorenbuchhaltung

Auch wurden immer wieder Ergänzungen in der Prozessdokumentation gemacht. Beispielsweise wurde definiert, dass das Unternehmen innerhalb von 14 Tagen (gemäß Skonto-Regelung) nach Rechnungseingang den Rechnungsbetrag als Abgang vom eigenen Konto verbuchen möchte. Da der Prozess bei der Hausbank nicht im eigenen Beeinflussungsbereich ist, wurde er zunächst nicht dokumentiert. Nach der Zieldefinition wurde dieser Prozess ergänzt und mit einer durchschnittlichen Bearbeitungszeit der Bank versehen (Diese wurde übrigens später schriftlich mit der Bank vereinbart). Jetzt hatte man den Prozess klar abgegrenzt und das Ziel formuliert und messbar gemacht.

8.4 Prozessstörgrößen ermitteln und Kennzahlen zur Prozesssteuerung erarbeiten

Um Prozesse steuern zu können, ist es erforderlich, das Ziel zu kennen und messbar gemacht zu haben. Für die Steuerung selbst bedarf es aber weiterer Kennzahlen. Diese zeigen, ob meine Prozesse in Bezug auf die Zielerreichung sicher und robust ablaufen. Ist das nicht der Fall, sollen die Kennzahlen das transparent machen und der verantwortlichen Person die Möglichkeit zum Gegensteuern geben. Um zu diesen Kennzahlen zu gelangen, bedienen wir uns jetzt unserer Prozessdokumentation. Im Workshop betrachten wir jeden einzelnen Prozessschritt und notieren dazu Störgrößen. Störgrößen sind Ereignisse, die vorkommen (können) und es erschweren bzw. verhindern, dass wir unsere Prozessziele wie geplant erreichen. Dieser Teil des Workshops ist in den meisten Fällen sehr beliebt. Endlich darf einmal alles aufgeschrieben werden, was im Tagesgeschäft stört und behindert. Je mehr die Workshopteilnehmer im operativen Geschäft eingebunden sind, desto mehr Störgrößen werden notiert. Nach der Erfassung der Störgrößen können diese in drei Kategorien aufgeteilt werden. Die erste Kategorie machen diejenigen aus, die durch Prozessoptimierung, genauere Schnittstellen-Definitionen oder verbesserte Kommunikation eher leicht beseitigt werden können. Hier werden Verantwortliche definiert und entsprechende Maßnahmen umgesetzt, ohne Kennzahlen zu erzeugen. Die zweite Kategorie Störgrößen sind die von einer Organisationseinheit nicht beeinflussbaren. Hier tut der Vorgängerprozess nicht das, was vereinbart war, und trägt so Störungen von außen hinein.

Hierzu ein Beispiel: Im Fall unserer Rechnungsabwicklung beispielsweise haben die Lieferanten es immer wieder versäumt, den Rechnungsempfänger, der die erbrachte Leistung bestellt hatte, namentlich auf die Rechnung zu schreiben. Das war eine massive Störgröße. Da nur diese Person die Rechnung prüfen und freigeben durfte, kam es immer wieder dazu, dass Rechnungen von der Poststelle mehrfach an verschiedene Abteilungen des Unternehmens geleitet worden sind, bevor endlich die richtige Person ausfindig gemacht werden konnte. Das hat bis zu einer Woche gedauert und viel zusätzlichen Aufwand erzeugt. Ob der Lieferant den Namen des Bestellers auf die Rechnung schreibt oder nicht, ist nur schwer beeinflussbar. Das Verhalten des Lieferanten beeinflusst aber die Erreichung meiner Prozessziele. Wir haben in so einer Situation zwei Möglichkeiten. Einerseits können wir unsere internen Prozesse verbessern. Beispielsweise könnte der interne Besteller nach erbrachter Leistung eine entsprechende Benachrichtigung an die Buchhaltung senden. Die Poststelle könnte jede Rechnung direkt an die Buchhaltung leiten. Diese prüft die Rechnung und hält nur im Einzelfall Rücksprache mit dem Fachbereich. Auch könnten wir den Prozess anderweitig ändern und grundsätzlich jede Rechnung, die nicht die erforderlichen Angaben enthält, grundsätzlich an den Lieferanten zurücksenden. Die zweite Möglichkeit wäre der Einsatz einer Kennzahl an der Schnittstelle zum Lieferanten (Prozent-Anteil der korrekt erstellten Rechnungen je Lieferant). Diese kann dann in eine Leistungsvereinbarung einbezogen werden.

Die dritte Kategorie Störgrößen sind diejenigen, die immer wieder in unseren Prozessen entstehen und nicht durch Prozessoptimierungen nachhaltig beseitigt werden können. Diese Störgrößen sind die Quelle für Kennzahlen, mithilfe derer wir den Prozess zielorientiert steuern können. Im Workshop stellen wir uns beim Blick auf diese Störgrößen die Frage: Welche Kennzahlen würden zeigen, dass die identifizierten Störungen weniger werden bzw. häufiger auftreten? An dieser Stelle kann entsprechende Literatur sehr helfen. Wenn wir genau wissen, welchen Typ Kennzahl für was

Operative Prozesse zielorientiert steuern

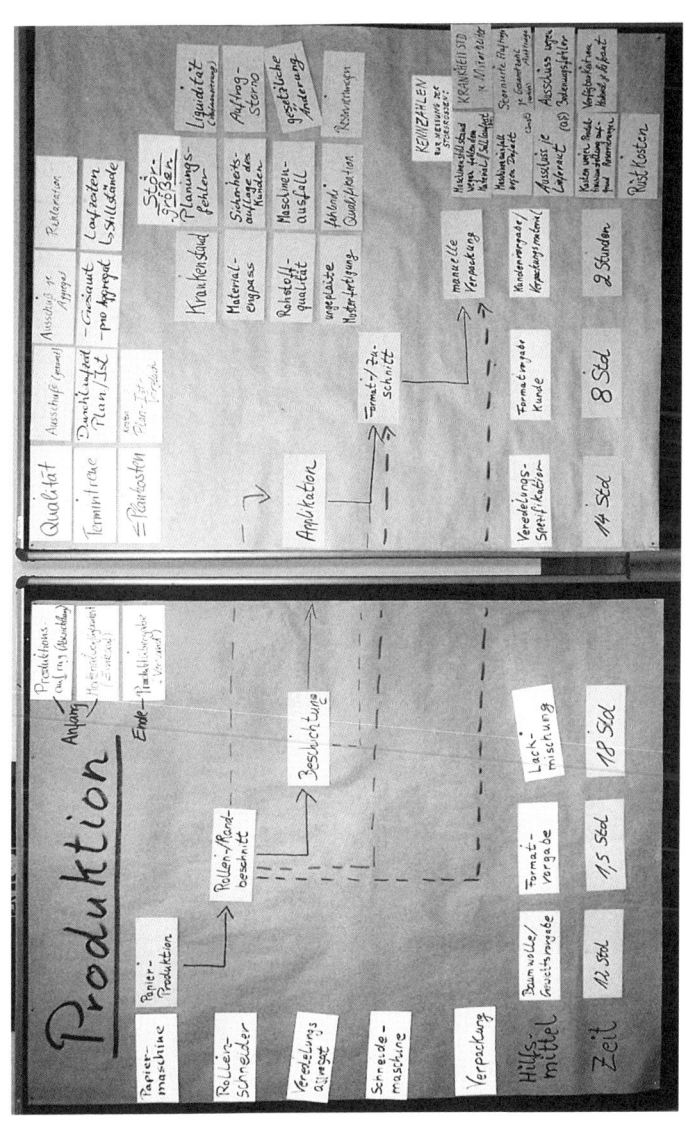

Abb. 8.8: Workshop-Beispiel aus der Produktion

für eine Art Messung wir suchen, können wir gezielt suchen. Die jetzt identifizierten Kennzahlen zeigen uns demnach, ob die die Zielerreichung beeinflussenden Störgrößen in unserem Prozess steigen oder sinken. Das ist genau die Information, die notwendig ist, um die Prozesse zu steuern. Verschlechtert sich eine dieser Kennzahlen, so gilt es die Gründe zu analysieren und Maßnahmen einzuleiten. Möglichst bevor das Prozessziel beeinträchtigt wird.

8.4 Kennzahlen priorisieren

Die oben beschriebenen Kennzahlen messen entweder die Zielerreichung unserer Prozesse oder helfen uns, Störungen früh zu erkennen und gegenzusteuern. Unter den Kennzahlen existieren aber auch Abhängigkeiten. Es gibt gegenseitige Beeinflussungen. Diese können mithilfe von Ursache-Wirkungs-Beziehungen (UWB) identifiziert und genutzt werden. Zur Ermittlung der UWB bietet sich das Sensitivitätsmodell von Professor Frederic Vester an (Kapitel 7.3). In die dort beschriebene Matrix können nicht nur Teilstrategien, sondern natürlich auch Kennzahlen eingesetzt werden. Ein Ergebnis der Anwendung des Sensitivitätsmodells ist die Rollenverteilung von Variablen in einem System.

»Aktive Kennzahlen« wirken stark auf andere, werden aber selbst wenig beeinflusst. Diese sind sehr gut zum Steuern geeignet und finden sich in der Regel am Anfang eines Prozesses. Entwickeln sich diese Kennzahlen positiv, so wirkt sich das meist auf den gesamten Prozess positiv aus. Auf die Verbesserung dieser Kennzahlen lohnt es sich durch Maßnahmen einzuwirken. »Kritische Kennzahlen« wirken stark auf andere, werden aber auch selbst stark beeinflusst. Auf diese gilt es besonders zu achten. Sie beziehen sich häufig auf mittlere Prozessabschnitte. Die reaktiven Kennzahlen befinden sich in der Abbildung rechts unten. Sie werden stark beeinflusst, beeinflussen aber selbst nicht viel (außer die nachgelagerten Prozesse). Hier handelt es sich um unsere Prozessziele. Finden sich Kennzahlen im puffernden Bereich wieder,

Operative Prozesse zielorientiert steuern

so könnte in Betracht gezogen werden, diese zu vernachlässigen und gegebenenfalls nicht mit in das Berichtswesen einzubeziehen. Sicher in unser Kennzahlensystem aufnehmen sollten wir jedoch die aktiven, die kritischen und die reaktiven Kennzahlen. Dann haben wir die wesentlichen Steuerungshebel, die kritischen Signalgeber und unsere Prozessziele im Blick.

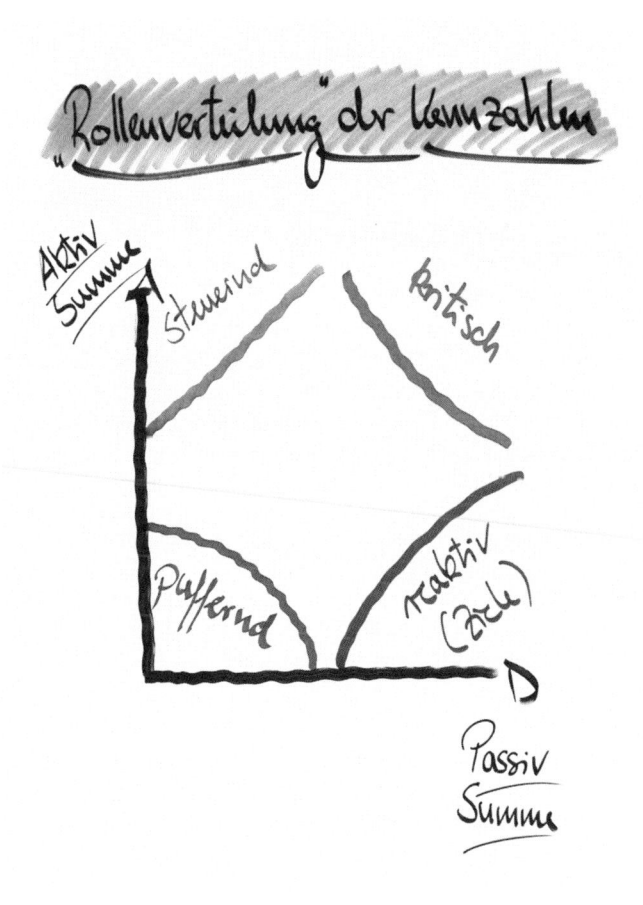

Abb. 8.9: Rollenverteilung der Kennzahlen

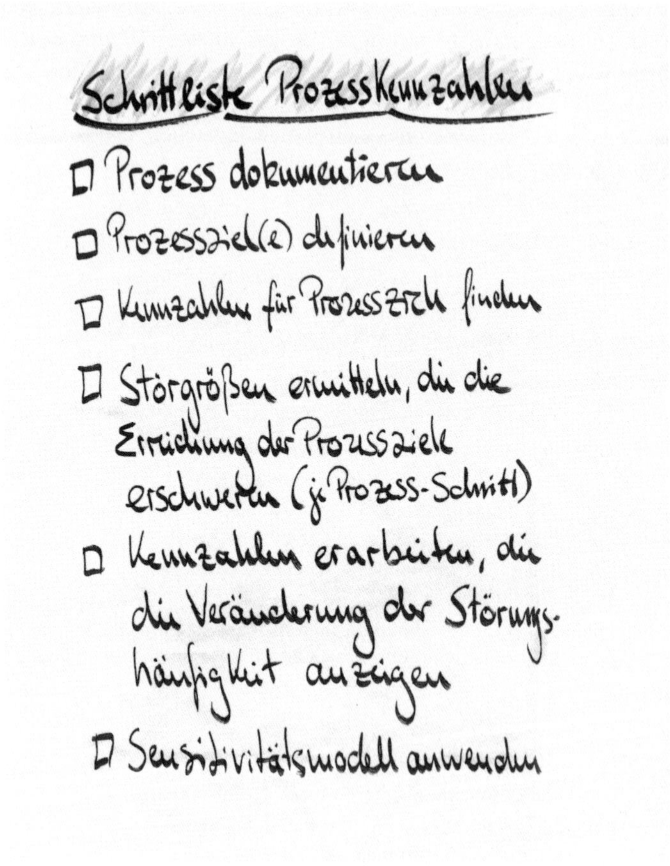

Schrittliste Prozesskennzahlen

- ☐ Prozess dokumentieren
- ☐ Prozessziel(e) definieren
- ☐ Kennzahlen für Prozessziel finden
- ☐ Störgrößen ermitteln, die die Erreichung der Prozessziele erschweren (je Prozess-Schritt)
- ☐ Kennzahlen erarbeiten, die die Veränderung der Störungshäufigkeit anzeigen
- ☐ Sensitivitätsmodell anwenden

Abb. 8.10: Schrittliste Prozesskennzahlen

Die Schrittliste Prozesskennzahlen fasst noch einmal die Schritte zur Erarbeitung von Kennzahlen zur Messung der Zielerreichung und zur Steuerung der Prozesse zusammen.

Abbildungsverzeichnis

		Seite
Kapitel 1	Management und Controlling von Projekten	
Abb. 1.1:	Zwei Arten von Aufgaben: Routine und Projekt	13
Abb. 1.2:	Geschlossener Projektcontrolling Regelkreis	19
Abb. 1.3:	Ordnungsbild für die Managementfunktion	21
Abb. 1.4:	Schnittmengenbild	22
Abb. 1.5:	Projektablauf mit typischen Entscheidungsstationen	23
Abb. 1.6:	Prüffragen an Entscheidungsstationen im Projektablauf	25
Abb. 1.7	Teil 1: Prüffragen an Entscheidungsstationen im Projektablauf	26
Abb. 1.7	Teil 2: Prüffragen an Entscheidungsstationen im Projektablauf	27
Abb. 1.8:	Projektphasen mit typischen Aufgabenstellungen für Projektleiter und Projektcontroller	28

Kapitel 2	Organisationscontrolling	
Abb. 2.1:	Die Entwicklungsphasen im Überblick	31
Abb. 2.2:	Chancen und Risiken in der Pionier- und Differenzierungsphase	38
Abb. 2.3:	Organisations- und Verhaltensentwicklung von der Differenzierungs- in die Integrationsphase	42
Abb. 2.4:	Das Phasenmodell der Evolution	45

Kapitel 3	„Small is beautiful" als Organisations- und Controllingprinzip	
Abb. 3.1:	Bild zur Organisations- und Controllingentwicklung (so entstanden in einem Seminar der Controller Akademie)	50
Abb. 3.2:	Organisations- und Controllingentwicklung in einem Beispiel zur strategischen Planung	59
Abb. 3.3:	Beispiele zum Spannungsfeld von Freiraum und Bindung	63

Kapitel 4	Projektorganisation und Projektcontrolling	
Abb. 4.1:	Reine Projektorganisation	71
Abb. 4.2:	Matrix-Organisation von Projekten mit Lenkungsausschuss (in zwei alternativen Formen)	75
Abb. 4.3:	Matrix-Organisation von Projekten ohne Lenkungsausschuss	77
Abb. 4.4:	Projektorganisation mithilfe von Stäben	82
Abb. 4.5:	Unterschiedliche »Welten« treffen aufeinander	91
Abb. 4.6:	Grundschema eines Projektstrukturplans (PSP)	93
Abb. 4.7:	Produkt- oder objektorientierter PSP	94
Abb. 4.8:	Prozess- oder funktionsorientierter PSP	95
Abb. 4.9:	Gemischt orientierter PSP	95
Abb. 4.10:	Vorschlag für ein Arbeitspaket-Formular	97
Abb. 4.11:	Kostenplanung auf der Basis der Strukturähnlichkeit eines Vergleichsprojekts	99
Abb. 4.12:	Formularvorschlag für das Abschätzen von Aufwänden	108
Abb. 4.13:	Belastungsdiagramm einer Mitarbeiterin	109
Abb. 4.14:	10-Punkte-Checklist zum Aufbau eines Netzplanes	112
Abb. 4.15:	Übersicht über die drei am häufigsten verwendeten Anordnungsbeziehungen in einem Netzplan	113
Abb. 4.16:	Beispiel für einen von Hand erstellten Netzplan	115
Abb. 4.17:	Der Netzplan aus Abbildung 4.16 – jetzt mithilfe eines Softwareprogramms erstellt	116
Abb. 4.18:	Balkenplan mit Plandaten	121
Abb. 4.19:	Balkenplan mit eingetragenen Plan- und Istdaten, sowie den daraus resultierenden Verschiebungen	122

Abb. 4.20:	Balkenplan ergänzt um Meilensteine	124
Abb. 4.21:	Inhalte von Projektaufträgen (Quelle: GPM)	127
Abb. 4.22:	Formularvorschlag für einen Projektauftrag	129
Abb. 4.23:	Berechnungsformeln für den Fertigstellungsgrad	136
Abb. 4.24:	Einfacher Plan-Ist-Vergleich (PIV) ohne Erwartungsteil	139
Abb. 4.25:	Plan-Ist-Vergleich unter Einsatz des Vier-Fenster-Formulars	140
Abb. 4.26:	Der grafische Plan-Ist-Vergleich	143
Abb. 4.27:	Grafischer Plan-Ist-Vergleich mit Forecast-Linie und Maßnahmen	144
Abb. 4.28:	Formularidee für einen Projektstatus-Bericht	145
Abb. 4.29:	Plan-Ist-Vergleich beim Aufwand. Einsatz eines Belastungsdiagramms	148
Abb. 4.30:	Darstellung pro Arbeitspaket (AP)	150
Abb. 4.31:	Leeres Formular für eine Meilenstein-Trendanalyse (MTA)	153
Abb. 4.32:	MTA-Chart mit eingezeichneten und verschobenen Meilensteinterminen	154
Abb. 4.33:	Bedeutung der Kurvenrichtungen im MTA-Chart	156
Abb. 4.34:	Diagramm des Ergebnisplans	157
Abb. 4.35:	Die Summenkurve im EVA-Chart	164
Abb. 4.36:	EVA-Chart mit den Kurven der Planwerte und Istwerte	165
Abb. 4.37:	Vollständiges EVA-Chart	168
Abb. 4.38:	Die numerischen Auswertungen des Beispielprojekts	171
Abb. 4.39:	Kosten- und Zeitabweichung im EVA-Chart	172
Abb. 4.40:	Übersicht über die sechs denkbaren Fälle	174
Abb. 4.41:	Variante 1 des Projektportfolios	176
Abb. 4.42:	Formeln zur Berechnung der jeweiligen Position eines Projekts im Portfolio	177
Abb. 4.43:	Variante 2 des Projekt-Portfolios	178
Abb. 4.44:	Die Risiko-Matrix mit ihren Gefahrenzonen	183
Abb. 4.45:	Formularvorschlag zur Erfassung von Risiken und der angedachten Maßnahmen	185
Abb. 4.46:	Beispiel für einen Kurz-Abschlussbericht (Quelle: Dieter Eschlbeck, Move Your Mind, München 2009)	189

Kapitel 5	Fallstudie zum Projektcontrolling	
Abb. 5.1:	Ausschnitt aus dem Organisationsplan der Projekt GmbH	192
Abb. 5.2:	Die Fenster-Idee: Aktionsformular für eine Projektcontrolling-Konferenz	198
Abb. 5.3:	Matrixbeziehung in der Projektorganisation	202
Abb. 5.4:	Integriertes Controlling	208

Kapitel 6	Ganzheitliches Denken und Handeln im Controlling	
Abb. 6.1:	MOVE für Veränderungen	214
Abb. 6.2:	Merkbild zum ganzheitlichen Verständnis des Controllerberichtswesens	219
Abb. 6.3:	Das Zusammenspiel zwischen Manager und Controller	221

Kapitel 7	Das Performance-Managementsystem Balanced Scorecard	
Abb. 7.1:	Der Balanced-Scorecard-Prozess	229
Abb. 7.2:	Priorisierung strategischer Ziele	231
Abb. 7.3:	Beispiel von Ursache-Wirkungs-Beziehungen	234
Abb. 7.4:	Beispiel von Ursache-Wirkungs-Beziehungen	238
Abb. 7.5:	Der ausgefüllte Papiercomputer	241
Abb. 7.6:	Interpretation von Q- und P-Werten	247
Abb. 7.7:	Die grafische Rollenverteilung der Variablen	250
Abb. 7.8:	Praxisbeispiel zur Mitarbeiterperspektive	256
Abb. 7.9:	Beispiel aus einem Unternehmensworkshop	258

Kapitel 8	Operative Prozesse zielorientiert steuern	
Abb. 8.1:	Das Leitbild der IGC	259
Abb. 8.2:	Controller und Manager im Team	261
Abb. 8.3:	Ganzheitliche (Kosten-)Sicht auf einen Logistikprozess	262
Abb. 8.4:	Dokumentationsebenen	264
Abb. 8.5:	Ereignisgesteuerte Prozesskette	266
Abb. 8.6:	Das Swimlane-Prinzip	267
Abb. 8.7:	Prozessinformationen	268
Abb. 8.8:	Workshop-Beispiel aus der Produktion	273
Abb. 8.9:	Rollenverteilung der Kennzahlen	275
Abb. 8.10:	Schnittliste Prozesskennzahlen	276

Stichwortverzeichnis

Seite

A

Abarbeitungsreihenfolge der Arbeitspakete	108, 111, 120
Abgrenzung	35, 36, 38, 68, 69, 91
Abhängigkeitsverhältnis	111
Abschlussbericht	187
Abstimmungsbedarf	79
AC	165
AC-Kurve	172
Actual Cost of Work Performed (ACWP)	165, 166, 167, 171
Adhocracy	43
Administrative Unterstützung	187
Aktionsformular	198, 205
Aktivitäten	96
Ampelprinzip	146
Anfangsfolge	114
Anordnungsbeziehungen	111, 113 114, 117, 120
Ansprechpartner	97
Anstöße	88
Antithese	92
Apparat	36, 37, 39, 43, 64
Apparatschik	41
Arbeitsbelastung	110
Arbeitsfortschritt	167, 173
Arbeitspakete	90, 93, 94, 96, 97, 101, 102, 103, 105, 108, 109, 110, 111, 117, 118, 119, 120, 133, 134, 135, 139, 145, 149, 151, 152, 157, 167, 173, 203, 206
Arbeitspaket-Beschreibung	97
Arbeitspaketformular	97, 102, 107
Arbeitspaketverantwortlichen	134, 136, 152
Auftraggeber	74, 87, 91, 126, 130, 138
Auftragsumfang	101
Aufwand	85, 98, 102, 105, 106, 107, 131, 136, 138, 147, 149, 188
Aufwandsplanung	85, 108
Aufwandsschätzung	98, 101, 102, 107, 111

B

BAC	163
Balanced Scorecard	227
Balkenplan	118, 119, 149, 151
Basisplan	138, 140
BCWP	166, 167
BCWS	163
BCWS-Werte	167
Bearbeitungsstand	195, 199, 201
Belastungsdiagramm	109, 110, 147, 148, 149
Benchmarking	159
Berechnung des Puffers	117
Bericht	139
Berichtstermine	153, 155
Berichtswesen	234
Berichtszeitpunkt	87
Beschäftigung	167
Beschlussformular	185
Bezug zu den echten Kalenderdaten	119
Break-even	159
Break-even-Analyse	157
Break-even-Punkt	160
Budget	85, 88, 179, 190
Budgeted Cost of Work Performed (BCWP)	166, 167, 171
Budgeted Costs of Work Scheduled (BCWS)	163, 167, 171
Budgetierungsprozess	190
Budgetierung von Kosten	188
Budgetrahmen	85
Bürokratie	36, 47, 64, 65
Businessplan	33, 216

C

Checkliste	180, 181
Clusterbildung nach Gefahrenzonen	182
Controller	18, 19, 20, 24, 26, 30, 33, 39, 40, 41, 44, 49, 50, 52, 54, 56, 57, 61, 207, 209, 210, 212, 214, 215, 218, 219, 220, 221, 222, 223, 224, 225, 259
Controllerarbeit	158
Controllerbereich	90
Controllerdienst	32
Controllerleitbild	259

Controllerservice	85, 131
Controller's Hausbesuch	222
Controlling	19, 20, 22, 29, 84, 85, 87, 88, 89, 118, 137, 138, 143, 161, 199, 207, 221, 222, 226
Controlling »im weiteren Sinne«	84, 85
Controlling »im engeren Sinne«	84, 87
Controlling vor dem Projektstart	84, 88
Controlling während des laufenden Projekts	84, 89
Controllingdialog	222, 226
Controllingentwicklung	59
Controllinginstrumente	87
Controllingprozess	20, 260
Co-opetition	217
Cost-Performance-Index (CPI)	170, 171, 172

D

Datenreduktion	253
Datenvernetzung	253
Dauer	52, 54, 61, 70, 80, 89, 102, 106, 107, 108, 109, 112, 114, 119, 120, 123, 125, 136, 149, 174
Dauer eines Arbeitspaketes	120
Deckungsbeitrag	51, 199, 203, 210
Definition von Projekten	67
Delphi-Methode	104
Detailplanung	85
Deutsche Gesellschaft für Projektmanagement e.V.	127
Dezentralisierung	39, 56
Diagramm des Ergebnisplan	157
Die reine Projektorganisation	72
Differenzierungsphase	31, 34, 35, 37, 38, 39, 40, 42, 43, 46, 51, 53, 55, 56, 60
Dirigent ohne Orchester	83
Drei-Zeiten-Schätzung	105
Druck der Geschäftsleitung	82
Durchnummerierung	96

E

Earned-Value (EV)	166, 167, 168, 169, 170, 171, 172, 173
Earned-Value-Analyse (EVA)	133, 162
Earned-Value-Diagramm	173
Earned-Value-Management (EVM)	162

Einfaches PIV-Formular	139
Einflussmatrix	238, 249
Einfluss-Projektmanagement	81
Einheit in Vielfalt	43, 55, 56
Eintrittswahrscheinlichkeit	183
Einzelbefragung	103
Endedatum des Projekts	119
Endfolge	114
Entscheidungen	81
Entscheidungsgewalt	82
Entscheidungsgremium	87
Entwicklungsphasen	31, 32, 44, 53, 60
Ereignisgesteuerte Prozesskette (EPK)	265
Erfahrungssicherung	89, 98, 104, 137
Ergebnisplan	157
Erwarteter Bedarf bis Projektende	140
Erwartung	87, 88, 92, 130, 137, 138, 142, 144, 177, 220
Erwartungsrechnung	204, 205, 207, 210
EVA, siehe Earned-Value-Analysis	
EVA-Chart	168
EVA-Chart – Übersicht über die sechs denkbaren Fälle	174
EV-Kurve	172
Experteninterview	100

F

Fenster-Idee	198
Fertigstellungsgrad	132, 133, 134, 135, 136, 163, 168, 179
Fertigstellungsgrad, Abschätzung	133
Fertigstellungsgrad, berechnet	136
Fertigstellungsgrad, Formeln	134
Fertigstellungswert, siehe Earned Value (EV)	
Finanzierungskosten	100
Flache Hierarchien	55
Flexibilität	33, 38, 83
Flexible Grenzplankostenrechnung	162
Forecast	87, 137, 138, 145, 188
Formel zur Berechnung der Dauer	107
Formularvorschlag für das Abschätzen von Aufwänden	108
Formularvorschlag für einen Projektauftrag	129
Freiraum und Bindung	51, 62, 63, 64
Früher fertig	156
Führungsverantwortung	70

Function-Point-Verfahren	102
Funktionsbeschreibung	14, 35, 43, 47, 56

G

Gantt-Chart	119
Ganzheitliche Denkweise	201, 211, 212, 236, 263
Gateway	125
Genehmigung	131
Generalisten	78
Gesamtprojektbudget	140
Geschaffener Arbeitswert	166
Geschäftsmodell	230
Geschätzter Aufwand	106
GPM	127
Grafischer Plan-Ist-Vergleich	143
Grafik	143
Graue Eminenzen	76

H

Hochrechnung	89
Hohe zeitliche Belastung	79
Holding	50, 51
Hol- und Bringschuld von Informationen	55, 204

I

Identifikation	61, 72, 83, 205
Improvisation	33, 51
Informationsbedarf und Informationsversorgung	222
Informationsbereitschaft	79
Informationsflut	205, 209, 223
Informationsinfrastruktur	225
Informationskultur	34, 180
Informationsschub	223
Informationssog	223
Inhalte von Projektaufträgen	127, 128
Instrumente des Projektcontrollings	26, 137
Integrationsphase	40, 41, 42, 43, 44, 45, 46, 47, 49, 51, 53, 55, 62
Intensität	106
Interne Leistungen	100
Intrapreneur	55, 69
Investition(en)	100, 159
Investitionsrechnungen	88

Istdaten	120, 147
Istentwicklung	120
Istkosten	166
Istkostenlinie (ACWP bzw. AC)	145, 165, 166
Istplanung	131
Istwerte	166, 167

K

Kalenderdaten	118
Karrieremöglichkeit	79
Kennzahl	233
Kennzahlenerarbeitung	265, 269
Kennzahlensystem	229, 257, 275
Kennzahlen zur Prozesssteuerung	265
Kick-Off	101, 130, 131
Klassischer Soll/Ist-Plan-Vergleich	138
Knowledge Worker	55, 59, 60, 218
Kommunikationsprobleme	80
Kompetenzkonflikte	79
Komplexität	15, 37, 44, 68, 135, 201, 213
Konfliktbewältigung	79
Kon-Funktionen	44
Konsens	130
KonTraG (Gesetz zur Kontrolle und Transparenz im Unternehmensbereich)	56, 57
Konzeptionsreife	25, 26
Kooperation und Wettbewerb	215, 216, 217
Koordination	37, 79, 82, 200
Koordinationsprobleme	80
Koordinatoren	36
Korrekturmaßnahmen	80, 89
Kosten	175
Kostenabweichung	142, 169, 171, 177
Kostenplanung	94
Kostenplanung auf der Basis der Strukturähnlichkeit	99
Kostensätze	88, 98
Kosten- und Zeitschätzung	90
Kostenschätzungen (Forecast)	141
Kostensummenlinie	144, 165, 172, 173
Kritische Kennzahlen	274
Kritischer Pfad	111, 118, 119, 123, 125, 145
Kumuliert	144

Kumulierte Istkostenlinie	144
Kundenauftrag	88
Kundenperspektive	227
Kurz-Abschlussbericht	189

L

Leerlauf	73
Leistungsbeurteilung	218
Lenkungsausschuss	75, 76, 77, 89, 125, 171
Lernkurveneffekt	105
Linienarbeit	74
Linieninteresse	83
Linienorganisation	73, 74, 77, 78, 82

M

Management	69
Managementfunktion	19, 20, 211
Manager	19, 212, 215, 218, 219, 220, 222, 223, 224
Managing by Wandering Around	41, 224
Manipulation	134
Maßnahme	20, 87, 137, 142, 172, 184, 186
Maßnahme, geplant	185
Maßnahmenliste	146
Maßnahmen zur Korrektur	123
Materialkosten	100
Matrix	182
Matrixbeziehung	201
Matrix-Organisation	74, 75, 77, 78, 79
Mechanisierung	36
Mehrjahresplanung	60, 61, 160, 161, 216
Mehrfachbefragung	103
Meilenstein	90, 123, 125, 130, 146, 152, 154, 155, 156, 157
Meilensteintermine	123, 125, 134, 146, 153, 155
Meilenstein-Trendanalyse (MTA)	152, 153
Menschengerechte Ordnung	40, 45, 46, 55
Methodenbasierte Verfahren	102
Mitarbeiterperspektive	228, 256
Moderation	236
Moderator	100, 200
Monitoring des laufenden Projekts	89
Motivation	72, 101
MOVE	211, 213, 216, 218

MTA, siehe Meilenstein-Trendanalyse
MTA-Chart — 154, 155

N

Nachkalkulation	190
Networking	55
Netzplan	111, 114, 117, 118, 119, 120, 151
Normalfolge im Netzplan	113, 114
Normale Unternehmensplanung	86
Nullpunkt	175

O

Offizielles Ende	186
One page only	128, 224, 225
Operative Planung	30
Operative Prozesse	259
Optimistische Zeitschätzung	105
Ordnung	35, 93
Ordnungsprinzip	111
Organisationscontrolling	29, 53
Organisations- und Controllingentwicklung	50
Organisations- und Verhaltensentwicklung	42, 43

P

Parkinson'sches Gesetz	47, 64
Passivsumme	240
Personalbereich	71, 187
Personal- bzw. Aus- und Weiterbildungsbereich	76
Personalcontrolling	30
Personaleinsatz	78, 82, 102, 106, 107
Personalplanung	71
Personenbasierte Verfahren	103
Persönliche Interessen	84
Pessimistische Zeitschätzung	105
Pionierphase	31, 32, 33, 34, 35, 37, 38, 42, 43, 53
Pionierunternehmer	32, 34, 35, 55
PIV, siehe Plan-Ist-Vergleich	
Plan-Ist-Vergleich	29, 85, 87, 89, 138, 139, 140, 143, 144, 148, 152, 157, 190
Plan-Ist-Vergleich bei den Kosten	138
Plan-Ist-Vergleich bei den Terminen	151
Plan-Ist-Vergleich beim Aufwand	147, 148

Plankosten	166
Planung	205, 209
Planungsgerüst	126
Planungsreife	25, 26, 27
Planungssicherheit	89
Planwerte	166
PMBOK	162
PMI	162
point of no return	57
Portfolio	175
Potentialdatei	42
Problemlösungsteam	42
Produktionskosten	159
Produktkosten	52, 194, 197, 200, 207
Produktlebenszyklus	158
Prof. Frederic Vester	238
Profit Centre	54
Projekt	234
Projektabbruch	184, 186
Projektablauf	72, 76, 77, 78, 205
Projektabschluss	100, 187, 190
Projektabschlussbericht	186, 187
Projektarbeit	74, 79
Projektauftrag	92, 125, 130, 186
Projektaufträge, zwei	125
Projektauftragsformular	128
Projekt, Beispiele	16
Projektbudget	100, 163, 178
Projektcontroller	86, 137
Projektcontroller-Organisation	86
Projektcontrolling	18, 26, 84, 85, 86, 137, 138, 175, 186, 199
Projektcontrolling-Regelkreis	18, 19
Projektende	82, 123, 151, 160, 163, 186
Projektentwicklung	187
Projektentwicklung, laufende	152
Projektgedanke	188
Projektgenehmigung	88
Projekthandbücher	71
Projektkalkulation	100
Projektkoordination	81, 203
Projektkoordinator	81, 83
Projektkosten	130

Projektkümmerer	81, 83
Projektlaufzeit	93
Projektlaufzeit, Kosten	93, 144
Projektleiter	13, 20, 24, 55, 59, 69, 72, 89, 90, 91, 92, 106, 107, 114, 118, 130, 131, 133, 134, 192, 193, 195, 199, 201
Projektmanagement	25, 81, 188, 196
Projektmanager	75, 76, 77, 78, 79, 81, 83, 87, 192
Projekt, Merkmale	15
Projektmitarbeiter	72
Projektorganisation	61, 69, 72, 74, 78, 84, 181, 202
Projektorganisation	187
Projektorganisation mithilfe von Stäben	81
Projektphasen	26, 28
Projektplanung	24, 88, 89, 93, 119, 126, 131, 173, 190
Projektplanungsphase	190
Projektportfolio	175, 176, 178
Projektreife	23, 24, 25
Projektstatus	126
Projektstatusbericht	145
Projektstart	77, 84, 88, 130, 138, 153, 154, 163, 165, 168, 186
Projektstruktur	101
Projektstrukturierung	90
Projektstrukturplan	18, 90, 93, 96, 120, 130, 203
Projektstudie	23
Projektteam	160, 188
Projektverfolger	83
Projektverständnis	188
Projektziel	94
Prozessdokumentation	264
Prozesskosten	100
Prozessoptimierung	271
Prozessperspektive	228, 230
Prozesssteuerung	259, 271
Prozessstörgrößen	271
Prozesstransparenz	259
Prozessverbesserung	262, 267
Prozessziel	269
PSP, siehe Projektstrukturplan	
Puffer	111, 112, 117, 118
Pufferzeiten	120
Pufferzeiten, Formel	112
PV	163, 167, 173

Q

Qualifikationen	160
Qualitative Bewertung	181
Quantitative Bewertung	181

R

Rangfolge	181
Reaktive Kennzahlen	274
Regelkatalog	74
Regelkreisdarstellung	254
Reibungsverluste	74
Reine Projektorganisation	71, 72
Reintegrationsbedarf	73
Relative Kostenabweichung	177
Relative Terminabweichung	177
Reporting	89
Reports	70
Ressourcen	70, 78, 85, 90, 106, 147
Risikoanalyse	179, 180, 184, 185
Risikobeherrschung	180, 184
Risikobetrachtung	179
Risikobewertung	180, 181
Risikobudget	183, 184
Risikoeintritt	184
Risikofindung	180, 181
Risikoklassen	183
Risikomanagement	57
Risiko-Matrix	183
Risk-Management-System	179
Risikovorsorgebetrag	183
Routineaufgaben	14
Rollenverteilung	249, 274
Rückintegration	73
Rückwärtsrechnung	117

S

Schätzung der Projektkosten	101
Schedule Performance Index (SPI)	170
Schiedstelle	75
Schnittmengenbild	21, 22, 226
Schnittstellen-Definitionen	271
Self-Controlling	43, 59, 61, 218

Sensitivitätsmodell	233, 249
SIV, siehe Soll-Ist-Vergleich	
„Small is beautiful"	49, 51, 59, 62
Soll-Ist-Vergleich	19, 20, 139, 195, 199, 218, 224
Soll-Kosten	162
Sollwerte	166
Sonstige Kosten	100
Soziotechnisches System	46, 211, 213
Spezialisierung	33, 36
Spezialisten	37, 78, 103, 104, 213
Stabstelle	81
Standardisierung	35, 36
Steering Committee	70, 75, 87, 161, 165
Step-to-Step-Methode	135
Steuerungshebel	275
Störanfälligkeit	37
Störgrößen	271
Strategische Planung	17, 30, 58, 60, 87, 216
Strategisch wichtig	76
Strategische Ziele	231, 256
Strukturkosten	52, 194, 200
Strukturplan	111
Subsystem des Gesamtcontrolling	85
Summenkurve	163, 165
Swimlane Prinzip	267
Synergien	73
Synthese	92
Systemgläubigkeit	38
Systemzusammenhang	238

T

Tagesgeschäft	72, 79
Target-Costing-Sicht	159
Teilprojekte	193, 195, 203
Teilstrategien	232, 256
Temporäre Organisationseinheiten	54
Termin	142, 175
Terminabweichung	169, 171, 172, 176, 177, 178
Termineinhaltung	156
Terminverschiebung	151
Terminverzug	156, 173
These	92

Transparenz	31, 40, 56
Trend für den Projektverlauf	156

U

Überschaubarkeit	42
Unternehmenscontrolling	85
Unternehmen im Unternehmen	21, 32, 39, 50, 51, 52, 53, 55
Unternehmenskultur	57, 80, 84, 204, 224
Unternehmensorganisation	69, 70
Unternehmensplanung	18, 86, 87
Unternehmenspolitik	84
Unternehmensstrategie	227, 229, 230
Ursache der Abweichungen	142
Ursache-Wirkungs-Beziehungen	233, 274
Ursachenforschung	142
Ursprungsplan	120

V

Verantwortlicher	78, 97, 189
Verantwortung	35, 70, 78, 83, 89, 97, 131, 188
Verfahrensanweisungen	74
Verfügbarkeit	106
Verfügbarkeitslinie	110
Vergangenheitsdaten	137
Verhalten	80
Vernetzte Denkweise	212
Verrechnungssätze	88, 100
Vier-Fenster-Formular	140
Voraussichtliches Ist	141
Vorkalkulation(en)	88
Vorsorgebetrag	183
Vorwärtsrechnung	111, 114

W

Wahl der Meilensteinzeitpunkte	125
Wahrscheinliche Zeitschätzung	105
Warum?	132
Was ist ein Projekt?	67
Weisungsrecht	70
Weisungsbefugnisse	72
Weitergabe von Informationen	180
Wettbewerb	158

Z

Zeitaufschriebe	149
Zeitbedarf und Zeitgewinn	142
Zeitplan	80
Zeitschätzung	98
Ziel-Deckungsbeitrag	194, 197, 199, 202, 203, 207
Ziel dieses AP's?	96
Zielklärung	91
Zielvereinbarungen	233, 257
Zurückgemeldeter Fertigstellungsgrad	133, 134, 135
Zusammensetzung des Lenkungsauschusses	76, 77
Zuteilung von Ressourcen	81
Zwischenfertigstellungsgrad	135

Zahlen

0-100-Methode	132, 133
10-Punkte-Checkliste zum Aufbau eines Netzplanes	112
4-Fenster-Formular	137, 138, 139
50-50-Methode	132, 134
90-Prozent-Syndrom	130, 132, 133